江南大学自主科研课题，编号：2017JDZD16

"江南地方文化史与家族文化"

当代中国学术文库

社会转型时期的
江南士族

任 翌 / 著

光明日报出版社

图书在版编目（CIP）数据

社会转型时期的江南士族 / 任翌著．－－北京：
光明日报出版社，2017. 12
ISBN 978－7－5194－3771－8

Ⅰ. ①社… Ⅱ. ①任… Ⅲ. ①家族—文化研究—华东
地区—明清时代 Ⅳ. ①K820. 9

中国版本图书馆 CIP 数据核字（2017）第 313255 号

社会转型时期的江南士族
SHEHUI ZHUANXING SHIQI DE JIANGNAN SHIZU

著　　者：任　翌

责任编辑：曹美娜　朱　然　　　　　责任校对：赵鸣鸣
封面设计：中联学林　　　　　　　　责任印制：曹　净

出版发行：光明日报出版社
地　　址：北京市西城区永安路 106 号，100050
电　　话：010－67078251（咨询），63131930（邮购）
传　　真：010－67078227，67078255
网　　址：http：//book. gmw. cn
E － mail：caomeina@ gmw. cn
法律顾问：北京德恒律师事务所龚柳方律师
印　　刷：三河市华东印刷有限公司
装　　订：三河市华东印刷有限公司
本书如有破损、缺页、装订错误，请与本社联系调换

开　　本：710×1000　1/16
字　　数：323 千字　　　　　　　　印　　张：18
版　　次：2018 年 1 月第 1 版　　　印　　次：2018 年 1 月第 1 次印刷
书　　号：ISBN 978－7－5194－3771－8
定　　价：54. 00 元

前　言

明清社会的转型及其江南士族的选择

明清时期的江南,社会思想和政治经济格局都发生着急剧的变化。在每一个历史的节点,在个体因素和历史合力的双重作用之下,都会涌现出一些杰出的人物作为历史的代言。他们的成功或失败,表面上看是个人的宿命,却又无不是历史的必然。本书正是在这样的历史文化背景下,去考察明清转型时期的江南望族,去探索这些大族士族的艰难选择和文化建树。

如明代嘉隆时期,海禁渐开,手工业商业逐渐恢复和发展,胶山安氏家族正是在此基础上兴起,完成家族的转型。

如明清易代之时,汉族知识分子面对的不仅仅是山河破碎,更痛苦的是在文化和传统割裂之时的进退失据。面对这种文化困境,除了一死之外,通常保全自己内心的办法是退守一隅,顾祖禹父子、恽寿平父子都作如是选择;而如何以退为进,则要付出更多的坚韧和持守。

如到清末科举废止前后,传统知识分子所走的路被封死。在这个大变革时代,读书人群体在社会大潮中的末世挣扎,渐次蜕变为一种新型的存在形态,如近代苏州张氏和无锡张氏的艰难选择,无锡杨氏的转型;而常熟平氏身上,则更多体现在社会转型时期,乡村知识青年辛苦挣扎。

一、产业地主的转型和农商士的融合

明清时期,由于科举制度向下层开放,商品经济不断发展的大趋势,使得江南产业地主有了崛起的可能和上升的空间。以无锡胶山安氏家族为例,其在明代中期前后的崛起,便是江南乡村产业地主转型

的典范,即从农耕地主,到经商致富,再到科举仕进赢得社会地位,完成了江南望族在明代社会中实现农商士的融合,并获得不断成长所需的资本。

明清时期兴起的江南大族,其在修谱立传时,往往会以"扈跸南迁"来追述姓氏来源和祖先迁徙历史,这种模糊记忆的好处,便是可以掩盖祖先来源不清的事实。诚然,历史的大变迁就好比是重新洗牌一样,把曾经的世族打回到贫民,故明清时期重新崛起的大族世族,不管其家族历史是渊源有自,还是来历不清,其崛起的契机大多是"力田致富",即在江南选择一处水草肥美的地方,垦荒种地,开始产业地主资产累积的第一步,无锡的胶山安氏、宛山顾氏和荡口华氏等无不如此。

在产业地主崛起的过程中,有一个被忽视的现象,那就是"粮长制"。关于这种于明初兴起的制度,后代学者在讨论时,多着眼在其弊,而如果追踪考察其施行的历史过程,则可以发现,"粮长制"在产业地主最初崛起时起过非常重要的作用,这首先就是帮助产业地主在乡间富民中脱颖而出,成为仅次于士绅的一个阶层。

明代的"粮长制度",是朱元璋在洪武四年(1371)所设立的一种征解税粮的制度。朝廷本着所谓"以良民治良民"的原则,来保证国家的田赋征收,但最初为了笼络这些粮长,朝廷往往给予种种优渥的待遇,粮长除了本职"督其乡赋税"(《明史·食货志二》)外,还可以参与乡讼裁定,并有配合里长丈量土地、编造鱼鳞图册等职能。故富民被举为粮长,掌管一地粮赋征收等职责,这反过来无疑又对家族综合实力的提升起着良好的作用。如胶山安氏从第二世开始连续数代都是本区图的粮长,其他如邵宝的祖父"世为开原乡税长",侯氏先祖侯清也担任粮长一职。每至月初、月半,各区图粮长例行入城进谒知县,商议县中事务。弘治年间连年灾荒,为解决国家财政不足,朝廷许民间赈灾,出粟千石者便可授官,故明代所谓输粟捐官者,江南多有这些有实力的粮长或其子孙的名号在内,如安祚及其子安邦、安国,安邦之子安荣,安国之子安如磐等,都是捐粟授承事郎。

其次,明代产业地主转型为商人,"以末致财,以本守之",实现

"农商士"的融合，这是明清江南地主（士绅）"三位一体"的经典方式。

　　明清时期的江南，一直是稻米的主要产地之一。江南出产的稻米，一是专供朝廷，二是流向市场。江南地区的产业地主，起家的资本几乎都是依仗田产。而任何情形下，拥有一定数量的田产，维持稳定的租米收入，是江南地主获得经济自由的根本保障。其次，民间对江南稻米的贩卖活动也很活跃。常郡五邑中的锡邑虽人多田少，出产粮食仅勉强供应本邑，但为巨大利润所吸引，本邑所产稻米仍然大量流出，纵灾荒之年明令禁止都不能绝，故在明代的市场上就已经形成"无锡米"的品牌效应。

　　但是，要迅速实现资产增值，最为快捷的方式还是经商，如安国在短短二十来年的时间内资产总值达到"约六十倍于所授"，依仗的就是"以末致财"。"起业贩缯刍牧之间"（吕柟撰《桂坡公传》），棉布的贩销，是明代中期以后，江南商人白手起家的常规途径，同时也造就了许多骤而富贵的传奇。

　　清代乾隆年间的黄卬在《锡金识小录》中指出："常郡五邑，惟吾邑不种草棉，而棉布之利独盛于吾邑，为他邑所莫及。"普通农户"春月则阖户纺织""及秋稍有雨泽，则机杼声又遍村落"，以所织之布易花、易米及钱，成为普通农户生活的日常。黄卬描述市场上的布匹：

> "坐贾收之，捆载而贸于淮扬高宝等处，一岁所交易不下数十万百万。尝有徽人言：'汉口为船马头，镇江为银马头，无锡为布马头。'言虽鄙俗，常不妄也。坐贾之开花布行者，不数年即可致富，盖邑布轻细不如松江，而坚致耐久则过之，故通行最广。"

　　明代的江浙商帮及徽商，主要就是以棉布贩销为主业而盈利的。"无锡布"坚致耐久的特点，不仅适销中下层市场，且对从业者的要求也相对低，故在明代时毗邻古运河的南塘街一带花行、牙行集中，林立密布，已经形成商业规模，黄卬所言"棉布之利独盛于吾邑"不为虚言。《锡金识小录》还记述了明代隆万间"方媪"的发迹故事：丈夫方昌只有"布铺半楹"，负贩十年才娶妻。丈夫死后，方媪就"坐铺经营""居布专售于人"，累积了不少资财。欲招个赘婿，出其女曰："女貌不俗，针绣足以自养"。待女婿进门后，"出藏金付之，往贾荆湘秦陇间，二十年三致千金"。这里提及的"负贩"和"坐铺经营"，是男子经商和致富的主要途径，而家中女子也能"针绣足以自养"。这个故事生动描述了明清时期江南民间的经济生活。

由上述这些文献记载可见，外省客商对江南的商业活动，在嘉隆时期已日渐繁盛，且无锡作为"布码头"及交通中转站的功能优势已经很明显。

随着手工业、商业的发展，江南民间财富迅即累积起来，"以末致财，以本守之"，使得产业地主迅速成长为豪强地主。但是，单纯拥有土地的产业地主和单纯拥有财富的豪强地主，在封建时代都不足恃，没有政治地位，在经济上也多无保障。如明代中期无锡的安国、邹望和华麟祥等都拥有巨量田产，城中店铺林立，这些豪富为抬高自己的社会地位，除了"输粟纳官"外，还纷纷结纳朝中权要，如邹望结纳夏言，安国之子安如磐则攀附严嵩，在地方上，他们又分别与顾可久之兄顾可学"斗法"。顾可学是退居乡里的官员，曾"炼童男女溲为秋石"进献嘉靖皇帝邀宠(《明史·佞幸列传》)，官至吏部尚书。背后有"靠山"的富民与退休官员使钱斗气，无非是争取地方上的势力和话语权。可见，只有通过科举仕途进身为豪绅地主，才能真正拥有政治地位和经济保障。

同理，如果家族中连年科举不第，就会出现家族不兴，乃至不继的局面。这一方面读书从事举业需消耗钱财，另一方面则转型为"读书人家"后，子弟往往耻于"谋稻粱"，故家业迅速下滑。如为天下豪富的安国，经济状况则在六子析产后迅速分解下滑，六子中有的一代而亡，有的二代三代之后便揭不开锅，如长房安如山，科举及第，照耀门楣，但安如山长子安希尧及其两子安绍杰和安绍芳相继卷入科场舞弊案，深陷缧绁，不得不耗费钱财消灾，故从安国至此的第四代以后，就已经凋敝得门庭冷清了。

可见，"农商士"的融合，对江南望族的延续和发展至关重要。

二、明清易代之际江南士人的人生和"职业"选择

一般而言,封建时代的大家族能够顺利走上"农商士"结合的家族发展之路,并能恪守"耕读传家"传统的话,断断续续、起起落落,总能绵延家族的延续和传承;但是若遇到时局的大动荡、历史的大变局,这种以农耕为基础的生活状态和平衡便会被彻底打破。我们所说到的"大变局",主要是指两个时期,一个是明清易代时期,一个是清末废科举时期。"大变局"时期的江南士人,已经无法选择那种进则出仕、退则园林的进退有据的生活方式,人生出处乃至生存都面临严峻的考验。

毗陵恽南田家族和锡山顾祖禹家族,是明清易代之时比较坚定的胜国"遗民",家族成员都曾参与"抗清"活动。恽南田之父恽日初(字仲昇),明亡后逃居粤闽一带,后金坛王祁在顺治四年(1647)拥郧西王朱常湖起兵,破福建建宁守之,力邀隐居建阳的恽日初出山。不久兵败,恽日初长子死于蒲城之战,次子死于乱军,三子恽格侥幸保全一命,劫后余生的俩父子回到毗陵老家。而顾祖禹的舅祖即华允诚(字汝立,号凤超),因反抗"薙发令"而被执至南京杀害。顾祖禹之弟曾为福建耿精忠幕,后顾祖禹也前往耿幕,欲与图谋,无功而返,回家继续著书。

此外,从家族思想渊源而言,则恽氏、顾氏都与"东林学派"的思想有着渊源关系。恽日初《东林书院志》(刊刻于雍正十一年)有传,早年曾至东林书院听讲习,又与复社的杨维斗、钱吉士等交游论文,后在张清惠推荐下师从明末大儒刘宗周(《东林书院志》有传)学习。晚年,高世泰复东林书院重开讲坛时,恽日初受邀前往讲学。恽日初作《高刘两先生正学说略》以阐发"刘先生之学,即忠宪公之学"的渊源关系。他认为,高刘两家理学的核心都是"穷理主敬":

"忠宪先生得之悟,毕生只重修持;会稽先生得之修,末后亟称解悟。忠宪先生以格物为宗,成乎形之谓物,本乎天之谓则;会稽先生以慎独为宗,一于位之谓独,原于性之谓诚。要以穷理主敬,用各有当而进,实相资孔门之

博约也。"

恽日初在体悟"高刘"性理之学时有所得而发挥之，屏居武进时即授徒讲经，但绝不传子孙应试之学。

顾祖禹之父顾柔谦，少时随舅父华允诚读书，后师从马世奇，华、马二人《东林书院志》均有传。华允诚是高攀龙的及门弟子，亲聆高攀龙教诲，并与高攀龙一起在首善书院讲学。马世奇是东林后学，其父是"东林八君子"之一叶茂才的门生。

这样的家族历史和思想渊源，使得这些东林后学在明清易代之时都以"气节"相高，落落寡合于世。但与诸多殉节的前辈师友比，他们选择的是坚定地做"遗民"；其生存的方式，顾柔谦、顾祖禹相继以做塾师勉强养家，而恽南田则以书画自存。

读书人在清贫难举时，为生存计而选择做"塾师"，这几乎是明清时期读书人最为普遍的"职业化"选择，这除了勉强维持生存外，也可以继续读书应举，甚或寻找"人脉"机会。如易代之际，顾柔谦携家人遁入山中，垦荒之外做村塾养家。入清以后，顾祖禹也相继给钓渚范氏、无锡华氏、昆山徐氏做塾师。此外，更为重要的是，顾氏父子"以文献之家"自任，整理疆域舆图，研究地理形势以备战守之用，这是顾氏父子的大志和著书立说的动力。顾柔谦认为明代的读书人，除了习制艺八股、空谈性理之外，对于国家舆图范围之内的疆域形势、关河险要，大多知之甚少，语焉不详。如此，一旦遭遇巨变：

"举关河天险，委而去之，曾不若藩篱之限、门庭之阻哉？"

明清易代之时的"遗民"，当"苟存性命于乱世"时，多以著述和文献整理保存等学术活动，自觉担当文化传承的责任，顾炎武、屈大均、顾祖禹等莫不如此。与顾柔谦、顾祖禹父子之存文献于乱世的责任感相比，恽南田之以书画自存，更关乎个人于乱世的生存，但从"转型"的角度去考察，这种选择却更有典型意义，代表了文人在弃绝读书做官这条路后,走"职业化"的性质道路更明显。当然,这种选择也取决于江南士人的文化累积和惯性。

首先元明以来,江南文人渐形成"游于艺"的生活习性。

在他们的日常艺文活动中,有三个主要特征:一是当时的江南文人已渐成为"诗书画"兼善的综合艺术创作者,如元末的倪瓒、杨维桢为代表的江南文人群体,及入明以高启、张羽、徐贲等为代表的"吴中文人"群体。二是在绘画艺术作品中,形成了"诗书画"相结合的文人"写意"的传统,尤以倪瓒为代表。三是元明时期的文人又大兴结社和雅集,文人的集会也成为鉴赏古字画、即兴挥毫泼墨和诗词唱和为内容的综合性艺文活动。加以江南的富足,使得江南文人能够在一定程度上游离于体制之外,高蹈地"游于艺"而得到精神上的自由和满足,如高启所唱:

"不肯折腰为五斗米,不肯掉舌下七十城。但好觅诗句,自吟自酬赓。"(高启《青丘子歌》)

其次,被动地将"游于艺"职业化。

明清易代之时,战乱加上匪盗纷出,大量江南地主迅速破落,如顾祖禹提到其外祖父家,本有百亩之地,因苛税、灾荒和匪盗抢掠,难以为继,只能弃田遁入虞山中。失去土地的保障和对皇权的依附,如顾祖禹父子只能以垦荒种地并给人做村塾师勉强度日,而恽南田则开始将"艺"作为生存之具,供养父亲及家人。

明清时期的江南文人,在科举之途走不通的时候,以一"艺"之长谋"稻粱",已屡见不鲜。如久试不第的落魄文士多"游幕"者,或者到州府县衙做吏,或者入将军都督之幕府做门客,都具有职业化的倾向;而如恽南田辈与之不同处,直接被抛向社会,面对不可知的市场。

但易代文人以"画艺"为业时与专业"画匠"还是有所不同,他们依然保持此前那种"游于艺"时的闲淡高逸心态:会友,赏心,诗意栖居;可为知音挥毫,不给"俗客"展纸。这种心理惯性和"文化"上的清高，好的一面在保持书画艺术的纯粹性和传统的审美特性；不好的一面则是放不下身段的易代文人，依然难于解脱窘困的生活状态。恽南田晚年时，其"南田画法"尤其精湛，画艺盛名于当时，但以金币乞画者，非其人则不与，所以"风雨常闭门饿"（《清史稿》），死时竟贫不能葬。这也是转型期文人的尴尬：自我身份认同的模糊。

由于绘画之法更近于"技"，故恽南田身后，恽氏家族及毗陵一地传承"南田家法"者颇多，清代中期以后渐形成有名的"毗陵画派"（或称"常州画派"），人数有近二百人之多，其中恽氏子弟有三四十人，且向苏松常周边地区辐射，形成"家家正叔，户户南田"的局面。这种气象，一方面表明了江南人文风雅之盛，另一方面也是江南地区书画市场活跃的表征。明清时期，书画创作和书画市场已经形成良好的互动环境，这也正是江南文人能以"画艺"自存的条件。因此，越到后来，文人的书画创作顺应市场化需求的趋势越是明显。

三、清末民初科举废除前后中下层读书人群体的出路与转型

清末废除科举，是又一个历史大变局时期。光绪三十一年（1905）九月，清廷一纸上谕，"所有乡、会试一律停止"，长期以来一直被视为"恶制"的科举制度终于寿终正寝。"国家最不利之事，在人人皆思做官。"（《光绪政要》卷三十一）"停罢科举"，固然断绝了所有读书人一门心思只走科举仕进之途的念头，但仓促定制的结果，也同时把处于科举制度下层的举人、生员、童生抛向了社会，令数百万读书人陷入一种无所适从的境地，任由其挣扎。这个挣扎的过程是很漫长的，如吴县张氏、无锡张氏及杨氏，还有常熟平氏等，都是转型裂变时期的很好案例。

清末民初，中下层读书人群体的构成，主要有两个层次，一个是已跨入体制门槛的举人、进学的生员所构成的准官员群体，一个是尚在体制门槛外徘徊的童生和普通读书人。按照费孝通先生的观点，举人、生员也是属于享有权利的士绅阶层，（有免除差徭，见知县不跪、不能随便用刑等特权），科举废除，固然对这个原先的优势阶层有很大影

响,阻断了他们的仕进之途,但并不能说完全堵塞了他们的上升空间。首先,这些人中的佼佼者常常通过各种途径参与社会变革;而际遇不济者或回归乡土,重新做回地主乡绅,一定程度上依然参与基层社会的管理。其次,有能力者或其子女,可以去城里进洋学堂读书,甚至出国留学,回来后依然可以占据社会的上层。所以,废科举的谕令下,举国若狂的局面并没有应声而起,这很大一方面的原因正在于此。除此之外,还有一个容易被忽视的原因,就是江南地区的乡绅阶层,在清末社会转型的过程中,能较快地适应变化。

明代以来,江南地区商业、手工业发展的良好环境,正是科举取消前后江南读书人群体转型较快的原因。这种情形,在清末咸、同以后更明显,如无锡荡口华氏和旗杆下杨氏为代表,特别是江南中下层的"游幕"文人,对自己的前程有着较为主动的选择。

第一类是在"士农商"之间进退裕如。

无锡荡口华翼纶(1812~1887,字赞卿,号篾秋),是道光二十四年(1844)的举人,后三试不第,直到1851年,因亲家无锡鸿山邹钟泉擢升为广西巡抚,于是随之去广西。华在去广西前或已捐了一个候补知县。

华翼纶到广西后,进入荣禄的伯父、天津镇总兵长瑞幕府,《太平天国史》记载华氏:

"咸丰元年夏,应天津镇总兵长瑞邀,入其幕,赴粤西参赞军务,从大学士、钦差大臣赛尚阿会剿太平天国于紫荆山、永安州等处。次岁二月十九日,长瑞等四镇大败于永安城外大峒,四镇皆死,幕府散,翼纶还乡里。"

"太平军"祸起,华翼纶想走参赞军务谋图发展之路,破灭后即回到家乡。在华氏宗谱中记载,回乡后的华翼纶即经商。三年之后,因前之击"粤匪"之功,授江西吉安府永新知县。但是咸丰六年(1856)三月初,太平军攻克吉安城,进军永新,不久即占领永新县城,华翼纶"以永新失守,革职在途"。恰闻母丧,便借口奔丧而归。直到咸丰十年(1860)三月,太平军攻破江南大营,长驱直达无锡苏州,华翼纶等组织团练,并得到李鸿章"淮军"支持,联合四乡抗击太平军,后即奉命督办常熟、昭文、无锡、金匮、江阴团练。"太平军"战火息,华氏又继续经商。

华氏是无锡荡口世族,家族中文化和产业都颇有积累,也是明清以来有实力的江南乡绅地主。华翼纶在"习文、求仕、殖产(经商)"之间进退裕如,这与封建时代读书人的常态人生不同:一是并不专事举业,出则仕,入则亦学亦商,有较大的自由。二是仕与不仕,在很大程度上也由自我发展的目标定位和官场的生态状况来主动选择。这种情形在江南地区的读书人中具有一定的代表性,探究其原因,除了宋元明清以来长期形成的良好的商业经济环境外,东林学术之经世致用思想的影响也是一个重要因素,两者结合,体现在大族家训中便有诸如"士农工商所业虽不同,皆是本职"。(《荣氏家训十五条》明)或如武进盛隆"人范须知"对家族子弟所要求的:"至十五六,然后观其质之所近与其志向,为农、为工、为士,始分其业。"正如安希范所云:"士农工商各占一业,尽心力而为之便不虚废此日。尽心力而为之,纵不能为善,亦不暇为恶。"(《我素公独语》)在这种社会环境下成长起来的旧时读书人,就易形成一种较为融通开放的思想,所以一旦时局变易、社会转型,这些人比其他人更易于实现自身的转型发展。但他们的"职业"选择,基本上还是具有传统从业的性质,如华翼纶经商,主要还是在无锡地区明清以来逐渐成熟的"米市""布码头"的基础上,开设商铺,在城里从事堆栈业、仓储业等。

第二类,追随洋务派领袖,完成近现代工商业者的转型。

与华翼纶不同,曾经一同前往曾国藩处搬救兵的杨宗濂(1832~1905,字艺芳,晚号潜斋主人),也是在平定"太平军"之乱中以兴团练而起家,随后以"濂"字军加入淮军,一直追随李鸿章平定捻军等清末诸乱,以军功立身。此后,杨宗濂和杨宗瀚兄弟一直是李鸿章"洋务运动"麾下的得力者。

李鸿章担任直隶总督时,委派周馥、杨宗濂兴办天津武备学堂,这是中国第一所陆军军事学校。学校仿德国军事学院创制，以培养新式的军事人才。杨宗濂担任学堂第一任总办，表现出超强管理能力，其详采兵法编成的《学堂课程》八卷，后来即成为各武备学堂的教程范本。光绪十二年(1886)杨宗濂与吴懋鼎等人在天津合办火柴厂，这是杨氏最早从事的实业。在轮船招商局任职的杨宗瀚则于光绪八年(1882)赴台佐理巡抚刘铭传在台的洋务活动，兴办商业，筹建台湾铁路。光绪十六年(1890)奉李鸿章之命总办上海机器织布局，这是中国近代第一家棉纺织企业。至1895年，杨氏兄弟终在无锡东门外创办"业勤纱厂"，这是近代无锡第一家民营企业，自此掀开了无锡近代工商业发展的大幕。

同一时期，无锡张氏的张叔和，则在近代城市园林建设和管理上翻开了新的篇章。张叔和早先入洋行做帮办，后受李鸿章委派，进入轮船招商局任帮办，负责漕运。后又入台湾招商局，负责在南洋等地募集资金，招商引资，成绩卓著。张不久因故离开官场，在上海置地建著名的张园。张园是近代园林的杰出代表，建筑风格上中西结合，功能上则集花园、宴饮、游艺等于一体，管理上委派西方经理人进行运作和经营，并免费向公众开放，成为清末民初"遗老"雅集遣怀、新进人士集会演讲的场所，因其公开性和包容性，成为近代意义上的"海德公园"。

第三类，入幕文人从以"术"存身转型为学者型人才。

清末民初，在科举废除前后，江南中下层知识群体选择出路的方式，最多的还是"入幕"，即进入清末四大"幕府"(曾、李、张、袁)做"幕客"。

按照传统的说法，"入幕"即所谓做"师爷"，这在明清以来的江南地区中下层读书人中已是很多见的职业选择。民国时期刘成禺在其笔记《世载堂杂忆》中有一段记载，描述了张之洞幕府中多用各有专长的常州府人：

"无锡张曾畴擅苏体字，为之洞代笔，几乱真。赵凤昌以通达政事文章名,之洞倚之如左右手。金匮华蘅芳以算术独步,两湖奉华氏为泰斗,在鄂十余年。……他如杨模等,皆幕府才也。"

在刘成禺提到的数人中,张曾畴在张幕充任文案时间最长,长达十七年,一直伴随张之洞至去世。据刘成禺所云,张曾畴进入张幕是因为擅写一手"苏体字",故一直为张之洞代笔。在张幕中,张曾畴也最像旧式"师爷":忠诚勤恳,恪守本分,善始善终。其见载于文字者,大致主要是管理张府的生活事务,直至张之洞离世。

其外甥许同莘(1878~?)字溯伊,21岁即由张曾畴引入张幕做事。后许写有《公牍学史》,书中首先阐释了做"公牍者"的基本素养,所提出的"积学""晓事""立诚""得中""养耻"等质素,具有很浓重的旧式幕客的特点,故有人把许同莘一类称为"最后的师爷"。

次则如同在张幕的华蘅芳(1833~1902),字若汀,是前述荡口华翼纶之子,幼时无意于时文举业,独好数术。与之相似的还有无锡前洲人徐寿(1818~1884),字生元,号雪村。徐年轻时也认为举子业"无裨实用",解决不了生计问题,遂弃去,转而攻实学。加上"少好攻金之事,手制器械甚多",开始钻研科技。华蘅芳后来与徐寿相识,两人一起于1853年结伴前往上海寻求新知识。在英国传教士所创办的墨海书馆,他们结识了在书馆从事西方近代物理、动植物、矿物学等书籍翻译的李善兰。在李善兰的帮助下,两人选购了一批西方近代科技书籍和化学、物理等试验器材,通过自学,"究察物理,推考格致"。

清末大兴洋务之时,徐寿、徐建寅父子跟华蘅芳一起,以"研精器数、博学多通"被曾国藩征聘入幕,1862年进入曾国藩创办的安庆内军械所,华蘅芳负责"推求动理,测算汽机",徐寿负责"造器置机"和制造小样,终于在1862年7月研制成功我国第一台蒸汽机,中国近代工业的发端由此开始。1866年,在徐寿、华蘅芳主持下,在南京金陵机器制造局研制成功第一艘蒸汽动力船———"黄鹄"号,中国近代造船工业也自此开始。

后来,徐寿、华蘅芳又被曾、李委派筹建"上海机器制造总局",并在制造局所设翻译馆内一起翻译西方科技书籍。此后,华蘅芳一直以担任"教习"为主,先后被聘为上海格致书院教习、天津武备学堂教习,在张之洞"两湖书院""自强学堂"任教习的时间有十多年之久,晚年回到家乡,在"竢实学堂"做教师。华氏一辈子教书、研究、著述,是个真正意义上的学者和教育家。

刘成禺《世载堂杂忆》中还提到"幕府才"杨模(1852~1915,字范甫,号蛰庵),是无锡学前街人。同治十一年(1872)中秀才,光绪十一年(1885)被选为拔贡。杨模先入李鸿章幕,跟华蘅芳一起受聘于天津武备学堂任教习;后又入张之洞幕,襄办"自强学堂",任教习。不久,杨模回到家乡,与数位同人一起集资购置无锡连元街"上寿禅院"旧舍,在清光绪二十三年(1897)创办"竢实学堂",并于次年建成招生,华蘅芳担任总教习,这是无锡第一所新学堂。同年,裘廷梁、吴稚晖等人创办"三等公学堂"。很快兴新学之势便如雨后春笋,1902年胡雨人在堰桥办"胡氏公学",严毓芬在张泾办"严师私立经正学堂",周舜卿办"廷弼商业学堂"等,这些都是在科举正式废止之前由私人兴办的新学。

三则如刘成禺提及的"以通达政事文章名",并被张之洞倚为左右手的常州人赵凤昌一类,是近代史上有名的政治干才。这一类人如战国时期的"谋士"一般,以智慧和洞明世事的本领参与机要,如出身低微的赵凤昌后来被称之为"民国产婆";本书所记的吴县张一麐、无锡杨味云、薛福成等也是属于这一类人才。不过,赵凤昌、张一麐还是以"老秘书"终其一生,杨味云则以精财会而成为民国时期的财政专家,晚则转而从事实业管理。而薛福成与他们的差别,则是在近代外交和政治思想史上贡献了其特殊的意义。"经世致用"的思想和实践方面,都具有当代的意义。

薛福成(1838~1894)字叔耘,号庸庵。薛氏青少年时经历太平天国之乱,转而钻研实学,究讨时弊。同治四年(1865)投曾国藩幕府,以《上曾侯书》万言书,提出"筹海防、挽时变"等八策而赢得曾国藩赞许。入曾幕8年,在"兵事、饷事、吏事"方面得到历练,是当时"曾门四子"之一。光绪元年(1875),薛福成以《治平六策》《海防密议十条》上奏,提出富国强兵的具体措施,呼吁朝廷培养新式人才、重视科学技术、加强海军海防、大兴洋务实业等,一时名动朝野,随即被洋务派领袖李鸿章延揽入幕。在李幕长达十年的时间里,参与核心机务,出谋划策,处理了很多海军及外交上棘手的事件。期间所写的《筹洋刍议》一书,鼓吹变法和洋务,提倡振兴民族工商业,体现了早期资产阶级改良主义思想,在中国近代思想史上也有其地位。

薛福成在李幕时即显示出出色的外交斡旋能力,后在担任公使期间,因为精通国际公法,娴熟洋务,又熟知洋人心理,斡旋英法诸国之间,努力维持国家主权和领土安全。特别是以国际公法为依据,与英国签订《续议滇缅界务商务条款》,收回了滇边部分领土和权益,这在清末弱势外交情势下已是空前的成功了。

由此可见,以徐寿徐建寅父子、华蘅芳、杨味云、杨模、薛福成等为代表的另一类江南"入幕"文人,他们作为洋务派麾下的"幕宾",虽然最初也以某种"术"进身,但与张曾畴舅甥等"旧式师爷"显然不同的地方,是他们在科举废止之前,不仅在知识结构上完成了近现代的转型,而且在理念精神上也顺应时代的潮流和进步,故机遇得当,便各有用武之地。徐、华成为现代科技的发轫者之一,杨则是近代教育的拓荒者之一,而薛福成则是一个精通世务、识见高远的务实型人才,并在近代思想上有其应有的地位。

四、科举废后乡村知识群体的"海漂"经历

1905 年,光绪帝诏准张之洞、袁世凯等停止科举的奏请,下旨于1906 年(光绪三十二年)始正式停止乡试、会试及各省岁试,延续了一千三百多年的科举制度终于被废除。

清廷废科举制,下层读书人群体中有一部分人真正陷入困境,如平襟亚父子辈的生存状态,正代表了科举废止之后两代读书人的命运。知识结构陈旧、无力另谋出路者,如平襟亚的父亲,科举时代,这些家境贫寒的读书人尚能"藉舌耕",以"塾师"之业而勉强糊口;科举

制废，这些旧一辈读书人旋即"失馆"，既家无恒产又年老无法适应"新学"，便失去了基本的生存条件，"坐失其业，谋生无术。生当此时，将如之何？"（刘大鹏《退想斋日记》），许多乡村读书人便在贫病交加中死去。

而如平襟亚辈读过几年塾学的乡村青年，不甘心做农民或小伙计，便拼命挣扎，努力寻找出路。民国时期，对于出身贫困的农工子弟来讲，进师范是继续读书和离开乡村的可供选择的不多道路中的一条，因为只有读师范是不要钱的。平襟亚即借钱考进了常熟县乙种师范，毕业后，回到老家常熟辛庄吕舍初级小学服务几年。

此外，乡村知识青年的另一条出路，就是随着难民潮涌入城市，成为城市的"漂浮"群体，卖文为生，艰难挣扎。到上海滩"闯世界"，成为当时江浙文人的首选。进入上海滩，他们首先因地缘、人缘结成"圈子"。

民国四年（1915），平襟亚离开家乡到嘉定县练西小学做教员。在嘉定结识了南社诗人、松江人杨了公（1864～1929），次年便到上海"闯世界"。在上海，或因杨的援介，又认识松江朱鸳雏（1894～1921）和姚鹓雏（1892～1954）等人，然后由姚、朱介绍认识江阴刘半农。当时沪上的江浙文人，大多是通过这种地缘（同乡）和人缘（朋友）的关系，互相引介，形成一个圈子，这是各种各类知识人"漂"在海上以寻求发展的松散群体。

无根无基的小文人进入上海后，往往抱团取暖，如平襟亚、朱鸳雏、吴虞公三个年轻人就结成一个卖文"三人小集团"，合租一屋，给各个报章杂志投稿发文，成为民国初期沪上的"海漂"一族。

其次，炮制闲文以取微资。

在上海滩闯世界的小文人，撰文、编书，办报、办杂志，或托身书局做编辑，使尽浑身解数以求立足。民国时期的出版业相当自由，弄堂作坊自己印书并不难。如平襟亚等三人以"襟霞图书馆"为名，出版那些以吸引眼球赚取微资为目的书籍，以平襟亚的《中国恶讼师》（1919年）、吴虞公所撰的《民国趣闻》（1919年）一类为代表，都是一些移花接木的抄纂拼凑之文,商业化味道很浓。朱鸳雏写的哀婉悱恻言情小说《玉楼珠网》《帘外桃花记》等,也多是如其所云之"媚世之文"。

其三,近代"乡村"移民的缩影。

平襟亚1926年所写的社会小说《人海潮》,记述民国初期几个乡村小知识青年到上海求生谋发展的故事,这正是平襟亚自己生活经历的写照,也是近代上海移民小说的代表作之一。

寒士卖文,冷暖自知。书贾雇用文人,奴畜隶养,直至把他们的心血榨干,这正是平襟亚等"漂海"生涯的甘苦之言。"海漂"一族的辛苦,作媚世之文取微资以谋稻粱的无奈,都深藏于心间,流露于笔端。这些"洋场才子",最初也都有自己的理想和抱负,但卖文如卖血,最后只有少数人能立足安身,如卖文"三人组"中亦仅仅只有平襟亚在经过十年打拼,凭借《人海潮》而转型成为"鸳蝴派"文人,但也免不了以大学教授为代表的"精英"阶层所低视。

所以近年以来,学者们越来越注意到在以往的文学史中被忽略的通俗文学的研究,尤其对清末民初移民题材小说的文学价值和史料价值给予了相当高的评价。如平襟亚的《人海潮》一类,是清末废科举之后,乡村知识青年在知识结构、思想体系和人生观价值观等方面急剧转型的真实记录,是一代人人生甘苦和心路历程的写照。与此同时,平襟亚本人的"海漂"经历,亦正是一个鲜活的现实案例。

总之,从清末到民国相当长的时期内,江南乡村读书人群体,几经挣扎转型为"洋场才子"和马路书商,其生存条件和环境,决定了他们各自的人生出处和境界。从理想层面来讲,生存的困境使得很多人完全放下了封建时代文人"齐治平"的人生理想,"仁礼智信"的理想人格也不复存在。从人生世态层面来讲,读书人完全被抛向社会、面向市场和江湖求生存的"职业化"的特点,势必造就"职业化"的行为模式和价值观的颠覆。但总体来讲,如平襟亚辈读书人,在转型的过程中,有"斯文扫地"之嫌,却还没有堕入"道德沦丧"的地步,"君子爱财取之有道"的基本法则依然能守住。如其出版"清朝十大名人家书"一类的伪书,固然不能视作史料,但作为"文章"本身,依然还是充满着

"载道"的内容和家国的责任感。又如"国学珍本丛书",有许多虚饰夸张之言,也有以"一折八扣"低价"倾销"以挤垮正版的企图,但书籍本身没有造假作伪等的问题。正如林语堂先生评价平襟亚及其"一折八扣书"的地位和价值时,他一方面批评出版界的正规书店之出书越来越贵的怪现象,一方面又赞许平氏这类价格低廉的读本对普及经典方面所做出的贡献。

明清士族及士人,在社会转型时期,人生模式的重构大体如此。

目　录
CONTENTS

01

胶山安氏：明代产业地主的转型和农商士的融合

　　胶山安氏家族发展史上，有两大关捩点，一是从安祚到安国，完成了产业地主到商人豪富的第一步转型，这个步骤既顺应了明代社会商业经济飞速发展的时势，同时也完成了家族在物质财富方面的巨大累积。二是从安国到安如山，完成了从大地主、大商人到进士门第的转型。安如山的这一步转型为安氏家族真正赢得了社会地位，实现了从祖上并不入流的"乡祭酒"（一乡之长）到"进陞朝列大夫"的贤官的转型，"一时美为通显。"接着，对于一个进入"守成"阶段的家族而言，需要一位家族精神的奠立者，这对于家族的传承和壮大有着至关重要的意义；安氏家族的这个"精神领袖"，无疑是由安希范来担当。

引　言

安氏溯源

　　无锡城东行四十余里的一座小山，相传因商代胶鬲葬在此处，故名"胶山"。胶山在南朝梁时就建有胶山古寺，与著名的惠山古寺遥遥相望。唐时，天台宗九祖高僧湛然曾居此讲经，后建有"湛然堂"。宋代建炎年间，丞相李纲上请以此寺奉祀先世，于是奉敕改称"崇亲报德祥院"。约元明之际，在山寺之下数百米处，即有安姓族人定居于此。安姓是个北方姓氏，但明清时期无锡、金匮多安姓，则安氏是何时迁移到此，并衍为本地望族的？

　　历史上，安姓的来源非常复杂，除了以封国为氏外，还有许多少数民族赐姓、改姓者，这就使得这个姓氏从一开始就富含异域气息。东汉以前，安姓的栖居区域主要集中在中原及河西走廊一带，这种格局从先秦到唐宋以后也变化不大。宋元时期，因金人南侵和元蒙贵族的入主中原，为躲避战乱，部分安姓族人也随着中原迁移队伍南徙至江浙皖等地，所以明清时期无锡、金匮多安姓。

　　无锡胶山安氏，在族谱中把北宋末期的枢密使安焘（字厚卿）作为本支始祖，但安焘以后的传承却并不明确，迁往无锡的具体时间和始迁祖也模糊，安氏族谱中诸如"其先汴人，扈宋南迁"等说法，亦不足据以为实。相对较为确定的记载是，元末兵燹，从安元卿（一世）开始，本支安氏方"占籍常州"，以"耕读起家"，"生产滋殖，为乡巨族"①。安元卿之子安明善（二世），在光绪《无锡金匮县志》"流寓"中有这样的记载："安明善，字汝德，祥符人。"祥符，是指宋元时的开封县。安明善在县志中一直被列入"流寓"，这说明至元明之际，安氏迁徙本邑的时间并不长。关于安明善，同书还记载曰："明洪武初，以人材辟通判金华。兵燹之后，教民开垦，成膏腴万顷，太祖赐诏褒美。致仕后，爱梁溪山水清淑，遂卜居胶山堠村里，子

---

① 《胶山安黄氏宗谱》卷四之《宁斋公（安邦）墓表铭》无锡文库第三辑，江苏凤凰出版 2012 年版。本文所引安氏宗谱文献，均出于此，简称《宗谱》。

孙因家焉。"①这段文字当据《明善安公墓志铭》,然其真实性存疑,按《宗谱》卷三载王汝玉撰《应春公墓版文》和《明善公墓志铭》,修谱者也表明此"右二篇传疑也"。安氏后人又追述安明善曾经跟倪云林、王耐轩等名流有唱和活动(《宗谱》卷三《秋潭公行状》),这些记载无考,但约略说明安氏向儒的愿望。

安明善有二子:安宇、安宙(三世)。《胶山安黄氏宗谱》卷三《养拙府君传》有云:"洪武中,兄以事累,戍云南。"而《光绪锡金县志》在"孝友"下则记载有这样一个故事:明洪武中,安宇"坐粮长事,论戍云南",安宙因兄长年老,代兄远戍,挈妻及长子安斌远行,把尚在襁褓中的幼子安戒托付给兄长,以守护本支墓庐。安宙"代戍"一说,最早出现于其嫡孙所写的行状中,作为家族记忆,则此事当有一定真实性,但当年安宇究竟因何事论戍云南,则语焉不详。

此后,胶山安氏在第三代安宇、安宙后各有传人,"以耕读绍先业",只是明清时博取功名者寥寥,故不显。《宗谱》卷三《胶东府君传》记有安边策者,字庭锡,号胶东,无锡诸生,少与族兄胶峰同学,以文章相契。安胶峰(即安如山)及第,安胶东则默默,至安胶峰致仕归,便延请安边策至府中为西席云云。这是安氏宗谱中的东宗,即泽上支。

复杂的情形是,安明善在洪武时期又招赘了长洲县(今吴县)习义乡悬珠里的黄仲茂。赘于安明善氏后,黄仲茂改姓更名实,字宏毅,号叔英,与妻子安氏有子安以恕(字近仁,号有忍)。但安以恕"屡试不售",且夫妇早逝。安以恕有子"庠序学校"四人,序学二人早夭,黄仲茂(即安宏毅)令长孙庠归宗承黄姓,幼孙校则仍安姓。后来,胶山安氏显显赫赫的后人,如安国、安希范等,实际上均出自仲茂一支,确切地说,是长洲悬珠里黄氏之后,所以我们今天看到的胶山安氏族谱即两姓合谱:《胶山安黄氏宗谱》。此为安氏西宗,因世居胶山堠村,即为堠村支。至雍正末,安、黄两姓连谱,建祠堂,两姓合祠。

---

① 光绪《无锡金匮县志》卷二十八"流寓"中国地方志集成江苏府县志辑,江苏古籍出版社1991年版。

第一章

安国:明代无锡商人的崛起

　　胶山安氏(西宗)以经营土地起家,到安国时,经商成功而成为无锡的巨富。安国之后的安氏家族,又通过科举成功转型为诗礼之家,以后则书香传承,俊才迭出,成为一地望族。

一、产业地主的起家:与粮长相关的事

　　安国(1481~1534),字民泰,因自题住所为"桂坡馆",世称"桂坡公"。明成化十七年(1481),安国出生于无锡胶山脚下的一个小村庄,直到嘉靖十三年(1534)去世,这个时期,正是明代中期政治思想开始松动、社会经济开始多元化发展的时期,安国正是在这个时期累积财富成为巨富。明代王世贞的《国朝丛记》中,曾提及严世藩所列"嘉靖富豪榜单",那是严世藩在嘉靖三十九年(1560)前后,在一次夜宴宾客的席间屈指评点天下富豪,细数出17位"首等富豪"。在这个榜单中,除去十个权贵、太监外,还有七个是商人,这其中包括三个晋商、两个徽商及两个无锡的商人。这两个无锡商人中,一个是邹望,另一个就是安国。安国的财产超过50万两白银,故地方文献喜用"富几敌国"来形容。

　　安国出生的胶山脚下的小村子,古称"西堠村",相传为南唐设堠瞭望之地。从元末开始,安氏一族定居于此,渐渐繁衍开来,经明代的发展,到清乾隆年间,这里方益大为市,即锡山安镇。可见,在元明相当长的一段时间里,安国的祖孙辈们一直在胶山一带的乡野耕种作息。

　　日本学者宾岛曾指出,明清时期江南盛行的"赘婿",很大一部分原因是为解决农耕劳力的不足①。安明善有两子,一子远戍,一子年老,从当时安氏家族的此种情形推测,招赘黄仲茂很有可能正是这个原因。与安宇安宙及其后代以科举为业不同,黄仲茂一直是力农为主,初时家道颇寒微,中年以后日隆,到仲茂之孙安

---

　　① 宾岛敦俊:《农村社会——研究笔记》,《近代中国的乡村社会》,沈中琦译,上海古籍出版社2005年版。

校(字公俊,号处静)时才成为一个中小地主。安校生于永乐末,父母安以恕夫妇早逝,"自以少务农失学,每见儒绅辄曲意下之",田产充拓至 400 亩,"实本力作勤俭所致"(《宗谱》卷四之《处静公墓表铭》)。安校之子安祚(1446~1505,字天锡,号友菊),生于正统丙寅(1446 年),卒于弘治乙丑(1505 年),也是"弱冠能综画家政,凡黍稷粱稻、灌溉种树之候,不爽早暮。"(《宗谱》卷四之《友菊公墓誌》)短短几十年的时间,安祚将田产累积至四千亩。临终时,安祚告诫子孙:"吾为汝等创吾家,当慎守之。"言语间颇有几分创基立业者的自豪。

这里要特别注意一个情况,那就是安氏家族先后有多人担任"粮长"之职。

根据安氏宗谱记载,洪武中,安明善之长子安宇"坐粮长事",远戍云南,后由其弟安宙代行。

安校(字公俊,号处静),黄仲茂(即安宏毅,安明善赘婿)之孙,"世业始微",以对贫匮患难者周恤不吝,又刚正不挠,"遂举为一乡之长",安氏后人尊为"祭酒公"者。"邑大夫高其行,凡有政则进公于庭而咨访之,众益敬服。"(《宗谱》卷四之《处静公墓表铭》)即安校曾担任一乡之长。

安祚(1446~1505),安校长子。"既壮,掌赋于乡。公廪私蓄,事若蝟集,躬览其要而区别其细,罔有遗缺。"(《宗谱》卷四之《友菊公墓志》)所谓"掌赋于乡",是指负责一乡的征税工作。安祚临终嘱咐子孙:"能已人宿负,则所得多矣。"安祚要求子孙善积德,对于那些拖欠赋税而又无力偿还的人要宽仁,如果能免其税负,则会收获人心。

安邦(1465~1503),字民本,号宁斋,安祚长子。"父尝掌乡税,有深惠于人君,起而继之。"(《宗谱》卷四之《宁斋公(安邦)墓表铭》)。安祚去世后,其子安邦承父职,继续负责征税。

安国(1481~1534),字民泰,安祚次子。"兄与其子如荣皆早逝,抚其遗孤,为之御外侮,助徭差。"安国在兄长去世后,以弱冠少稚之年摄代家理,出答公役,助本县徭差。

明代的"粮长制度",是朱元璋在洪武四年(1371)所设立的一种征解税粮的制度。根据这个制度,每个州县按照征粮额度分为若干个粮区,每区设粮长,由粮长负责征解税粮。通常每缴纳田赋一万石左右的区域划为一区①。关于粮长的产生,早先是公推纳粮大户,后来变为政府指派。但不管是公推还是指派,最初担任粮长的都是本粮区那些地多、税粮多的大户,这就是《明史·食货志》所说的:

---

① 梁方仲:《明代粮长制度》"引言",上海世纪出版集团 2001 年版。

"粮长者,太祖时,令田多者为之,督其乡赋税。"①朝廷以所谓"以良民治良民"的方法来保证国家的田赋征收。朱元璋为了笼络这些粮长,最初还给予种种优渥的待遇,粮长除了本职"督其乡赋税"外,还可以参与乡讼裁定,并有配合里长丈量土地、编造鱼鳞图册等职能,甚至有一段时间还取代里长的行政地位。从上述所列举安氏子孙追述祖先时五花八门的称呼,正可以窥见粮长职能的一些变化。同时,从安氏几代人一直充任粮长之职,几同世袭,形同"永充制"。

安氏的土地,在安祚一代手上增量很快,短短几十年的时间,从200亩增加到4000亩,从现存资料没法得知他土地扩容的方法,但有一点是可以肯定的,那就是胶山安氏从安校到安祚,再到安邦安国,不过三代,已经逐渐在地方上拥有较强的经济实力,从而被举为乡长、粮长,掌管一地粮赋征收等职责;同时又反过来对家族经济实力的扩充起着良好的作用。戴冠所撰安校《墓表铭》中赞许安校"略无意于侵牟,故今子孙隆而不替","是岂掊尅之徒朝荣暮瘁者比也。"

粮长一职之便,本可以耗脚、盘费等名在征税之时多向税户摊派一二,从戴冠在墓铭中所提及的"侵牟"之说,说明征粮中不乏"掊尅之徒",有对税户的肆意"侵牟"之举。梁方仲先生也认为在"永充制"粮长时期,粮长在征收税粮过程中的舞弊行为很严重:

"拼命地上下其手,以中饱私囊;他们不但加紧对粮户的榨取,超额征收,而且还侵吞造成了'上下交困'的状况。"②

无锡地方文献、乾隆时期黄卬的《锡金识小录》"官兑官运略"条下也提到:"明代漕粮皆民收民兑,有粮长米头等名色。""国朝初年尚有收头及兑户,以屠弱农民为刁军悍丁之鱼肉。尝正米一石,费至二倍余,民以田为累。"③

其次,担任粮长一职,利弊各有一端。

一方面有能力有经济实力的粮长,往往迅速崛起,成为本地巨室和有实权的人物。如在明初,胶山里安氏本与俞氏、蔡氏鼎足立,但"俞蔡每以徭役侮之",故意推举安校(处静公)掌事,安校不以为难事,勇于担当,做事干练,故被推为耆老。"当是时,耆老尊重,冠服长揖见令,言地方利弊,无不应。俞蔡从而服府君。"④安祚,既"掌赋于邦",又"为人排难解纷","官务毕理,民无怨尤,邑令丞恒待之有加礼焉。"(《宗谱》卷四之《友菊公墓志》)子孙这些对先辈的追述虽不免有溢美,但

① 《明史·食货志二》"赋役"卷78,中华书局1974年版。
② 梁方仲:《明代粮长制度》"引言",上海世纪出版集团2001年版。
③ 黄卬:《锡金识小录》卷一,台湾成文出版社1983年版。
④ 安璿:《安氏家乘》无锡文库第三辑,凤凰出版社2012年版。

后来如安国记述其父亲逝世之时,言有百姓五千人为其送葬,这实际上与安祚在本区做粮长有关。安氏自此脱颖而出,在本地居俞氏、蔡氏之上,被目为江南巨室。又粮长既掌管粮赋征收,又负责解运,故比一般的地主更具有广泛的人脉,及至结识各级官员,如果工作出色,还能受到皇帝的褒奖,甚至授予一定的官职。安氏族谱所记:

"祚与邦、国及荣,俱以恩诏拜散官。"(《宗谱》卷四戴冠撰《处静公墓表铭》)

事实上,安祚及其长子安邦,安邦之子安荣,安国之子安如磐等,都是捐粟授承事郎。弘治年间,连年灾荒,为解决国家财政不足,朝廷许民间赈灾,输粟授官。成化时江南水灾,"出粟一千石者授七品散官"①。故自嘉靖以上,本邑因捐米助赈而给冠带者,不在少数。如安邦"橄君应输粟受散官之命,即捐粟授承事郎爵,如其父。"(《宗谱》卷四之《宁斋公(安邦)墓表铭》)安国则是"弘治间尝输财助边,例授承事郎"。虽然都是掏钱买的官,但也与安氏祖孙三代担任粮长有一定关系。在这个阶段,安氏子孙为从产业地主阶层挣到更高一个社会阶层,付出了几代人的坚韧和努力。

另一方面,粮长之职越到后来权限越小,但代替国家征解税粮的责任却不减,应征之数不足,还要问罪,如安祚之子安邦,把征赋视为"国计至重,不敢委人",战战兢兢不说,且不足之数"代输至倾囊",这虽然博得有司赞许,"屡加奖劳",但毕竟压力太大,劳民伤财加以"司赋既久",积劳成疾,安邦在弘治十六年(1503)便因"督饷劳困,抵家病泄而卒"(《家谱》卷四《宁斋公墓志铭》)死时40岁尚不到。谈修《呵冻漫笔》卷四录有巡抚南直隶王恕的《江南起运税粮》折子,便提及解押税粮至京城,往往"四五个月不得到京"②,还不算返回的时间,可见艰辛无比。而前述安明善之子安宙,"坐粮长事"而戍边,又《宗谱》卷三安吉撰《子镜弟传》中提到:"以事挂误,谪戍云南楚雄",这很可能与征纳之责没有完成有关。

朝廷以"民征民解"的方式,既把民间富户与田赋征收捆绑在一起以保证国家税收,也同时把征赋的成本转嫁一部分给民间,所以越到后来,很多民间富户都不堪重负。如《松江府志》卷十一"役法"收录明代各个时期松江府上奏北运或民运之困苦的奏疏,其中有提到:"家有十金之户'当一年即有乞丐者矣'。"安宇"坐粮长事"远戍,安邦则"代输至倾囊",这些记载都是真实可征的。

安国与兄长安邦在成年分家时,各从父亲安祚手里分得田产2000亩,这是安

---

① 黄印:《锡金识小录》卷七,台湾成文出版社1983年版。
② 谈修:《呵冻漫笔》丛书集成初编本,中华书局1985年版。

国以此起家的本钱。在《北游记》里，安国叙述自己："余也少事农桑"①，《西游记事》里则说道："盖余自少佩父命干蛊，失之问学。"所谓"干蛊"，就是《易·蛊》所谓"干父之蛊"，指继承父志。根据《北游记》廖纪所记，安国自云彼次北行的目的，是"奉县檄输内帑，出入内府，以仰观禁城宫阙。"可见，安国是奉无锡县之命解送税粮到内府，这正是明代粮长的职责。安氏宗谱中提到安国在兄长安邦去世后，"出答公役"，应该是指这类代行粮长之职解运赋粮的事。但安国的崛起，主要还是经商致富。

二、《北游记》《西游记》《东游记》等记录的商业活动

安国多才善贾，在短短二十来年的时间内成为锡山巨富。安国的田产在鼎盛时期拥有 2 万余亩良田，其资产总值"约六十倍于所授"②。在安国的身上，可以看到明代社会产业地主转型为商人，并迅速崛起所走的路。

仅仅从土地增量的数量和速度看，安国的财富增速是令人咋舌的。安国迅速致富的原因，除了经营土地之外主要还是经商。至于安国经商的内容，少有明确的文献记载，但我们根据安国所著的游记《北游记》（嘉靖四年，1525 年）、《西游记》（嘉靖八年，1529 年）、《东游记》（嘉靖十一年，1532 年），记游诗集《游吟小稿》及安氏家谱等文字记载，约略构拟出安国商业活动的具体内容。

1. "以末致财，以本守之"

作为产业地主，安国起家的基础是田产。秦金跟安国是好友，安国之子安如山又是秦金的门人，其在《安国墓志铭》中说安国："以末致财，以本守之"。（《宗谱》卷四）从安氏宗谱可以知道，安氏田产经营的方式主要有二：一是土地租佃，二是稻米贩卖，这是胶山安氏发家的基础。明清时期的江南，一直是稻米的主要产地之一，这一点毋庸置疑。江南出产的稻米，一是专供朝廷，二是流向市场。《松江府志》卷十一"役法"下记载明代"南直隶苏松常三府、浙江嘉湖二府""白粮"北运的状况：

"国初自南京取给五府，其势近便。自成祖定鼎北京，而白粮相沿不改者二百五十八年矣。"③（《陈继儒查北运白粮事宜》）

而明代无锡名贤谈修《呵冻漫笔》卷四录巡抚南直隶王恕《江南起运税粮》札

---

① 安国：《北游记》《西游记事》《东游记》安氏西林书屋钞本无锡文库第四辑，凤凰出版社 2012 年版。
② 安璿：《家乘拾遗》无锡文库第三辑，凤凰出版社 2012 年版。
③ 《松江府志》，北京书目文献出版社 1991 年版。

有云：

"苏松常三府又起运两京各衙门并公侯驸马伯禄米二十八万余石,连加耗脚价盘用共用糙米五十余万石,约用运夫二万有余,自备衣粮盘费。"①

可见,明朝以江南"白粮"供内廷,从国初定都南京开始定规,明成祖定鼎北京后相沿,至张居正改革税制后仍然不变。

除此之外,民间对江南稻米的贩卖活动也很活跃。明清时期,常郡五邑中的锡邑一直是人多田少的境况,"耕种之田不及百万亩"②,出产粮食仅勉强供应本邑。虽然如此,但为巨大利润所吸引,本邑所产稻米仍然大量流出,纵灾荒之年明令禁止都不能绝。在《金瓶梅》第七十七回中有这样一个情节,花子繇过来向西门庆中介一笔买卖:

花子繇道:"门外一个客人,有五百包无锡米,冻了河,紧等要卖了回家去。我想着姐夫,倒好买下等价钱。"西门庆道:"我平白要他做甚么? 冻河还没人要,到开河船来了,越发价钱跌了。如今家中也没银子。"

米商要紧回家过年,想把手头 500 包"无锡米"迅速出货,但西门庆一眼看穿生意经,不想囤积卖不出价钱的货。小说的这个细节可以说明三点:一是当时市场上"无锡米"的供应量较大(这同时也意味着产出量也较大)。二是"无锡米"已经在市场上形成一个品牌效应。三是南北运输非常方便,供销渠道畅通。

安国的本业正是稻米种植和售卖,这也是当时"江南人以田成富"的主要方式。黄省曾所写的《桂坡安徽君传》中有一段记载,安国家中曾经有"佃夫千家",每到农时,"发廪散贷而捐之息",对那些贫困交不起租息的佃家,甚至"折券弃责",如冯谖之为孟尝君"市义"一般,甚至"蠲租万余石"(《宗谱》卷四),这使得百姓乐意为其"耕人"云云。把这段文字反着看,正可见安国经营田产的方式主要是:第一土地租佃以收取租息;第二是放米取息。

在《锡金识小录》中也记录有这样一个故事:"嘉靖中,安氏富甲一邑,大盗欲劫之而无路可入。"后有意结识安家的一个木匠沈仁,胁迫其为向导,沈仁乃引盗贼入"碓坊","盗睹役人众多,怒伤工"而遁去。——这里所提及的"碓坊",即加工稻米的作坊。安氏家的"碓坊"役工众多,能吓退结伴而来的一干盗伙,可见规模不小。"或或家僮,食指数千"(《宗谱》卷七之徐阶撰《周太宜人墓志铭》)大规模的稻麦种植和稻米加工贩卖,这是安国起家的本业。

但明代社会仅仅依靠租佃而得利的土地经营,越到后来收入越薄,所谓"利息

---

① 谈修:《呵冻漫笔》丛书集成初编本,中华书局 1985 年版。
② 黄印:《锡金识小录》卷一,台湾成文出版社 1983 年版。

薄而赋役重"。安氏宗谱对安国致富所描述的"以末致财，以本守之"，说明安国从单纯的田产经营转型为商贸经营，才能实现财富的迅速增值，但安国"以本守之"，即把商贸利润的一部分继续用于扩充田产，这是江南地主资产保值所采取的通常做法，如跟安国同时的邹望，号称拥有田产三十万亩。

2. 行商：从事丝棉的贩销

吕柟所撰写的《桂坡公（安国）传》中描述安国经商致富的传奇经历：

"起业贩缯刍牧之间，后其富可敌侯王者。"

"起业贩缯刍牧之间"，这是明代中期以后，江南商人白手起家的常规途径，同时也造就了许多骤而富贵的传奇故事。所谓"刍牧"，指的是稻麦种植；"贩缯"本是指贩卖丝织品，但吕柟所描述的"贩缯"，当是泛指，应该包括贩卖棉布和丝织品，即所谓"丝绵"，这是安国"行商"的主打产品。

首先从区域特点来讲，明代的江南是全国最大的棉布生产地区，有极为发达的棉纺织业，每年向全国输出的布匹数量有几千万匹之巨，家庭纺织之普遍，不仅普通家庭都有一二织机，就连士大夫家也多以纺织求利。同时，范金民先生还指出，元明时期的棉花种植，除了苏松地区外，全国其他区域往往是棉花种植跟棉布加工脱节的，所以形成"北花南运，南布北销"的局面。这是明清时期江南手工业生产和商贸流通的基本格局，且这种情形在当时的无锡更为典型。清代乾隆年间的黄卬在《锡金识小录》中指出："常郡五邑，惟吾邑不种草棉，而棉布之利独盛于吾邑，为他邑所莫及。"普通农户，"春月则阖户纺织"，"及秋稍有雨泽，则机杼声又遍村落"，以所织之布分等级而易花、易米及钱，成为普通农户生活的日常。安国庶孙安希范被驱遣回周泾乡下后，周氏母亲即以耕种纺绩度日。黄卬描述市场上的布匹：

"坐贾收之，捆载而贸于淮扬高宝等处，一岁所交易不下数十万百万。尝有徽人言：'汉口为船马头，镇江为银马头，无锡为布马头。'言虽鄙俗，常不妄也。坐贾之开花布行者，不数年即可致富，盖邑布轻细不如松江，而坚致耐久则过之，故通行最广。"[①]

明代的江浙商帮及徽商主要就是以棉布贩销为主业而盈利的。"无锡布"坚致耐久的特点，不仅适销中下层市场，且对从业者的要求也相对低，故在明代时毗邻古运河的南塘街一带花行、牙行集中，林立密布，已经形成商业规模，黄卬所言"棉布之利独盛于吾邑"当不虚。

至于丝织品的贩销，同样拥有巨大的获利空间。

_____

① 黄卬：《锡金识小录》卷一，台湾成文出版社1983年版。

我们不妨还看《金瓶梅》的例子，书中第五十八回、五十九回写到西门庆跟乔大户等各出 500 两银子合伙开缎子铺，分派仆人来保和伙计韩道国从两路去进货，来保到湖州坐地收货，韩道国这一路则到杭州采买，然后经南京长途运回临清。韩道国货船到家，伙计胡秀递上"书账"（即账簿）向西门庆禀报：

"韩大叔在杭州置了一万两银子缎绢货物"（58 回）

韩道国从杭州运回的这十大车缎货，"直卸到掌灯时分"（第五十九回），这一万两银子的估值，当然是指市值。可见，因没有中间客商的取利，成本大大降低，故一趟远距离"行商"的利润，可稳赚十倍之利。

临清在明代时"为天下都会，商贾辐辏，百货云集"（安国《北游记》），安国北游时在此玩视徘徊多日，感慨此处的阜繁。

杭州也是安国"贩缯"的重要地区。胶山安氏诗中，安国曾以诗记录自己的行踪：

"越山都入映江楼，此地年来八度游。客子倚栏舒望眼，乡人结社看潮头。江湖敢作元龙气，廊庙谁怀范老忧。逸兴无边诗思阔，片帆还许下东流。"（《映江楼和二泉邵先生韵》）

安国诗里所提到的"映江楼"，在杭州永昌门外江边，宋元时建有亭，明代改亭建楼，始称"映江"之名，是俯临江岸、观潮看"万里琼花卷层浪"的最佳处，所谓"形胜东南属此楼"。安国在《西游记事》中曾称此门为"钱塘门"，其船到杭州府，至此上岸，携诸亲友登映江楼观钱塘潮。而诗里说"越山都入映江楼，此地年来八度游"，可见他时常来杭州。明代的杭州是丝织业的中心，在无锡至杭州之间，还有一个丝织业中心湖州，所以比起西门庆的远距离贩货，安国的商业经营成本更低，故我们不难推知安国"贩缯"致富的大体情形。"贩缯"的生意让安国获利巨大，故吕柟称安国"富可敌侯王"。

3. 行商线路：江浙闽赣皖为主

有论者或断言安国开辟了江浙闽赣的某些商路，这或不免有些言过其实，但安国行商足迹所及之广和远，确非当时一般人所能及，除了浙闽之外，荆赣湘之地也是他常到的地方。我们不妨看安国诗作中的一些记述。

"平生尚高节，今日得重来。"（安国《夜登子陵台》）

"明朝又发钱塘道，拟向西湖续旧题。"（安国《嘉禾夜泊》）

"轻帆带月过烟汀，昔日追游此地行。楚水有情仍眷恋，庐山解旧若逢迎。"（安国《月夜复经九江》）

"今古名传第一楼，昔年游兴此番酬。"（安国《登滕王阁》）

在安国的诗文（见《宗谱》卷十四）中，多有使用这类"复经""重来""追游"等词汇,这说明安国的东游、西游不是初涉彼地,而是经常在江浙荆湘之地往还,区别在于以前是商船匆匆而过,此番是专心游山玩水。廖纪《北游记序》也提到,安国在北游东鲁北京之前,便"尝历览吴浙名胜":

"昔尝游南畿,过大江,适河南,转而南至荆衡,过江浙,北归间里,已十余年矣。"(廖纪《送锡山安民泰北游南归序》)

这里廖纪所提到的是安国"西游"的行迹,这与其说是其游山玩水的足迹,毋宁说是安国"行商"的广袤范围。

刊刻于崇祯八年(1635)的《天下水陆路程》,是徽商黄汴汇编的全国水陆交通图。此书最早刊印的时间在隆庆四年(1570)(杨正泰《前言》)①,学者认为此书的材料来源大部分出自民间的程图和路引。书中记录了二京十三布政司水陆路程143条,还有各地道路的起讫分合点,各处水陆驿站的名称方位,另外还简略记录了各处食宿条件和各地的物产。我们以安国的《西游记事》为例,这是安国在嘉靖八年(1529)的一次远游。从无锡出发至杭州,再从杭州经广信府入江西境内到南昌,然后沿赣江水陆并进至九江府,游玩庐山后走长江水道,到达湖北汉口、武昌后,沿汉江至襄阳,再陆行至河南武当山游玩。返回时,又回到九江,经湖口进入安徽,再由安徽返回无锡。安国的游记是排日记事的,他把每天行程的路线及住宿地都记录在册,如果将其访友和游赏风景的文字去掉,对比《天下水陆路程》,则其记事方式跟程图极为相似。以杭州经浙江诸县入赣水路为例,安国在《西游记事》中记述,二月,在陪亲友观钱塘潮后即告别启程:

初三日,"由八卦田至浙江驿。登站日西,放行。"

初四日,"过富阳桐庐钓台。谒严子陵祠。有诗,李君图景。舟过副使广东何公鳌,并船相叙,情甚浃洽,题吾诗卷而别。"

初五日,"至严州府。""转南行三十里,至大洋镇。山势少宽,江水愈清。"

初六日,"至兰溪。沽金华酒,风味果非他酒所可及。"

初七日,"至龙游。"

初八日,"至衢。夹岸橙林不绝。"

初九日,"宿揭延镇。"

初十日,"至常山。日已向晡。"

十一日,"至玉山县。游小南寺。"

十二日,"宿广信浮桥边。有佳梦。"

十三日,"至弋阳县驿。"

---

① 黄汴:《天下水路路程》,山西人民出版社1992年版。

十四日,"入贵溪县境。桐梓花极繁盛异常。"

十五日,"至安仁邑。"

十六日,"至瑞洪镇。五里至邬子驿,宿近鄱阳湖。是夜风涛甚涌。"

十七日,"便风至江西城,泊石亭寺下。""登滕王阁"。"风雨连绵,兹游略微扫兴而已。阁中淹留者四日。"

把安国行走的这条水路,跟黄汴《天下水陆路程》卷七所记载的"江西城由广信府过玉山至浙江水"①路线进行比对,可以发现这两条水程记载是完全叠合的,路程的起讫点、分合点、驿站(或止息点)等均相符,而安国的路程记载比黄汴要早40年。这条线路如再加上安国书中所记载的从南昌经九江在湖口入长江水道,向上游到达湖北的武昌、汉口、襄城(襄阳),再进入到河南境内;向下游转入安徽境内;这说明在明代前期,这些南北贯通的水道都已经是广为人熟知的商路了。

特别《西游记事》还提到,安国在归程中,从湖口、彭泽取道安徽,到小孤山后经池口(池州府)到安庆,再到芜湖。在芜湖,"主政太仓龚公以乡曲遽尔来顾",并告知儿子安如山殿试的名次(嘉靖八年及第,同榜有罗洪先、唐顺之等)。安国喜不自胜,急于返回,就听从龚公的建议:

"舍京口,少避江险,可取径道,从东壩而行。果二日即至宜兴,又一日抵无锡。"(安国《西游记事》)

从这段记载可以知道两点:一是安国对从芜湖到镇江一线长江水道比较熟悉。二是安国对从芜湖到无锡的内河水道,即所谓"径道"还不甚悉知。而在黄汴的《天下水陆路程》中则记录有两条"芜湖县由东壩至无锡县"的水路。黄汴书中说:

"东壩船达各处,东至定埠、无锡,三百十五里""避大江去芜湖者,此路便近无盗。"②

这些记载说明,一是徽商对江南的商业活动在嘉隆时期已日渐繁盛,且无锡作为"布码头"及交通中转站的功能优势很明显。二是安国如果有对徽州的商业活动,则主要还是走长江水道,也即大运河水系。

安国之涉足"行商",或与安氏祖孙三代当"粮长"也有很大关系。

明代粮长一职的职能到后来有所萎缩,但"征解税粮"这点是牢固不变的。安祚安邦安国父子,每年负责运送赋粮入国库的"官差",对安祚们来讲或不啻是一个商机,至少对于全国的内河航线较常人更为熟悉。

———————————

①　黄汴:《天下水陆路程》卷七,山西人民出版社1992年版。

②　黄汴:《天下水陆路程》卷七,山西人民出版社1992年版。

此外,替朝廷"征解税粮"的官差,还有一个方便之处,就是能有机会认识各类官员。从安国《北游记事》可以看到,舟船一路解运,所到水陆驿站,均有各地方官员接待并护送过闸口,或经险要路段时还可以征用民夫拉纤。在封建时代,这些都是民间经商时必不可少的"人脉"。如果安国北游尚带有"解运"的官差性质,但西游和东游则纯粹是私人游玩,但依然享有诸多便利,如安国西游经过九江府时,在龙池寺憩息,其时兵备副使陈公和通判林公均是主动"来访","语甚洽"。到次日,"兵备差夫船,行至龙坑镇歇。"(安国《西游记事》)而安国在游玩武当山后,从汉口又特意回到九江,"进辞兵备陈公、府判林公,反还厚觇",投桃报李,还二公一路护送北上的"人情"。故安国诸记游的内容,除了排日记述水陆路程,还有一个重要内容就是记述跟各地官员的晤会畅游之事。这些地方官员,包括某主政、某府判、某兵备等不一而足;彼此之间的关系,或是旧交,或是故人之子,或有乡谊之情,跟他们的相与,皆被安国一一记录在册,包括跟安国交情甚厚的廖纪,也是安国在南京认识的。故这些记游,既是一篇水陆程图,又不啻是一张人情关系网络,是其"行商"之时便宜行事之关键。

4. 安国"行商"的内容非常丰富

日本学者宾岛敦俊先生以明代弘治和正德年间刊行的《江阴县志》为据,分析了明代中期江南三角洲乡居地主从事的客商活动,已经相当普遍。贩卖的东西五花八门,大体在每年正二月以及八九月的农闲时期"到河南、四川、湖广等地,购买棉花、麻饼、木炭和豆类回来经销。"①

如前面所述,根据《北游记》记载,安国在嘉靖四年(1525)北游中原,主要是"奉县檄,输内帑",顺便一路游历山水名胜,但安国此行从春三月起行,一直到七月底才启程返回,历时四月有余,回去时"图籍盈载,殆不异于米舫。"(《北游记》)安国北行、东游、西游的记述中,很多地方都有收买书画图籍的记录。

《北游记》中则写到安国在一路上以"好古"之名广结善纳各级各类官员,并备受尊敬。特别是在京城时,得到相交甚深、时任礼部尚书的廖纪的接待,并与文征明等相聚,于是"遍访名家,求观书画。肯售者即购之。"

《西游记事》中则提及,到苏州,见到"吴门画派"的文征明、周臣、王鏊等,得到他们个人的题赠,文征明赠"西游胜览"四大字,并"收文进画"。过嘉兴时,"访大参天水胡缵宗,留话,写'壮游'大字,及赠以苏士画册,复买文进画。"

这类记载不一而足。这些活动固然与安国好古喜收藏有关,但也不排除他收

---

① 宾岛敦俊:《明代中叶江南土地开发和地主的客商活动》,载《广东社会科学》,1988年第2期。

购书画图籍的商业用途。其所收购图籍之多,堆叠像"米舫",如果是用于个人收藏,则不免过"滥",那么还有另外一种可能性,就是用于图籍买卖。因为明代中期以后,江南私刻业、书画收藏业都非常兴盛,及至安国从事的铜活字印书活动,也不会单纯是出于一种风雅或保存珍贵典籍的文化自任意识。

其次,安国每次出行时都有"画史"随行,特别是在《西游记》中,安国提到跟自己情谊深厚的画史常熟人吴竹巢曾七次随同出行,而这次西游则是换了李君,因为吴氏不久前去世了。那么,吴竹巢氏随同安国出行,至少还有五次随行是没有记录在案的。出行随身携带"画师",除了安国所明言的是为了图景沿途好风光外,另有一个目的应当是替安国收买书画图籍把关,甚或还有记录出行线路、描绘程图的目的。

安国"行商"足迹所到达的地区遥远。从安国多次到浙江沿海的经历,故关于他的经济活动,除了规模贩卖米布之外,或者我们还可以设想他从事海外贸易的活动。

江南商人利用京杭大运河的便利交通,从事海外贸易活动,早在元末明初即开始。虽然在明代初期朱元璋规定了"片帆不许下海",禁绝一切海外贸易活动,但到嘉靖前后,江南沿海大姓巨室"多家于海",朝中许多人主张对外通商,而随着东南沿海民间的走海贩货活动的日渐兴盛,事实上禁海政策已失败。但明代正式解除海禁是在隆庆初期,故安国如果有此类活动,则是属于"私贩",不可能在文献中有具体的记载。但在安国的文字中,仍然有不少"海事"活动的信息,如《东游记》中,安国就详细记述了自己"片帆还许下东流"的具体线路:

"甲午,四十里遵海道至乐清。洪涛远岛,随路在目。"

"乙未,下海舟,三十里,随潮抵温州江心寺,谒文文山祠。"

安国登江心寺时,寺僧告诉他,当年高宗皇帝为金人所迫,曾航海驻跸于此。安国则认为,温州山水虽胜,"然东滨海,为浙东极处,非中兴之地。"非常熟知江海形势。此外,安国还曾到达当时私人对日贸易活跃之地的台州等地。廖纪在《北游记序》中也曾提到:

安国"游太仓,及闽广,以观沧海之浩瀚。"

如果对此不作文人浪漫的想象,则安国所经浙江沿海地区这个通道,也是当时江南商人"通番"的主要途径,即从广粤"通番",这就是文献中所说的"浙人尤多走广"。"走广"的具体做法是:先买下丝棉、水银、生铜、药材、书籍等一切通番之货,抵广变卖,复易广货归浙。据黄印《锡金识小录》记述,明代无锡人倪峻(号静寄)洪武末知沙县,永乐时期曾"八使海国,目睹奇怪,具载《海篷漫稿》。"①

另外,安国还有被邀入江都御史伍文定之幕助平海寇的经历。伍文定,字时泰,松滋人,弘治十二年进士。史载伍氏于嘉靖三年(1524)讨获海贼董效等二百余人云云,安国被推荐给伍氏助平海寇,则也当在这个时间,这同时也说明安国至少在明代正德时期已经有很频繁的行商活动了,并对江海水路非常熟悉了。

海上贸易活动,得利丰厚,往往贸易双方都能有三四倍的利钱,这也是江南商人迅速致富的原因。而且这些贸易活动,直接促使一些有实力的富商在进行商品流通过程中逐渐与生产事业发生联系,安国的铜活字印书业或正是在这种情形下兴起的。明代弘治、嘉靖时期,无锡地区的铜活字印书非常活跃,以华燧和安国为代表,以活字印刷书籍的活动,后人往往认为是纯文化活动,而比较恰当的理解,应当是与商业活动兼而有之的。

总之,安国的经商头脑非常聪明灵活,方志里记载说他的发财的方法是"居积诸货,人弃我取。"这种描述虽然语焉不详,甚至也可以用作对其他人的泛泛表述,(如方志里描述同时期的华麟祥的发迹),但这种描述至少可以告诉我们两点,一是明代中期前后,无锡商人的活动主要还是以私贩为主,商人的地位也较低。二是"贩货"为主的经商方式,依然带有一定的被动性和风险性。在安氏家谱中,我们可以看到,安国后人往往援用"有远略""奇气远识"等这些来自安国朋友的赞语来赞美自己的祖先,安国那种反其道而行之的经商理念,有一定的投机性,但也非常考验其对市场的预见能力,一旦把准了市场的脉搏,往往就能占据市场优势,牟取巨额利润。这种经营哲学,正可以看到安国在经商中所表现出来的非常人能匹敌的精明:对市场行情的敏感性,熟悉市场运作规律,深谙奇货可居的道理和市场心理的奇奥,所以能在短短二十年多的时间里完成财富的巨大累积。地方文献称同时期的安国、邹望和华麟祥三富室"日日金银用斗量",而如邹望辈更可以控制市场,跟权贵斗气。

三、"桂坡馆"的铜活字印书

中国古代铜活字印刷究竟起始于何时? 由谁发明创造的? 铜活字究竟是铜字还是锡字? 这些问题学界始终有争议。但无论如何,大规模的金属活字印刷是从明代开始的,以弘治、正德、嘉靖间为最盛,金属活字印书的中心则在无锡。当时名声最著的几家,有锡山华燧的会通馆、华珵的尚古斋、华坚的兰雪堂以及安国的安氏馆等,而传世的金属活字印本中,以华燧"会通馆"的书籍为最早。嘉靖初

---

① 黄印:《锡金识小录》卷六,台湾成文出版社 1983 年版。

年,安国继华氏而起,成为无锡最重要的铜活字印书之家。安国的印书大约晚华氏二十年的时间。

叶德辉《书林清话》卷八描述华氏和安氏的印书:

"弘治间,锡山华氏兰雪堂、会通馆印书尤多,为世珍秘"。

又"明时活板之书,出于锡山安国家者,流传最广。"①

安氏、华氏,均家雇刻工,经营私刻业。安国家校勘印书之处称"弘仁堂"。安国印书,凡活字印本,标明"锡山安氏馆",而木刻本则注"安桂坡馆"四字。私人经营金属活字印书业,至少可以说明几点:一是有雄厚的财力支持,二是有较大的市场需求。这个市场除了国内市场外,还可能包括海外市场。当时朝鲜、日本对中国书籍的需求很大,明代胡宗宪《筹海图编》就说到私人对日贸易品大宗的,除衣料、磁器、铁器、化妆品外,古玩、字画、书籍的数量也相当大,所以,安国《北游记》记载其北游中原时,不断收进字画,返归时"图籍盈载,殆不异于米舫。"(安国《北游记》)这种收购图籍的规模和方式,更像进货而非收藏。

安国所刊印的活字铜板书籍有记录的有十多种,如:

正德十六年(1521)印《东光县志》6卷。

嘉靖二年(1523)印《颜鲁公集》15卷、《补遗》一卷、《年谱》一卷、《附录》一卷。

嘉靖三年(1524)印《吴中水利志》17卷。

后来又陆续印徐坚《初学记》,魏了翁《重校鹤山先生大全文集》一百卷、《古今合璧事类备要》前集六十九卷、后集八十一卷、沈周《石田诗集》十卷重刊本等等。

此外,安国还有很多木刻本。如安国自著《北游记》一卷,《西游纪事》一卷,《东游记》一卷,《东游稿》一卷,《诗稿》一卷,皆是"安桂坡馆"的嘉靖木刻本。《颜鲁公集》《初学记》,则既有铜板,又有木板。

这里要说一下《东光县志》,这是由明代廖纪所修的一部方志。

廖纪(1455~1532,字廷陈,别号龙湾),弘治三年进士,是正德、嘉靖朝的名臣,以良好的操守、勤谨的工作态度著称。廖纪祖上居福建,后来因其父定居直隶河间府东光县(今属河北),廖纪也于此地考取功名,对东光县有归属感。廖登进士第后,曾看到一本从县库中拿出的东光县志,见其鄙陋不堪,甚不足观,便自己着手《东光志》的修撰,并于明正德六年(1511)编修成书。正德十六年(1521),廖纪在南京做吏部尚书时,结识安国,并得知安国的活字印书,便托安国刊印自己所

---

① 　叶德辉:《书林清话》卷八,上海书店据观古堂1911年刻本影印。

修的《东光县志》六卷。这部县志后来被称为《正德东光县志》,可见安国在接受廖纪之请的当年就把书印好了。次年(嘉靖元年),廖纪改南京兵部尚书,参赞机务,因整肃南京军备,得罪多人,遂被言官论劾,旋以衰疾乞休,回到了东光老家。安国像平常一样通问致意,这让廖纪很感激安国的情谊,由此二人"斯文礼通,遂成深契。"

这部《正德东光县志》是我国现在所知的唯一用铜活字印刷的地方志书。

安国印书的质量非常好。叶德辉称:"明时活板之书,出于锡山安国家者,流传最广。"原因在其精鉴校,故印本质量高。清初钱谦益《春秋繁露》跋称:"金陵本讹舛,得锡山安氏活字本校改数百字",这说明安国所印之书,所据底本精善,在校勘上也颇为精审。由于安国的铜活字印本镌刻精美,用纸讲究,所以曾为清代藏书家所珍爱,视若宋版。

对于安国的刻书事业,当时安国的朋友姚涞《赠锡山安君南还诗》曾如此称赏他:

吾闻五季时,镌经为利谋。

君心何所利,好古思悠悠。(《北游记》附录《北游赠言》)

安希范之孙安璿曾说:"翁(指安国)闲居时,每访古书中少刻本者,悉以铜字翻印,故名知海内。今藏书家往往有胶山安氏刊行者,皆铜字所刷也。"[1]

安国少承父业,事农桑,因此"失之问学",这是他终身为憾的事。后来他的"好古"喜爱收藏,校刻图籍,活字印书等,这些文化活动多少是对"失学"的一种补偿。安国家中所藏图书甚富,往往闻人有奇书,不惜重金购之以充邺架。特别是安国所收藏的三种宋拓石鼓文,即"先锋本""中权本"和"后劲本",至今为传世最佳拓本。拓本清末流入东瀛,现藏日本三井文库。

四、结语

明代中期,对于江南乡居地主所选择的发展模式,学者总结了三种比较典型的投资形式:第一种是经营田地;第二种是经营商业;第三种是田地、商业、科举三者并举。安国显然是符合第三种模式。对于一个乡居地主而言,转型的第一步就是经商使财富迅速增值,在世俗社会里赢得尊重。安氏家族从安弘毅(黄仲茂)到安校、安祚,再到安国,经历数代人的积累和努力,树立了产业地主成功转型的典范。

但是,虽然明代中期以后商人的地位大大提高,如安国因其庞大的资产和雄厚的经济实力,交结了官场中各级各类官员,并赢得他们的尊重,游弋在商海里如

---

[1] 安璿:《家乘拾遗》无锡文库第三辑,江苏凤凰出版社2012年版。

鱼得水,但要真正取得政治地位和社会地位,还必须走科举一途。如成书于嘉万时期的《金瓶梅》里那个生机勃勃的暴富商人西门庆,虽然依仗泼天富贵而无所不为、无恶不作,但对着尚在襁褓中的儿子,仍然希望他将来"还挣个文官,不要学你家老子,做个西班出身,虽有兴头,却没十分尊重。"(57回)为赢得社会地位,安国们花血本做了许多努力。

安国首先做的就是着意培养子孙走科举之途,延致师友,尽吴中俊豪。安国儿子众多,为了培养儿子,以五经分课其子,聘请吴中名师,各授一经。如明代名臣严讷、瞿景淳(瞿式耜之祖)及当时的本地名贤解元公尤廻溪(尤锬),当年都曾被安国延请入府,为儿子们讲论经史。被时人称为"两京五部尚书"的秦金,跟安国是好朋友,非常欣赏安国之子安如山的文才,特留其在秦府跟仲子一起读书。安如山果然于嘉靖八年(1529)科举及第。值得注意的是,在安如山中举之前,安国在嘉靖四年(1525年)北游京华时,即为其仲子安如磐捐了个"承事郎"的职位。

"许民间输粟拜爵",虽然是朝廷的"卖官"行为,但这种买来的官总不如科举及第,故安如山殿试登第,成为了天子门生,这才算是真正的光宗耀祖,安国也因儿子而被诰赠奉直大夫、南京户部员外郎衔,虽是虚衔,但这是钦赐荣耀,代表了一个豪强地主完成了科举门第的成功转型。

安国是个颇有善声的商人。《常州府志》记其富而好仁的行为:"赡宗党,惠乡里。乃至平海岛,濬白茅河,皆有力焉。"这里所提及的"白茅河",是排泄太湖积水而入江海的重要通道,水患屡发。明代前期的永乐、景泰、弘治时期,曾三次疏浚,但不久便堙塞。正德十六年(1521),李公中臣(即李充嗣,字士修,成化二十三年进士)负责整治白茅塘,安国觉得屡治屡崩的原因在不得要领,于是自己前往向李公建言,指出江南土润易崩,水利工程建成釜形便不会壅塞,并为白茅河的疏浚出钱出力,做出了很大贡献。此外,安国还饥荒时捐谷,这两件事被称作"活人无算,溉田无算"的功德。"崇礼仗义,缙绅推重"(《无锡县志》山水古迹"灵趵泉")。

清叶昌炽在《藏书纪事诗》中称赏安国:

胶山楼观甲天下,曲桥华薄荡为烟。

徒闻海内珍遗椠,得一珠船价廿千。

诗歌的前两句,赞的是安国营建的"西林苑"胜景;后两句,赞的是安国的铜活字印本的珍贵,这两个方面正好概括了安国人生的两个特点:富和雅。封建时代里,一个人单单拥有豪富,常会被看作为富不仁的暴发户;单单拥有雅趣,又会被看作怀才不遇的寒士。一个人如果富而能雅、富而好仁礼,则以世俗标准来衡量,才可以算得上是一个真正意义上的成功人士。安国的一生,可以视作明代社会乡居地主转型为成功商人的典型范本。

第二章

安希范:明德之后　必有达人

胶山安氏家族发展史上,有两大关捩点,一是从安祚到安国,完成了产业地主到商人豪富的第一步转型,这个步骤既顺应了明代社会商业经济飞速发展的时势,同时也完成了家族在物质财富方面的巨大累积。二是从安国到安如山,完成了从大地主、大商人到进士门第的转型。安如山的这一步转型为安氏家族真正赢得了社会地位,实现了从祖上并不入流的"乡祭酒"(一乡之长)到"进陛朝列大夫"的贤官的转型,故安氏后人颇为自豪地追述:"一时羡为通显。"

接下去,对于一个进入"守成"阶段的家族而言,须要一位家族精神的奠立者,这对于家族的传承和壮大有着至关重要的意义。安氏家族的这个"精神领袖",无疑是由安希范来担当。

叶德辉的《书林清话》对安国的家世进行了特别的记述,并说道:

"明德之后,必有达人,于安国见之矣。"

叶氏此话本于《左传·昭公七年》之"圣人有明德者,若不当世,其后必有达人。"是说圣人把美好的德行昭传开来,即使没有在当世产生影响,则必定有通达明扬之后人。叶德辉非常推崇安国的铜活字印书,也表现出对安国文化功业和懿德的赞赏。如此,安氏"明德之后"出现的"达人",便落实在安国之孙安希范身上。安希范的"贤达",主要体现在两个方面:"为时名臣"和"为家孝子"。作为"东林八君子"之一,安希范是当时文士之社会价值践行的典范,"屹然系海内重望者三十年,而世德益阐"。作为安氏家族文化的奠立者,安希范从"赤身徒步,创起衰替之余",其自身的经历对安氏后人即有着直接的励志意义,次又树立起安氏家族的族规遗训,为家族奠立起一种精神。

一、安希范身世:稚弱委孤嫠　苦难相伴随

安希范(1564~1621)字安希范,号我素,是安国长子安如山(1503~1570,字子静)晚年庶出之子。安如山嘉靖八年(1529)中进士,改庶吉士,出为裕州知州,后历任云南、四川金事等职,为官颇有政声。穆宗(隆庆)即位,进陛朝列大夫,《明史》有传。安如山晚年与谈恺、俞宪、王瑛和秦瀚等结为"五老会",诗酒唱和,楼船鼓吹,过着豪奢的生活。封建时代,豪富之家为庞大的财产不致旁落计,特重嫡庶之分,这就注定了安希范多舛的童年。

据《宗谱》中安希范墓志铭及曾孙安绍杰所撰《安我素先生年谱》等资料,可知安希范身世坎坷,生母吴氏怀孕时,安如山已近花甲,原配郭氏担心将来"庶孽构衅",诫吴氏不得生育男婴。郭氏性妒,据谈修《呵冻漫笔》所记,安如山另有妾侍所生的两个庶子,在安如山去世不久均不得其死。吴氏产下安希范后,郭氏便要"溺之",吴氏拼死相保,寝起食饮抱儿不离肘,如厕时也把襁褓系在怀中,备极荼苦。安如山委曲求全,为保住小儿子的性命,在安希范出生 50 天后,安排出嗣给弟弟安如陵为嗣子。安如陵是安国的第七子,嫡出,但从小出嗣给舅氏为后,十八岁即早逝。安如山便把庶子安希范过继给亡弟安如陵,由安如陵遗孀邹氏带到四十里外无锡南乡的周泾巷抚养。故安希范自出生后就与生母吴氏分离,也与父亲安如山相隔,由年轻守寡的嗣母邹氏扶养,备尝人世的凉薄与艰辛。

安希范五岁那年,乡贤谈修的祖母九秩大庆,安如山前去拜寿。谈修(1534 ~ 1617 年,一说 1618 年,字思永,号信余)即安如山好友谈恺的侄子,是个直节之士。安如山担心自己旦暮之人,而幼子希范方在孩抱,虽然托庇于兄弟寡妻邹氏,但一旦自己离世,深恐希范不仅要流离失所,更有性命之忧,故安如山托孤于谈修:"可托死生者,无出先生右。"谈修很同情安希范身世,在安如山的恳请之下,遂结为儿女亲家。

隆庆四年(1570),安希范七岁那年,65 岁的安如山病逝。同年,安希范的嗣母邹氏也去世。七岁的安希范独居在周泾乡下,"委命守舍之仆氏"。直到第二年,郭氏去世,安如山长子安少峰(安希尧,郭氏嫡出)遵照安如山的遗命,将安希范接回胶山旧宅。安希范在 9 年之后才跟生母吴氏团聚,这才有了一个安静读书的地方。文献称,安希范幼年时聘本邑陈筠塘为师,教授经书,专攻《尚书》,则当在此时。据《锡山补志》描写,安希范的读书之所:

"清流环绕,冈陇层叠,小桥茅屋。堂曰'岁寒堂',浚池广数十亩,周池古木郁然深秀。"①

这种安静温暖的日子过了五年,庇护母子的安少峰又骤然离世。当年安如山临终之时,嘱长子安少峰于幼弟有所安排,少峰暴卒,诸子匿家产不与,因担心有后累,令母子俩又搬回到周泾乡下。吴氏泣曰:

"儿贤,何必有先世赀;儿不贤,何能有先世赀?吾以儿一丝命争耶?"

_____

① 《锡山志补》无锡文库第二辑,江苏凤凰出版社 2012 年版。

吴氏遂带着儿子又回到周泾乡下。败屋颓垣,左支右撑,弱子寡母相依为命,日子很艰辛。吴氏夫人忍辱负重,日夜耕织,课子读书,苦熬了许多年,一直到安希范中举及第做官后,买下族人出售的祖房,重葺建成天全堂才又奉母归居胶山旧地。

生高门而少坎壈,年少时所遭受的苦难,往往被看成是一种磨砺。安希范后来的成才,跟这种砥砺是有关的。安希范的师友们普遍认为他"美心美腹",具有一种纯真直率的品格和个性,可见童年时期被挤压的生活,并没有带给他性格的缺陷。安希范在给"少年初带印"(孙继皋《送华本素之官新郑》)的后学晚辈华本素的信中这样表现对磨难的看法:

"但丈夫树立,须从盘根错节中磨炼一番,方有受用,若仅优游而致卿相,不过世间一有福人耳,非大丈夫所以自待也。"①(《与华本素》)

安希范的这种励志精神,不仅对起于微贱的安氏家族子弟是一种激励,对彼时彼地的寒门弟子也是一种砥砺。

二、"癸巳大计":安希范的性命出处

明万历八年(1580),17岁的安希范住到城中的宅邸,在谈修的安排下选学古文词及诸名家制艺,由谈修亲授,"每月终句,集子婿辈分题面试,以程进退。"(《宗谱》卷七之谈修《亡女墓志铭》)万历十年(1582),安希范中秀才补诸生。弱冠之年,又拜顾宪成为师。万历十三年(1585)时,安希范举南闱,第二年便进士及第,座师是王锡爵和周子义。

安希范初授行人之职。当年万历帝诏还吏部左侍郎王家屏入预机务,奉诏前往宣谕的就是安希范。万历十九年(1591),安希范应"馆选",因年纪太轻未能入选给事御史。有人建议他私下加几岁,安希范拒绝了,后被授以礼部精膳司主事,负责会试事宜。在北地做官的五六年,各方宣谕,四处奔波,虽然游历了很多名山大川,但安希范深感难以将养与自己相依为命的寡母,于是在万历二十年(1592)时,上《请致南曹迎养疏》,请求到陪都南京做官。七月万历皇帝准谕,改授南京吏部验封司主事,八月安希范便离京南下,十月到任。

在明代,南京的官通常被认为是"冷官"。放弃大有可为的京官而任官南吏部,可见安希范当时的思母心切。另外在安希范的心里,大概觉得无论在哪里做官都不碍报国忠君之志,所以到南京吏部履职后,认为自己是"风纪"之官,颇有自任意识,见有害国体的事情则亢言劝谏,当仁不让。安希范到南京的第二年,即万

---

① 安希范:《天全堂集》稿本,江苏凤凰出版社2012年版。

历二十一年(1593)就遇到"癸巳大计",很快被削籍归里,永不叙用。

这场不测之祸,自然与安希范的犯颜直谏、直陈国事有直接关联。安希范对于朝政的批评,主要集中在两件事情上,一件是关于太监越权,另一件是关于大臣擅权。

第一件,关于司礼监太监张诚擅权之事。

触发事件是御史杨镐和刑部郎中王明时为乐新炉等诬为"枉法徇私",被降俸调用。事情本来已经过去,安希范是在读到吏部覆本后,认为如此处置有不妥处,于是上《黜奸阉防乱政》疏,指出在这件事上皇帝至少有两个错处:

首先是"信奸人一面之词,弃大臣勘覆之疏"①,这是有伤国体的。从程序上来讲,本来对于杨王二人所犯之事,已经由吏部勘明查覆,"无干阁臣票拟"。吏部对杨王二人处置的结果是"降俸",但乐新炉等参本诬以"枉法徇私"之名,于是皇帝相信了奸人的一面之词,又忽然传旨对二人作更严重的"调用"处置。这是皇帝处事的大不当之处,阁臣和皇帝本人都有"擅权"的嫌疑。

其次,在处置大臣的问题上,若皇帝偏听偏信,将会导致"奸邪阉臣盗窃威权,挟私修隙"的恶果。这次便是司礼监太监张诚假托皇命,趁机打击报复大臣的结果。

宦官乱政,是明朝的痼疾。皇帝懒政,又不太信任大臣,于是在审录官员时,便让司礼太监奉敕宣谕,跟法司大臣共同审录。按照以前的惯例,开堂审查之时,当由御史一员前往相请,及至,司礼太监独设高座而奉圣旨牌居中正坐,而法司大臣反倒列坐左右。相传此陋规起于太监王振擅权之时,因袭至今,这次偏是杨、王二人不买账。杨镐认为御史是朝廷风纪之官,不应当屈迹阉寺之下,所以不屑往请,大太监张诚听说后,怀恨在心。而原任刑部郎中的王明时更是干脆直接上疏,请撤此陋规。可万历皇帝不听劝谏,显然是更信任张诚。事实上,太监是奉旨听案审录,杨、王二人不买张诚的账,岂不是打皇帝的脸?

安希范看问题其实更清楚,他知道问题的症结就在皇帝身上,皇帝懒政不临朝,处置官员时,让个太监出来传一道口谕,这到底是几个意思呢?这么做必定使外庭诸臣妄意揣摩。而若阉竖果真假传圣旨,这不仅伤败善类,且终将酿成大祸。安希范越想越觉得问题的严重性,于是意气风发地教导皇帝,应当如此这般行事:

"今后人臣黜陟,公论付之部院,票拟听之阁臣,即或事违圣断,亦当面召阁部大臣更相参酌,无使阉寺口衔天语,乘机窃弄。"

---

① 《胶山安董氏宗谱》卷二"奏疏"下,收安希范的《请命改南迎养疏》《黜奸阉防乱政疏》《惜人才广言路疏》《纠辅臣明邪正疏》,江苏凤凰出版社2012年版。

话说得先合理后合情，又义正词严，其实是要求皇帝和政府在治政尤其是处置大臣时有一个"透明度"，希望皇帝能"防微杜渐，折其邪萌"，以免酿成阉寺祸乱。而我们如若以后观前，从魏阉之乱看前朝，正可看出安希范此言之预也。

第二件，事关著名的"癸巳大计"。安希范卷入到党派纷争中，直接导致其被罢黜。

所谓"大计"，就是对官员的考察。明代从弘治年间开始，规定每六年（即以巳、亥之岁）对京官进行一次任职考察，也称"京察"或"内察"。具体操作是，京官四品以上先自陈，然后由圣旨决定去留。五品以下官员则由吏部进行考核，通常主要由吏部尚书、吏部考功司郎中及都察院左都御史等组成的考核小组负责考核，然后决定对"问题"官员的处置。除此之外，为了严格考核，也为了防止吏部官员徇私，"大计"之后还有"拾遗"，就是在吏部考察之后，由科道合议，纠核"居官有遗行者"；被纠核的官员须交吏部复议，最后呈皇帝裁断。万历年间，由于皇帝荒政，外庭与内廷的矛盾日益尖锐，党派林立，而在激烈的党争中，内阁辅臣往往被视为政治混乱腐败的罪魁祸首，被斥为"权奸"。

"癸巳"即万历二十一年（1593），这是六年一次的"大计"。此次大计由吏部尚书孙鑨、都察院左都御史李世达主持，吏部考功司郎中赵南星、文选司郎中顾宪成等人协助。考核组力主公正，杜绝私结请谒，"一时公论所不予者贬黜殆尽。"① 被贬黜的这些人因大多是原内阁旧党，"由是执政皆不悦。王锡爵方以首辅还朝，欲有所庇。"矛盾的焦点就集中到了受到言官纠核的吏部稽勋司员外郎虞淳熙等人的留用与否上。吏部议留虞淳熙等，而科道言官刘道隆等便攻讦赵南星不当覆留虞淳熙等，指责部臣专权结党。闹到皇帝那里，深惧"朋党"的万历皇帝也质疑吏部"结党擅权"，让吏部自陈回奏。顾宪成于是替孙鑨代笔，上疏力辩，结果惹怒万历皇帝，认为"鑨不引罪，夺其俸，贬南星三官，淳熙等俱勒罢。"孙鑨也因此乞休："大臣不合，惟当引去。"

事情本告一段落，但孙鑨临去又顺带替赵南星申辩。而左都御史李世达因为自己同掌京察，当责任同担，也为赵南星、虞淳熙等上疏辩白；顾宪成则更是疏请同罢。这时亲吏部的外庭官员礼部郎中陈泰来、主事顾允成，助教薛敷教等轮番上疏，为孙鑨、赵南星讼冤，并指责首辅王锡爵为了庇护其二三戚里门生："首辅此来，亦有疑其干大计者"②（陈泰来疏）救之不及，遂故意借言官拾遗以激圣怒，并擅自拟票，处罚吏部。群起轮番批评，言辞激烈，最后激怒皇帝，遂贬谪陈泰来等。

①　《明史·列传》卷224"孙鑨传"，中华书局1974年版。
②　文秉：《定陵注略》卷三，明人文集影印本。

而李世达也受到攻击,不得不连章乞休。

但事件还在进一步发酵升级。顾宪成这时已迁文选郎中,然所推举的官员"率与执政牴牾",造成分歧。在选司推用那个因建言而被特旨处分的言官张栋后,万历皇帝大怒,将文选司全司削籍为民,并特旨许李世达乞休。这时,行人高攀龙等认为这一切都是王锡爵擅权的结果,是王拟旨放归李世达,于是上疏指责内阁利用户部郎中杨应宿等打击吏部和都察院,而皇帝则事事唯内阁是听。杨应宿随即上疏与高攀龙对攻,指责高攀龙等受顾宪成指使,依附吏部,专以抗阁臣为风,并指责吏部贪赃。万历皇帝既不满被指责不理政事、偏听偏信,更恼火廷臣意气用事、"诬造是非"的互相攻讦,于是愤怒之下同时处置了双方,把杨应宿降为湖广按察司经历,把高攀龙贬为揭阳典史。

皇帝各打五十大板,意在平息纷争。然而事与愿违,廷臣因此对王锡爵的结怨更深。御史吴弘济、南京吏部主事安希范、南京刑部郎中谭一召等相继上疏,指责王锡爵"再入辅政,无月不逐言者,今得罪弃置者六十余人"①(谭一召疏),安希范先后上《惜人才广言路疏》《纠辅臣明正邪》疏,也为赵用贤、高攀龙等辩解,呼吁皇帝"人才当惜,众论当容",要为国家爱惜人才,培植元气;皇帝疑忌诸臣,必致人人皆党,人人自危,是乱政之始;并希望万历帝不要被愚弄,被利用,能"严谕阁臣王锡爵,无挟私植党,仇视正人。"②万历皇帝被一片指责之声彻底激怒,下旨严惩:

"(安希范)故结党逞刁,疑诋辅臣,蔑视君上,好生欺侮,可恶!本当扭解来京究问,姑看元辅等具揭申救,着革了职为民,不许朦胧推用,吏部知道。"③

万历皇帝气大了,本来要把安希范押解至京处理的,后来还是王锡爵跪请,万历才踌躇良久,改旨削籍为民。

总而言之,这次"癸巳大计",其中的是非曲折虽难于一言明之,但有一点是可以肯定的,凡所涉及的几方:皇帝——阁臣——吏部——外庭(包括南吏部),各方都不免有意气相争的一面。吏部以下以"徇私害公、扰乱察典"来攻击阁臣上下其手,这既有专制制度本身权力不透明所造成的信息之内外隔绝不通的问题,也有因万历皇帝性格的孤僻刚愎、偏倚内阁而对群臣不信任所造成的后果。而万历皇帝一意孤行,猜忌诸臣,动辄挥起"结党"的大棒,大面积地任性处罚官员,正如安希范在奏疏中所描述的:"伏睹近年以来,正直老成之臣不安于位,敢言秉正之士

---

① 文秉:《定陵注略》卷三明人文集影印本。
② 安希范:《天全堂集》卷一。
③ 文秉:《定陵注略》(稿本)卷三。

削迹于朝。"(《纠辅臣明邪正疏》)万历帝既将一种不安定的因素传导给朝廷内外,从而引起外庭与内阁的相互猜忌,也引起外庭诸臣的妄意揣测和群起辩驳。外庭与内阁之关系,正如高攀龙后来所说的:"外庭法用正直,内阁法用和婉","内阁携外庭之攻,劝其勿侵外权,多作好事,以收人心,故外庭不宜以内阁之和婉而谓其通内,内阁不宜以外庭之直攻而谓其聒激,乃为相成。今颇相反……"①(《高子遗书》卷八上)但无论如何,安希范的犯颜直谏,其内心情怀,断非私心滔滔,所谓"臣之建言不同,其效忠则一"(《惜人才广言路疏》),故都体现了致君尧舜、公忠体国的大情怀,正如后来何稚孝在《天齐堂集序》中所言:

"神宗皇帝,君父也;阁臣王文肃公,师也。安希范一言,而所以致意于君父师之间者,良为切至。"(《宗谱》卷十四)

万历二十一年"癸巳大计"之后,相继被万历皇帝孤意清除出朝的官员顾宪成、高攀龙、安希范等回到无锡,修复东林书院,讲学东林,"癸巳大计"便成为加速"东林党"形成的重要事件,"励精图治,一时志节之士竞起,持正议争国事者,毗陵为最多。"(《宗谱》卷五朱国桢《我素公墓表》)而"门户之祸,坚固而不可拔,自此始也。"②

安希范后来回忆被削籍时的情景:

"是冬上书论执政,甲午正月十四日,为余悬弧之晨,与僚友饮朝天宫宫故冶城,即谢安石王逸少旧游地,悠然有遗世之想者,闻削籍之报,遂野服还邸,束装归里。"(安希范《皇华游历记》)

万历甲午年(1594),安希范才不到30岁,就这样被皇帝"永锢没身",政治前途永远画上了句号。虽然安希范嘴上说早有悠然遗世之想,但闻报的当下,一气写了四首诗,看来心情是复杂的。其一曰:"主圣恩常厚,臣愚分固安。幸蒙宽斧钺,敢复齿衣冠。离思萦千绪,私忧起万端。须知临别泪,不为恋微官。"(《削籍东归留别秣陵诸相知》)真是五味杂陈。而据文秉所记:"安闻枏解之信,一夜须发尽白。"

三、思想渊源:经世致用 志在世道

安希范的文字中,关于自己的思想渊源及行止出处,认为他岳父谈修的教导及"延恩楼"的藏书,是自己日后为人和治学的得力所在。实际上,除此之外,安希

---

① 高攀龙:《高子遗书》无锡文库第四辑高子遗书高子遗书未刻稿,江苏凤凰出版社2012年版。

② 文秉:《定陵注略》卷3。

范一生在做人和治学这两端,尤其在踏入仕途以后,受到东林党领袖顾宪成、高攀龙及同道的影响也多。安希范在万历十二年(1584)时便慕名问业于泾阳顾宪成,求教程朱"性命之学"。顾贞观撰《安验封传》言其:"读书喜理学之有益身心者,经济之有益政事者。"(《宗谱》卷五)安希范的思想渊源,正可从上述的两个方面来考察。

1. 幼学师承:接受"经世酬物"思想的熏染

明代东南学术思想,具有"经世致用"的特点。人们往往把顾宪成为首的"东林"学派,作为这种学术和思想的奠立者,并影响至明末顾炎武、黄宗羲等。但这种学术思想的渊源,应当归结为江南(乃至东南)文化长期积淀的结果。我们可以从两个方面考察这种累积,第一是江南士人做官多留意世务,第二是江南学术多注重实学。从安希范的前辈及师友身上可以较为清楚地看到这一特征形成的累积过程。

首先,由于明代无锡籍官员居位中下层者占多数,且多担任地方官,故为官时更注重实际世务,务虚者少,脚踏实地教课农桑者多。

安希范的父亲安如山是嘉靖八年(1529)的进士,本可以在朝中任官,但因为同榜有人闹事,结果全体受罚,安如山出知裕州知州。安国训诫其子:"汝惟守道俟时可也。"(《宗谱》卷十四初编下安国《与知裕州事男如山书》)安如山到任后正好遇到户部丈量天下田地,即所谓"施井田"。明代中期以后,地方豪强兼并土地越来越严重,被剥夺土地的自耕农成为佃户或流民,受到豪强地主的重重盘剥,所以国家经量土地、实行履亩而税,遇到的最大阻力正是这个豪右群体。地方官为官一任,往往不愿得罪地方豪右,便假手下面的胥吏操作,于是豪强与胥吏暗中勾结,上下其手,隐匿土地、转嫁赋税等事无所不为,置百姓于水火,终成弊政。安如山在裕州守任上,亲自履亩丈量,整理经界,抵制本地悍民的阻挠,完成土地的丈量清理,最终实行履亩而税,故百姓受益,人人乐业。安如山的这项政绩为同年唐顺之记录在《方城均田碑记》(《宗谱》卷一附录)一文中。安希范恨自己生也晚,不能振扬先人功绩。安如山长期在云南、四川等偏远地方任职,民獠杂处,做官脚踏实地,也很有治民之法,故政务绥辑,深得民心。但是,遇到改官时却一直受到上官抑制,终身在僻壤任官。(《宗谱》卷四之严讷撰《胶峰公墓志铭》)

安希范的老师陈筠塘(1541~1624),名幼学,字志行,是万历十七年进士,跟高攀龙同榜,高攀龙时即尊其为"名守"(曾任湖州守)。安希范幼年时从陈筠塘受《尚书》。陈筠塘初授河南确山知县,在穷乡僻壤带着老百姓垦荒种田,栽桑种树,积粟备荒。为鼓励农夫耕种,发放耕牛五百余头;又授纺车八百余辆,教农妇纺织。县境南部荒地连绵,陈筠塘下令凡是有人诉讼的,必先交干草十斤,用这种巧妙的办法鼓励垦荒,而开垦出的沃田数百顷,悉授以百姓耕种。江南士大夫多知水利,故陈筼塘做官后就带领百姓疏通河道,构筑堤坝,把昔日涝洼之地变为膏腴之乡,使民大获其利。陈筼塘劝课农桑,认认真真做了五年父母官,开辟了一片男耕女织的理想之域,但同样因为不通权贵,当考绩时,也遭到掌道御史的贬抑。① 陈筼塘也是东林诸君子之一也。

可见,作为百姓的父母官,江南士人有构筑皇道乐土的理想和情怀;而作为沉潜下僚的中下级官员,又往往只能通过自己的努力来取得好的官声,从而谋求仕途上更大的发展,这些方面的原因,使得江南的中下层官员在做官时普遍能保持勤勉务实的作风。高攀龙的《高子遗书》中,有写给陈筼塘的书信四通,其四当为贬官揭阳典史之后所写,信中指出:

"今四海困穷,岌岌矣。弟在此只以安民为主,访循良吏表之,贪酷吏除之。"

"弟又为条教,列州县之事,刊布书册而颁之。"②(《与筼塘四》)

高攀龙认为自己如此做一些切实可靠之事,于"民生犹可安也"。"条教"的具体内容虽然没有列写,但《高子遗书》中,另存有高攀龙《申严宪约责成州县疏》(拟未上),由此可以推想"条教"的具体内容。此疏所拟,旨在提请上官加强基层"州县"一级官吏的选拔和管理,他认为,全国有州凡二百二十有一,有县凡一千一百六十有六,"州县者,奉法守职之权舆也。州县贤,则民安;州县不贤,则民不安。"作为基层官员,应当遵循的原则是:

"拔才贤,除民贼,约中人。天下惟中人为多,约之于法,皆不失为贤者。"③

贤才和民贼均在少数,而对大多数的普通人众的"依法"管理,才是地方治政的核心所在,因此高攀龙"条画州县所当持行者,令自抚按而下以递相约。"他一共总结了五十五个规条,要求地方官员鼓励缙绅共同参与,诸如课农桑、兴教化、育人才及征粮课税,还有救荒良法和社会救济之法,甚至还提出不能随意拘禁妇女(除非作奸犯科及公婆丈夫起诉者)和溺杀婴儿,不能宰杀耕牛、黏网飞鸟等,这些关乎民生疾苦的良策善政,包括社会经济、人才培养、治安管理等各个方面的内容,颇能代表那些直接面对民生和日常事务的中下级地方官员的关注热点和治政理念。

但由于"朝中无人",这些长期任职地方的官员也往往被边缘化。所以,他们中的很多人要么在疲于奔命中渐渐厌倦而弃官回乡,选择优游于江南的青山秀水

---

① 《明史列传》卷281,中华书局1974年版。
② 高攀龙:《高子遗书》卷八下,江苏凤凰出版社2011年版。
③ 高攀龙:《高子遗书》卷七"疏",江苏凤凰出版社2011年版。

之间;要么横议朝政,从另外一个方面表现出积极入世和强烈参与朝政的要求和意识,不管在朝与否。这是"东林党议"的深层原因。

缘此,"经世酬物"的思想从第二个方面来讲,在于江南士人的学术活动中,他们所关注的课题也往往体现为跟世务相联系的内容特征,这就是江南学术多注重实学的缘故。以安希范的岳丈兼老师谈修为例,我们可以看到安希范所受到的思想熏陶。

安希范幼年孤苦,在学业上给予他最直接照顾和培养的,就是他未来的岳父谈修。谈修是宋代名臣谈信的后人,世族子弟。谈修的伯父谈恺(1503~1568,字守教)是安希范之父安如山的好友,两人先后中举,先后致仕,又与俞宪、秦瀚、王瑛等结成"五老会",竟日楼船鼓吹。正是由于这层关系,安如山才会有托孤于谈修之举。

谈修自署梁溪无名生,是个负才直节、不肯与时俯仰的人。家中"延恩楼"即其藏书处。谈氏精于文章,一生著述颇丰,比较能探绎其思想的,是他的札记体著作《比璞山房罪言》十四卷,包含《风雩漫录》和《滴露漫录》两部著述。谈修自己在《滴露漫录题词》中这样表述自己著书立说的目的:

"因取国朝典故、荩臣奏议及名公条刺诸编,凡方舆之形胜、疆圉之要害、兵粮之利弊、士风之淳漓,有中于时宜者采而录之,往往竟日忘倦,间窃取所闻于世父及与经世之士抵掌而剧谈者附焉。"①(《滴露漫录》)

故其著述此书的意旨,不是漫谈各省及州镇的掌故物产,而是立足在一地之历史、地理的考稽,剖析各地之地理形势、山势地貌、本地物产及民风习俗,并据此考察一地之兵粮储备和用兵利弊等,具有军事指导意义。

如第三卷下谈到"南赣"地区,由于这里山峰林立、峡谷纵深的地理形貌特点,使得南赣地区长期以来成为匪贼盘结之处。但南赣地区马步军的兵力不到三万,而寨隘共256处,谈修据此一一分析了军队驻扎之宜和出兵之利。

又如对"广西大籐峡"的匪患分析,谈修认为粤东粤西山势绵延,匪巢在两个地区连绵分布,往年督抚清缴时,重兵对粤东及与之相邻的粤西山匪围剿夹击,虽然短时间内端掉了一众匪巢,匪患为之一清,但过不了几年又死灰复燃,原因在匪贼避锋躲入粤西大籐峡深山,如"六十三山"等匪巢中。因此要彻底清除匪患,须先攻灭如粤西的"六十三山"等处的匪徒,以威慑其他地区的匪徒,不服时再一一攻灭。如前所述,谈修的伯父谈恺曾在粤东及粤西大籐峡地区打击土匪,翁方纲《粤东金石录》录有谈恺"平岭西纪略碑",记述其事。故谈修的分析就不单是书

---

① 谈修:《比璞山房罪言》,江苏教育出版社影印2010年版。

生的纸上谈兵，而是有实际作战经验总结在内。

此外，《滴露漫录》中如卷五之谈京营、兵制、募兵、边屯等；卷六之谈"用人"等，都是在对历代文献和典章制度的研读比勘中，试图探究天下郡国利病，研究政治、经济与社会发展之关系。特别是书中谈到明代"盐政"制度的演变与边防之弱的关系；如议重启"海运"，及其对漕运的意义，这些见解都非常有见地和令人深省。

这种学术思想的形成，跟谈修年轻时曾随侍伯父谈恺身边的经历有直接关系。嘉靖年间，谈恺（即谈修题词所称世父者）有较长时间做地方官并在江西、粤东、粤西等地参与平定匪祸民乱，曾跟征蛮将军王瑾一起领三万士兵镇压大藤峡瑶、僮民变，有"谈恺镇瑶"之说。谈恺除了具备军事才能外，也著有《虔台续志》等军事著作。谈修随侍谈恺的时间有多长，我们不能具体考知，但这段经历对他的思想影响显然很大，特别是所听闻的"世父及与经世之士抵掌而剧谈者"，成为他读书披阅文献时学术思想的主要渊源所在。留意世务国体，有四方之志，故谈修的著述中，具体讨论实际问题及现实弊政的居多。

这种实学的特点，在明清时期的江南很具有典型性。安希范在退居胶山后的纂述，其中就有一类关乎"经世大典"的，如《荒政撮要》《郡邑武备考》等。而明代后期出现的徐宏祖的《徐霞客游记》，及清初出现的顾祖禹的《读书方舆纪要》等，均可以看到这种学术思想和专攻方向的一脉相承。特别值得一提的是顾祖禹的《读史方舆纪要》所体现的学术思想，跟谈修《滴露漫录》等著述的思想有很大的趋同性，可以看作是东林"经世致用"学术思想影响下所取得成就的代表。

另外，谈修《比璞山房罪言》之《风雩漫录》，主要是对儒家经典"四书五经"的笺注，虽然为训练制艺、服务于科举考试的，且从今天的眼光看主要还是承绪宋儒思想，特别的发明不多，但从其句读、字义的训诂，兼及对经典的义理的剖析等，依然可以看到谈修独到的体悟和发明。到后来顾宪成、高攀龙、安希范等重建东林书院，奉杨时为师，发明二程洛学，也可以看出作为地域之内的儒学传统，以及性理之学与"经世酬物"思想融合后呈现的学理特征。

钱基博先生在《近百年湖南学风》一书中曾提到本乡丁仲祜先生对前贤经学思想的评价："乡先辈治经，外行不入格。"钱基博对此深以为然，认为吾锡先辈治经，虽然跟休宁戴震、高邮王念孙辙迹不同，"然不依傍人户，异军突起，自有独到"：

"如高攀龙之理学，绳以朱子之道问学，固为外道；而揆之阳明之致良知，亦未遽为入格也。然不入格而可以开宗，学亦多术矣，有外行而不害为名家通人者，如无锡高攀龙之理学，不程朱，不陆王；顾栋高之治《春秋》，秦蕙田之于《礼》，非休

宁、高邮，亦非苏州、常州；而顾祖禹之史学，不同当日之浙东，亦殊后来之嘉定，皆不害为博学通人也。"①（余论）

谈修另有笔记类的《避暑漫笔》一书，主要是对一地世风民情的描写，也有对本地缙绅士林的批判，其骨骼清奇、愤世嫉俗之风概，多见于此。谈修的气节，颇承谈氏门风。谈修曾祖谈纲，守广信，调莱州，"爱民如子。百姓出入，语言若家人。"致仕归家时，莱州百姓堵住门不许行，最后"变服而遁行，囊弃之"。谈恺之父谈一凤任平江令，"精勤廉静，不妄取一钱，尤重庶狱"，为了调查一伙长期羁押的"山寇"案情，"微服行深山，迸血濡踵，始得其实"，为一群被诬为"山寇"的挑夫昭雪。而谈恺则"居官颇以墨著，然生平有二大节迥出"②，一是拒绝向严世藩结纳而罢归，二是奉母极孝。谈修之子则云其"家大人性质直而醇谨"。（《比璞山房罪言后序》）"尚气节"的风概，在有明一代，颇在家族、师友间传承，是后来"东林精神"的渊源和内核所在。

谈修《呵冻漫笔》有一篇亡女悼文，写其女在初嫁安希范后的贤淑，"余每月终旬，集子婿辈，分题面试，以程进退。尝品藻希范，女沾沾喜不自胜。"③谈修写女儿时劝勉夫婿志于学，不啻言自己对安希范的庭训造就。

安希范还有一位老师周子义（1529～1586，字以方，号敬庵），在《天全堂集》中存有安希范多封给周子义的书信，口吻敬重有加，实际上周氏是安希范乡试时的主考官。周子义精研经术及"濂洛关闽"之学，其子周炳谟诏修《光宗实录》，以直笔书"妖书""梃击"诸事而罢，《明史》称："父子皆以学行称于世。"④安希范视老周为前辈师长，尊重敬爱；于小周则为后生晚辈，谆谆以教诲。安希范的后人在追惜先人时，曾感叹其"削籍以归至一生经济不获展施，仅以直声著当时、垂后世"。这些都可以看到地域之内，士大夫文人在思想风概方面的相互砥砺和影响。

2. 讲学东林　志在世道

踏入仕途后，安希范的思想和人生与顾宪成有着割不断的血肉联系。

在《祭顾端文公文》一文中，安希范总结了自己一生师从顾宪成"奉教者若而年"的几个阶段：先是"某弱冠执业于先生之门"时；次是踏入仕途，与顾宪成兄弟做同事（同在吏部）时；再是两人先后削籍归里并讲学东林时。一日为师，终身仰止。顾、安二人亦师亦友，亦同事亦姻戚，由于这层渊源关系，故两人政治见解行

---

① 钱基博：《近百年湖南学风》，岳麓书社 2010 年版。
② 黄印：《锡金识小录》卷六，台湾成文出版社 1983 年版。
③ 谈修：《呵冻漫笔》丛书集成初编本，中华书局 1985 年版。
④ 《明史·列传》卷 139，中华书局 1974 年版。

为出处皆相近。安希范在《祭文》中说到自己刚在京师做官时,"会先生抗疏,屡蹶屡起"①,故在"癸巳大计"时,面对京城朝堂之内围绕"京察"的纷争,远在南吏部的安希范积极呼应,显然不想置身事外。

安希范被削籍归里后,与顾宪成、高攀龙等修复东林书院,于万历三十年开始在东林书院及相邻书院、讲堂讲学,如万历三十七年(1609),赴毗陵"经正会堂"讲学;万历三十九年(1611),偕同高攀龙去金沙(今金山)"志矩堂"讲学。当时参与讲学活动的有:顾宪成、顾允成、高攀龙、安希范、刘元珍、钱一本、薛敷教、叶茂才、陈筌塘等人,前八位时称"东林八君子"。顾宪成亲自审订了讲学宗旨及会约仪式,规定每年一大会、每月一小会,"讲习之余,往往讽议朝政,裁量人物",抨击时弊,形成一个在野的政治性学术团体。顾宪成们居庙堂时对待朝政的态度是:"即使天下有一分可为,亦不肯放手";"天下有一分不可为,亦不可放手"。下野后,书院那副著名的楹联表达了他们一以贯之的积极入世态度:"风声雨声读书声,声声入耳;家事国事天下事,事事关心。"东林书院因此成为江南地区议论国事的主要舆论中心。

除了讲学,安希范主要潜心读书著述,每日案头因置书籍一册,一册三十叶,每日一叶,研读圣贤遗命:

"日所读书,内有关于身心性命,外有资于应世酬物者,披阅之余,辄采录之,事提其要,言纂其元。"(《养心日札序》)

安希范在此序言中所提及的读书之关乎的两个方面:"身心性命"和"应世酬物",前者是古代文士立身的理想和信念,后者则是文士的处世接物之方式。其文字著述,也有两大类:一类是关乎经世思想的,如《荒政撮要》《郡邑武备考》等。万历三十六年,吴中水灾,45岁的安希范将纂成的《荒政撮要》上呈当道,以提供赈灾救荒之策。另一类如《养心日札》《读书日笺》《萍隐漫录》等,是关乎心性修养和展现山林隐逸情怀的。

高攀龙在《我素安公行状》中追述二人情谊时说:"攀龙与公同黜于言事,同锢于明时,同学于东林,朝夕者二十有九年。"(《宗谱》卷一)安希范与东林师友在国势日危之时,以一腔忠爱,横议时政,批评太监干政、阁臣私心、皇帝懒政,都表现出了东林一堂师友公忠体国、奋不顾身的精神,其道德操守和学术思想之流风所及,不仅影响到了读书人的人格树立,还肇源了明末清初顾炎武、黄宗羲等的学术思想。

观有明一代,阉党乱政、权臣擅权,正是朝政的两大痼疾,安希范"自缘触罪辞

① 安希范:《天全堂集》卷二。

南国,敢向明时赋北风",所表现出来的不仅仅是直节之士的勇毅,更是勇担道义的家国责任感。顾宪成对于安希范,称赞于同辈人曰:"吾党中品格不同,如安希范可谓不失赤子之心者也。"(高攀龙《我素安公行状》)朱国桢回忆与安希范交往,心中留下的深刻印象是:"贞而不亢,劲而不觕,光明磊落。"(朱国桢《我素公墓表》,《宗谱》卷五)这些都是对安希范品节高洁、磊落赤诚的君子风范的赞美,也是东南文化涵育的结果。

四、"宾娥台唱和"与东林君子的雅怀

安希范削籍回家,谪居里中,一方面与顾宪成、高攀龙等重新修缮东林书院,开讲会,盛极一时;另一方面则优游山水,寄情大化,这也是东林君子被黜后所取的释怀之法。安希范置画舫,烟水为伴;又筑宾娥台,赏清风明月。

安希范描述自己削籍归里的状态:"初置一画舫,列绮窗十二,图陶元亮、张季鹰、苏端明、米南宫诸贤于其上,为五湖烟水伴。"(《宗谱》卷十四安希范《宾娥台记》)特别在去世前的数年时间里,常常"出则乘一舫",舟行于无锡至吴兴的山水之间,与朋友一起读书、论道、赏景,山水之寄,言志抒怀,闲情逸趣,怡然自得。安希范把平日所乘舟舫名曰"萍隐",大有萍踪一点归江海,此心安处是吾乡之意。

安希范在给友人的信中也提到:"瞿元立已挂冠归矣,里居相近,常得扁舟相从于烟水苍茫之际。"(《与饶明三》)①瞿元立即瞿汝稷,元立其字,常熟人,瞿式耜的伯父。瞿元立跟安希范情谊深厚。汝稷之父瞿景淳(1507~1569)及第前,曾被安希范祖父安国援引至府中为儿子们讲授经学,安希范有句:"不辞残暑兼程去,恐负儿童竹马期。"(《赠瞿元立再赴辰州》)或二人早年便相识,后又同朝为官,瞿汝稷言自己"既而与安希范同官南北曹,交益深。"万历二十年,安希范南还,瞿汝稷殷殷相慰:"烟霞竹树清且丽,保君芳菲足娱志。"(《宗谱》卷十四)

另外,安希范又在胶山之南临流筑台,取名"宾娥台",级不数层,环不盈丈:

"台负清流面绿野,与众山合形,辅势良足。邀月骋怀,虽高未齐云,而暮先得月,当素娥初上而东向飞觞,非适合寅宾之意乎? 爰名之曰'宾娥台'。"

"每至大火西流,微风徐扇,非乘画舫而访友湖滨,旷览烟波灏淼,则扶藜携酒纳桥畔之嫩凉,邀台上之明月,洵可终吾生以徜徉矣。"(安希范《宾娥台记》)

此记写于万历乙未年(1595),也就是安希范被黜的第二年,所以安希范与东林同道的"宾娥台"诗词唱和,是了解安希范及东林诸君被贬谪后思想状态较为可靠直观的文本。

---

① 安希范:《天全堂集》卷三。

安希范与顾宪成先后罢官,而安希范所居胶山之南,与顾宪成泾皋老宅仅数里之隔,清初顾仔在《宾娥台倡和诗词序》中提及,顾安二人"暇日过从,谈及时事日非,不胜愤激,则相与徜徉名胜,藉觞咏以消忧。"(《宗谱》卷十二)诸君以道义相高,以气节彪炳于世,当日觞咏之作,汇集成《宾娥台倡和诗词》,这是安我素后人安大启(安绍杰)所辑。顾仔是顾贞观的同族侄子,顾贞观又与安希范之孙安璹(孟公)相契,同为"云门十子"。

从唱和集中所存诗词看,每逢秋夜月夕,东林诸君多有游赏吟唱。如倡和集中主人安希范有《秋夜宾娥台坐月》诗,顾宪成有诗《秋夜宾娥台燕集》,顾允成有诗《秋夜宴宾娥台》,这应当是同一次宴集赏月活动的创作,且本次与会的人还有刘元珍、叶茂才,因为刘叶二人都写有《和叔时(宪成字)韵》。另外,钱一本写有《沁园春·题我素安子宾娥台》,薛敷教有《南乡子·秋夜饮宾娥台》,邹期桢(1567~1642,字公宁,号经畲)、陈继儒(1558~1639)也有同调《南乡子》词,且词意看,也当是吟咏这次秋夜燕集的。邹期桢年轻时为安希范延入家中教导儿子们读书,与安希范亦师亦友,后又从顾宪成讲学东林。陈继儒则早年曾做过王锡爵家的"西席",跟王世贞等吴中名士多有交往,据《明史·隐逸传》:"时锡山顾宪成讲学东林,招之,谢弗往。"陈继儒不往东林讲学的原因,或与王锡爵有一定关系,但从唱和集中陈继儒所作词,可见其与东林诸君子均有交集。除此诸人,还有归有光之孙归子慕(安希范在万历三十三年去昆山探访归子慕)写有《次季时韵》,安希范的老师陈筼塘《宾娥台看枫叶》,可见,当时的东林诸君子都参与了那年的"宾娥台雅集"。

从众人诗词内容看,这次活动白天赏红枫、秋梧,晚上群贤宴饮酬唱。从高攀龙所写的《宾娥台玩月宿经筼楼》一诗看,燕集的当晚众人便留宿在安希范家的"经筼楼"。

"索居难得好怀开,良友相招胜日来。"(叶茂才《和叔时韵》)群贤毕集,高层次的思想撞击和情怀激荡,可以形成一个"高台效应":

"同时,东林诸君子及异地名贤如昆山归子慕、华亭陈继儒辈皆燕集台上,著佳作以申雅怀。"(安绍杰《宾娥台倡和诗词跋》)

当此秋夜良辰,群贤握手而来,拾级登台,携壶邀月,诸峰尽出,皓月可摘,于是明心见性,逸怀浩气,倾荡磊落:

"气肃秋光净,台高尘不侵。空明识月性,恬淡见云心。"(顾允成《秋夜宴宾娥台》)

如果说东林书院是展现思想的地方,那么"宾娥台"便是抒怀咏志袒露性情的所在,顾允成此诗正可表达了当时群贤高蹈的心志和情操,所以从一定程度上讲,

"宾娥台"是东林思想和君子情怀的表意符号。

故在"东林诸子"相继故去之后,甚至当"宾娥台"也渐次淹没时,围绕宾娥台及当年群贤雅集,至少还有一次盛大的纪念性的吟诵活动。这次是由安希范之孙安璿主倡,时间大约在康熙初期,参加的文士有以严绳孙、顾贞观、秦松龄、秦保寅、邹黎眉为代表的"云门诗社"成员;另外还有顾柔谦、顾祖禹父子;有陆楣、华长发、陈卿茂等本地名贤;一直跟这些锡邑文士交谊深厚的县令吴兴祚也参与雅集。这些人或者为下僚,或者为罢黜官员,或者以遗民隐士自居,流连光景,添一份"春花秋月"的故国情怀。

五、赡族:家族文化精神的缔立

明清时期,由于手工业、商业的繁兴,加上科举对平民的开放,普通的产业地主和小手工业者、商人也都有了崛起的机会。但是要使家族壮大并逐渐成为诗礼簪缨之族,须经过累代的积淀。在这个过程中,家族中常常会有一位公认的重要人物,能成为后代子孙敬仰并楷模的榜样,在家族内起到精神领袖的作用。在安氏家族中,安国是家族巨大财富的创造者,有倜傥不羁之才,并以其豪爽仁义的个性魅力,颇交接当时的名流巨公,但这不能改变家族的"白族"地位。比之父亲安如山做一个良吏的形象,更适合担当安氏家族"精神领袖"的,无疑当是安希范,他既以直言被罢黜,后又为"东林八子"之一,是东林精神的追随者和安氏家族文化的奠立者,且安希范的成才经历本身,无疑就是一部安氏家族子弟的励志教材。

1. 赡族的渊源及方法

安希范在万历二十年(1592)十月移职南都,第二年正月即去信堂兄希夔(五峰公长子)请辑家谱。癸巳二十一年(1593)的秋天开始着手"赡族"事宜。据安希范自己所述,年少时读范文正公的义田记,心窃慕之,即恒存此念。由于安希范幼年的奇特经历,困顿中的窘境,使他更懂得同宗同族相扶相持的重要,所以在及第出仕之后,就着手建立家族内的救济制度。

安希范的"赡族"思想主要体现在其《赡族前议》《赡族再议》《赡族后议》(《宗谱》卷十一)三篇中。"赡族"的具体做法是自己先以身作则,"割租百石",除去纳赋等,"可实得米七十石、麦二十石"以济族人。其次倡议族中资财稍富者"量力捐资。每计租百石,则每岁出实米一石、麦二斗。"这样大致能凑到百石米麦的数量。至乙未春(1595年)安希范罢归,他的两侄(长兄安希尧之子)将安如山所创养廉田的三分之一(计300亩)归还其所有,每年可得租三百多石,这样就有较为充裕的钱粮来救济族人,且还可以顾及族人婚丧嫁娶诸多事宜。

2."赡族"的目的

"赡族"的首要目的是亲睦其族。

安希范在《赡族前议》中申述,古人因族而立宗,"尊祖故敬宗,敬宗故收族",按照古代的宗法制度,"族人有余财则归之宗,不给则资之宗,是以贫富均,而族人无饥寒之患。"但事实上,江南地主在明清以来的宗族制度是较为松懈的,分族而居者居多,往往父亲去世时按照嫡庶析产,兄弟分宅而居,胶山安氏家族也不例外。如安国去世,庞大的田产及宅邸由三嫡三庶六个儿子(所谓"上三家""下三家")四六均分,析产时甚至连铜活字也分成几份,儿子们各占其一,使得珍贵的铜活字成一堆废物。

析产之后,各家分居各处。一般情形下,由于长兄已非族长,故非必有"收族"的责任,所以安希范说:"今有族属甚亲,居同里闬而岁时不相往来,婚丧不相庆吊,贫婺不相周急者。"宗法废,而族属疏,亲情淡漠,同族子弟之间"鸡犬之声相闻而老死不相往来"矣,收族,就是为了强固宗族的力量。

"赡族"的第二个目的是周济贫族。

安氏子孙从安祚算起,经安国辈、安如山辈到安希范辈,不过四代而已,但族中子弟贫富差异已经非常巨大了,富者甲第连云,贫者几无立锥之地,故安希范"念及二三兄弟衰贫之状,恻然心隐之,因创赡族议以告族人。"(《赡族后议》)

在安希范看来,家族中富者"百而取其一",不过如仓鼠鸦雀之耗而已,但积少成多,却能使五服之内的族中子弟能够人人免饥寒之患,从长远看是使得宗族能够香火有继,代代传承下去。

3. 赡族的宗旨:培养传承一种家族精神

对于一个大族而言,保财,不若保人;保人,则须保持一种代代相承的精神,故"赡族"的终极目标,就是要培养一种家族精神。

倘若追溯安氏家族"赡族"的历史,可以上溯到安国时期。安国除了"赡宗党,惠乡人"(《宗谱》卷四秦金《安国墓志铭》)外,据安如山《养廉庄记》、安希范的《书养廉庄记后》(《宗谱》卷十一)所载,安国生前悬良田三百亩,"约诸子中有先得隽者即举而归之,以为养廉之劝。"安如山及第出仕之后,在父亲所遗300亩"养廉田"基础上扩充至千亩,并筑房舍建成"养廉庄"。但不久兄弟析产,"养廉庄"田产为安国第六子安如冈(胶崖公)所有,子孙不守,旋即又转卖给他人。安希范罢居胶山后,逐渐置换或赎回部分田产,加上侄子又把养廉田300亩之数还给安希范,于是凑成千亩之数,恢复"养廉庄"之规模。"养廉庄"的这段分合历史,有两点可注意,一是安氏三代人有意识地培养、维护一种精神,并作为安氏子孙代代相承的传统。二是安希范发扬祖先微旨,把"养廉田"改为"赡族田"。

如前所述,安国、安如山"养廉田"之设,原为激励诸子孙在科第举业方面的努力,其次是鼓励子弟一旦为官则要清正廉洁。但安希范在申述祖父安国"微旨"时,故意略去这个功利目的:"若区区望子孙之一第而设此以饵之,非知先大父与先大夫之深者也。"那么乃祖乃父的深意是什么呢?

"希范窃仰窥微指,盖有感于世之不廉而为民害者,身名俱丧,人己交害,惕然伤之,惟恐子孙之万一蹈此,故假此以垂训耳。"(《书〈养廉庄记〉后》)

安希范认为,"礼义廉耻之四维",是君子立身天地间的根本。在世衰道晦,利欲溺人的当下,官场贿赂公行,请乞无厌,而官员素质低下也成常态,有司视民命如草菅,暴敛其财以饱私囊、结要津,当此之时,安氏子孙必待"洁己奉公,以无干吏议,无玷名节"(《赡族后议》),须磨钝励世方是,自不待劝而后知也!安希范视"礼义廉耻"为人的基本人性要求和道德基准,所以安希范把此篇《书〈养廉庄记〉后》书而刻之赡族议之首,作为安氏子孙立身自处并以自律的准则。

同时,要在宗族中倡导"尚义之风",以渐回淳厚之俗,这也是安希范在《赡族录》中申述的主要内容。安希范看来,把先世养廉之业"推之以赈贫族",虽非先世创立之初本意,但是"变而通之,亦所以善承祖父之志也",根本道理是同一的,首先固族收族,"不坐视其饥寒而不恤",其次使族人饮水思源,知衣食之原,皆先世之遗泽,从而同宗同族养成互帮互助的尚义淳厚之俗。

其实,毋庸讳言,安希范把先世的养廉田改为赈贫族之用,实是始于安氏家族的分崩离析之势。安国是明代嘉靖时期数一数二的富豪,但在他死后,至少有两次"庶孽之争",一次是安如山之嫡妻与庶子之争,一次是安如山之子少峰与庶弟十峰结讼。这种所谓的"庶孽构衅",无非是为了争夺田地财物而亲人反目。亲情不再,遑论礼义廉耻?尊祖敬宗,聚族赡贫,"尚义"当从自身、从宗族内部的行善施恩、互助相携做起。

安希范"赡族"的精神,确实给安氏子孙一个很好的示范意义。安希范之子安广居坚持赡族,故安希范所设义田,直至明清鼎革之时方废。到清嘉庆时,安氏泽上支安汝谐(春台公),又明确以传承安希范赡族精神为己任,以耕读所蓄膏腴三百亩推惠贫族,捐为义田,后扩充至千亩。安汝谐高寿,一生历雍乾嘉道四朝,从乾隆朝开始,不断捐钱捐田,族内济困,族外救民,修桥铺路、广行义举。为防止不肖子孙盗售,其所捐置义田"呈县上,详藩宪","具册立案,垂诸永久"。《宗谱》卷十一还存有《安氏义田记》两篇、《安氏义庄记》一篇,不仅记"安氏义庄"之设始末,更把推养的传统和精神上溯至安希范之"赡族"。

六、结语

希范晚年常闭门读书,时或寄情山水。去世前的数年时间里,常常"出则乘一舫",舟行于无锡至吴兴的山水之间,与朋友一起读书、论道、赏景,流连徜徉,怡然自得。甚至在莫干山下的古镇武康(今德清武康)买地建宅,准备长期居住。宅邸落成,希范题名为"菁山别业",并写《菁山隐居记》记之。天启元年(1621)四月初八,希范自吴兴返无锡,即得病不起,十三日便逝世,享年58岁。希范逝世的那年,正值家食三十年的邹元标被重新起用。邹元标与顾宪成、赵南星被称为"东林党三君"。邹元标返朝伊始,即向皇帝进谏"和衷"之议,试图调和党争,号召"以天下万世之心,衡天下万世之人与事"。邹元标还跟一些公心正直的大臣一起上疏,力荐当年"永锢没身"的诸贤,这其中包括"白华濯濯,天真自如之安希范"。"熹宗(即天启皇帝)嗣位,将起官,先卒。"①希范天不假年,是人生之不幸,但万幸的是希范因之躲过了四五年后阉党对东林党人的大肆清算。崇祯七年(1634)八月,经本县诸生请,准照顾宪成例,奉批以安希范"学有本原,行堪模范"建祠。崇祯十四年(1641)巡按苏松等处监察御史批准,在惠山特建安希范专祠,并列入先贤祠。

明末的政治,好比一塌糊涂的烂泥塘,注定了仁人志士百无一为的命运。安希范等直抗之士,被削籍沦为庶民,被迫无所作为,也是情理中事。万历四十二年(1615)的秋天,希范与东林同道曾游太湖洞庭西山,登缥缈峰,是为太湖七十二峰之首。希范等在缥缈峰顶筑平台,题曰"落帽"。"落帽"一典,出自晋代孟嘉,说的是孟嘉重阳节游龙山时,西风吹落帽子而不觉,桓温让手下写文讽嘲他,孟嘉请笔作答,了不容思,文辞超卓。这就是著名的"龙山落帽"。这个典故,表现了事物之一体两面的境况:狼狈与超然。这以后,"落帽"成为中国文化的重要意象之一,富含深沉的意蕴。在中国历史上,凡是有脊梁的中国文人,莫不狷介寡合,不磷不缁,在残酷的现实中怀才不遇,仕途多舛,甚而赍志而没;而文人最可贵的地方,即在窘困、威权、凌迫面前,精神主体依然能够独立不惧,英风亮节不变。"落帽"便是此种精神的象征。这也正是希范用此典的真正意指。

---

① 《明史·列传》卷109,中华书局1974年版。

02

第二篇

驳岸上侯氏：儒学门第的坚守和文化贡献

在无锡城里相毗连的街区内，曾经有两个少宰门第，一处是曾经矗立在崇宁路上的"孙少宰第"，那是明代万历甲戌（万历二年）科状元孙继皋的宅邸，几经历劫，最终消失在历史的尘埃里。另一处便是驳岸上的"侯少宰第"，是清代侯桐的府邸，如今还破败地伫立在原地。

"少宰"是明清时期对吏部侍郎的别称，侯桐在道光二十三年（1843）升任兵部右侍郎，次年改官任吏部右侍郎，故称。虽然"侯少宰第"比"孙少宰第"要晚出，但侯氏门第不浅，明清两代科第蝉联，衣冠鹊起，是比较纯粹的儒学门第。"儒门"的意谓，一是家门以"清肃"自高和自律。二是家族之中始终保有"读书种子"，书香不绝。侯氏家族中善诗词、懂曲文、精篆刻、能书画者，代不乏人。清代侯晰、侯文灿是刊刻名家，侯学愈著述最丰，也精于整理刊刻典籍。特别是到了近现代，更出现了像侯鸿鉴一样的早期教育专家，为民国时代的平民教育和女性教育事业筚路蓝缕、兢兢业业一生。

引　言

侯氏溯源

侯先春(1545～1611)，字元甫，号少芝，明代万历八年(1580)进士及第。对于迁锡侯氏家族而言，他是个家族发展的关键性人物，因为从他开始，侯氏家族在明清两代就"科第蝉联"，不绝如缕。

明清时期修撰的谱牒，许多都以"扈驾南渡"来文饰本宗祖先渊源不明的窘境，明代侯先春认为这些谱系中"或云某公扈宋南渡占籍于锡；或云显者杨氏之后，以爵为氏，是两者皆先世传疑，而文献不足征者也。"①(侯先春《锡山东里侯氏宗谱序》)所以，在叙述自家祖先时，侯先春摈除虚语，把侯氏迁锡的时间定在有明确家族记忆的元季，即祖上有三兄弟相携来锡，在锡城东构筑庐舍定居，并在城东郊建家族墓地："存不异庐，殁不异墓"，家族便在城东安居下来，相沿 300 多年，云云。因为此篇谱序写于万历癸卯年(1603)，若前推 300 年，即是元大德年间，这应该是侯氏祖先迁锡时间的大体范围。传至万历时期的侯先春，已历有八世。

在侯氏家谱里，侯先春没有记录下有功名的先辈，但保存有成化二十三年(1487)的一封诰敕。从内容看，是弘治继位、例行推恩天下时，八十四高龄的"无锡县耆儒侯文渊"，因"品行端谨，齿德并优"，而"赐以修职郎八品散官阶"，这是侯先春的祖上。可见，侯家先祖虽然功名不显，但早在举业上跋涉。侯文渊的大儿子侯清(字孟清，号晚竹)，"初以出粟赈饥，受七品阶承事郎。"据黄印《锡金识小录》所记："成化以后，遇水旱，劝出粟千石者授七品散官，时捐者六人。"②侯孟清是其中之一。又《锡金识小录》还记载，侯孟清曾做过粮长，"富而好施"，口碑很好。当时邑中书生吕卤三试不第，家益发贫，其子吕元夫便遭富族朱氏退婚，"会诸乡赋长以朔旦谒令"，县令请各位粮长相助，有侯孟清者素慷慨好义，出曰："愿赘吕君子！"③(卷八)侯孟清只有一女，吕元夫入赘侯家后，由侯家支持其读书

---

① 《锡山东里侯氏宗谱》，江苏凤凰出版社 2011 年版。
② 黄印：《锡金识小录》卷八，台湾成文出版社 1983 年版。
③ 黄印：《锡金识小录》卷九，台湾成文出版社 1983 年版。

应举,直到十年后于弘治九年(1496)举进士,官至太仆少卿、礼部员外郎。侯孟清则直到 50 多岁时才娶妾龚氏而生祖德,这就是侯先春祖父。侯祖德在嘉靖初以太学生任浙江新昌之县丞,后擢升为江山县尹,"俱以廉干闻"(《侯谱》卷三《明太仆寺丞企竹侯公墓志铭》)以"廉洁干练"来评价做微官的侯祖德,非溢美之词,《锡金县志》"宦望"中也称侯祖德以"清节"著。《锡金识小录》甚至还记载了明嘉靖时无锡东里的民谣:"四时贤江山,三考无一钱。"这是侯氏儒家门第的门风。

第一章

侯先春:安边议疏　撬动"李家王朝"

"清节"自守的侯祖德之孙侯先春,在历史记载里所呈现的是一个直谏正臣的面貌。这既与侯氏家族的儒门风尚有关,也与他的母亲的教育有直接关系。

一、阅视辽东　提出安边策略

在邑志的记述中,侯先春之父侯应昌"生平操行修洁,而待人以恕,襟怀光霁,坦率无他。"侯先春进士及第后,官授太常寺博士,后来历官至户部主事,都是品阶较低的闲职。历史的烟尘,多少名公巨宦皆淹没在其中,而侯先春能永被后人记住,主要是因为一件事和一个人。

此一事,便是万历十九年(1591)侯先春奉命"阅视辽东"。

这年,兵科都给事中侯先春领朝廷之命巡视辽东。当时辽东总兵是祖籍朝鲜的李成梁(1526～1615)。已经65岁的李成梁,从44岁当上辽东总兵之位起,至今已有22年。期间打过十多次的大胜仗,战功赫赫,声威远播异域,对边关维稳做出了杰出贡献。据说每次捷报传到京城,万历皇帝都要到郊庙祭祀,在告慰祖先的同时接受大臣的祝贺,大明江山的安稳,似乎都托赖李氏的保驾护航。李氏父子因之受到的赏赐多如山积。

但当立功和奖赏成为一种因果和习惯之后,事情的发展会出乎人的意料。李成梁这次在朝廷使者来临之际,竟然异想天开地策划了一次直捣黄龙的战斗,准备趁此以"奇功"直接向皇帝报喜。李成梁派出副将李宁率军出镇夷堡,袭杀边民200多人,制造了一次"大捷"。但当功成告返之际,却意外遭遇了真正的敌人,猝不及防的李氏所部一下子损失数千人。

这种"不作不死"的节奏,实际上是李成梁长期以来好大喜功、贵极而骄的必然结果。侯先春在"阅视"结束后,随即向皇帝上呈了一份长长的考察报告:《安边二十四议疏》。

本来,侯先春不过是代替本部司长官按例巡视,下去走个过场而已,但是侯先春却视之为庄严的皇命:"辽左重地,勿负庙堂选择意。"——侯父曾去信训诫儿子,莫负家国责任。所以侯先春不仅实地调研,而且还写成了一篇洋洋洒洒万五千言的调研报告。

侯先春在到达辽东以后,"夙夜驱驰,西自山海,北抵辽河,东至鸭绿江,南极于海",穿梭在层山峻岭、密莽丛林之中,甚至逼近虏巢,揽辔停骖,脚踏实地详细了解辽东边境的实际情况。一方面直接向边地的父老百姓、山野莜夫了解民生疾苦,并翻检求证于诉讼案牍;另一方面又直接向边关的普通将吏访求,并向各级各类兵将征询信息。侯先春咨访利病,在深思熟虑后,写出了一份沉甸甸的报告,深刻分析了辽东边境地区从军队到地方所存在的严重隐患。

在侯先春看来,边境之安危,首先在于稳固民生之元气,边地百姓的生息,是安边御敌的基本保障。可是,长期以来,辽东地区始终虏患频仍,民生涂炭,百姓承受多重盘剥,在水深火热之中煎熬。民不见德、远迩离心,则如何聚拢起元气,如何抵御敌人呢?

在经过大量的走访调查后,侯先春看到辽东地区并非如李成梁的一篇篇战功奏报所描绘的那样安泰祥和,而是掩藏和酝酿着非常严重的危机;而这些危机,其中很大部分恰恰是李成梁及其所部造成的。

首先,边地"权归武弁"。

当时辽东的军政大权实际上都由武将掌控,即由李成梁所部掌控。他们掌握着当地的军用民用物资,还控制着当地的盐业税收,甚至操纵和占有了整个商品市场和马匹交易。商品的买卖,马匹的价钱,都由李成梁他们操控,除了压买商贾外,还对每项商品的交易都抽取不等的厘金,几乎把整个辽东商人的利益全部收为己有。每年侵吞国家财赋外,其势力地位已无异于前代之藩镇。

其次是辽东"官将勒索士卒"和百姓无度。

跟随李成梁出生入死的手下部将,虽然个个都有封赏,乃至自建城池,但也正因此而向下层盘剥无度,所谓"狐假虎以噬人、狗续貂而蠹国"也。侯先春描述将官役使士兵的情景:

"无论其把持夷市,压买商贾,而牧放夷马,治料参斤,以至搬运百货,约用军士不止千名也。"①(《安边二十四议疏》)

让士兵充当打手、搬夫和苦力,甚至还私役士卒来长途贩运货物:"凡可谋利生财,无非军士取办,其包赔之苦,服役之劳,盖万万不可言也。"最让士兵苦不堪言的,就是久居塞外伐木采矿,昼夜皆居塞外,终岁不得宁家。

守边有限的兵力和马力,大多用在为将官自己谋财上。取之犹不足,还要克

---

① 陈子龙:《皇明经世文编》卷428。

扣兵士军饷。以李成梁而言,他把这些盘剥的钱财拿去贿赂朝中权贵,交结朝廷内臣。朝里上上下下、大大小小的官员,无不雨露均沾。李成梁的大方和阔绰,使得朝廷内从内阁以下、朝廷外从督抚以下,全都甘心为他效劳,替他说话,帮他隐瞒,所以弹劾李成梁的奏本非没有,而是始终如石沉大海。

李成梁的将官对那些手下士卒,既疲其力,又夺其财,故安望兵士们出死力抗强虏哉? 有时,这些哀兵,既是弱兵,却又是暴军,对待百姓:"马蹄经过,鸡犬一空,弓刀悬门,人皆丧魄。"故民谣有云:"若遭大虏还有命,若遭家丁没得剩。"

更为恶劣的是上行下效的"冒滥"行径。

由于军内从上到下全面的腐败,造成辽东边防军内的严峻现状:

"钱粮冒破,行伍空虚。民脂竭于科求,马力疲于私役。法令不行,将不用命。"

因此,侯先春还特别指出朝廷在论功封赏时要"慎爵禄",尤其对"以首级论功"一条,指出其许多不当、甚至荒唐之处。按理,两军对敌,短兵相接,势必不暇割首:

"故割首者,多非杀贼之人。而或杀已降,或杀被虏,或夺他人首级,皆非真功也。"(《安边二十四议疏》)

事实上,由于李成梁的战功都是在塞外取得,是否被粉饰很难稽查。尤其恶劣者,如前面提到的袭杀边民200多人,以冒充敌人首级,从而伪造捣袭敌巢的假象,这在李成梁父子已经不是首犯。据史料记载,先后担任过巡抚的陈登云、许守恩等,在查知李成梁曾"杀俘冒功"的事后准备上报追究,但都被上司或同僚阻止了,因为朝中有张居正的庇护。由此可见,"冒滥"的行为,实际上是军中腐败乃至政府腐败的冰山一角,迟迟没有被揭穿,是潜藏着巨大利益输送的腐败关系。所以,侯先春在实际调查证实后,作为二十四个严重问题之一向皇帝郑重禀明。

侯先春的这份调研报告,也成为触发李成梁被罢辽东总兵之职的导火索,地方文献中所谓"罢大帅之不职者",即指此事件。

侯先春区区微官,位卑忧国,目睹残破、虏患频仍的眼前情景,不禁忧心如焚:

"辽左僻在关外,天各一方,万里君门,无由吁诉,庙堂之上,不闻残破之状久矣。""辽虽弹丸黑子之地,实京师左臂,关系匪轻,伏惟圣明留意焉!"(《安边二十四议疏》)

最为难能可贵的,是侯先春还针对边境情况,具体提出各种可行性的建议,诸如关隘建制、兵员配备等,都是具有实际操作性和预见性的措施,并非通常的书生之见。特别是呼吁辽东长城修建时,附城敌台并配置火器一项,在今天的学者看来都是非常具有战略意义和实战价值的。可惜的是从皇帝到边将,似乎没人把这个芝麻小官的话当真。

侯先春的《安边二十四议疏》，对辽东地区军政方面存在的问题的严重性，有着深刻的揭示，也指出了辽东军政的危机。有人把晚明时期的辽东称为"毒瘤"，李成梁既对辽东的稳定有不没之功，但同时也埋下了有毒的种子，而毒发身亡不过是迟早的事情。

侯先春的《安边二十四议疏》作为一篇名文，被明末陈子龙收录在《皇明经世文编》之428卷中。

二、得罪高淮 远谪广西

在邑志的记载里，侯先春最后是因为"劾一巨珰"而被罢官。这个"巨珰"就是当时炙手可热的大太监高淮。

高淮本是在天津北京一带混的地痞无赖，不无野心，"自阉入宫"，并凭着心机和三寸不烂之舌，一步步得到万历的信任。万历二十七年（1599），高淮"奉旨"前往辽东，负责监管、征收辽东的矿税。高淮来到辽东后，对百姓、士卒的盘剥，跟李成梁如出一辙，有过之而无不及。扰乱商贸，控制马市，半价强买良马，高征商业税，使用一切手段巧取豪夺、敲诈勒索、搜刮民财，不遗余力聚敛财物。

后人在总结明朝灭亡的原因时，其中就说到明朝朝政之坏，就在由太监充当矿监、税监，打着皇帝的旗号疯狂掠夺，最终激起民变，而高淮正是一个显例。由于万历皇帝的暧昧袒护，高淮在辽东地区肆无忌惮地劫掠盘剥，在为皇帝敛财的同时也大肆中饱私囊。高淮在万历二十七年（1599）四月入辽，六月就激起开原民变。当时的辽东总兵是为人正直、颇有清誉的马林，他深厌高淮的专横跋扈，担心这个"阉人"会把辽东地区搅得四境不安，于是，马林向皇帝上奏"边务十策"，历数高淮的诸多罪行。但高淮反咬一口，捏造罪名诬陷马林，致使马林在万历二十九年（1601）被按了一个"凌辱"税监的罪名而被革职。

给事中侯先春深知辽东之弊，李成梁去职，本是革除弊端的契机，怎料又去了一个高淮。侯先春对高淮的恶劣行径深恶痛绝，于是上疏朝廷，为马林鸣不平。侯先春指出，辽东镇将是朝廷深思熟虑之后任命的，如果只是因为一个太监出于私心的纠斥就随意罢免，这是"非制"，不合制度。结果，万历皇帝大怒，不但将马林流放戍边，还将侯先春降职并贬谪到广西，调任按察使司照磨。侯先春告病未任，回到家乡，于万历三十九年（1611）去世。卒后，于天启二年（1622）赠太仆少卿。

三、结语

当侯先春阅视辽东时,侯父应昌曾去信训诫儿子:"辽左重地,勿负庙堂选择意。"且一再告诫,倘若"私分取分毫入山海关者,即为大辱尔祖,吾死而不愿闻此行也!"(《侯谱》三)"清廉"和"担当",这大概包含了真正的儒家文化熏陶出来的"君子人格"最基本的部分。又如万历时,在播州土司杨应龙叛乱平定后,时在谏垣的侯先春,写了《播州献俘疏》,疏请皇帝能赦免年十五以下者。此疏写成,侯先春希望自己的同事和上司都能签名,一起声援,但朝堂上下竟然无人愿自惹麻烦。"公愤乃独抗疏请。意必获祸,及得旨,竟从请。方命下时,诸孩稚皆将就刑,身首已画押。"①朝堂之上的奋不顾身,救下了千余无辜的性命,此所谓"为民请命"。

侯先春的著述,侯氏后人、清代的侯桢所撰《侯给谏年谱》,记录有侯先春先后所撰奏疏,其中有《条列转漕救荒十五策》《救荒十策》《江南北饥议遣官给赈》等,都是有关经世之策的。侯先春的著述多是此类。

周有壬《锡金考乘》"著述"下也记载有侯先春所撰《谏草存笥》,解题曰:"先春在万历间以直谏著,此其奏疏也。疏凡三十六,又抄参九……"②

侯先春跟顾宪成曾订为"金石交",时间当在二人参加"惜阴社"时期。明隆万间,被称为邑中文社之最盛者,就是"惜阴社",当时参与的有侯先春、顾龙祯、顾宪成、周子文等24人,兴盛一时。顾宪成与侯先春又是万历八年庚辰科(1580)同榜及第,故两人又是同年。但顾宪成罢官后在老家无锡重修东林书院,兴起东林讲会,关心国是、评议朝政,当声势越来越大时,据黄昂《识小录》记载,侯先春却并没有参与其中。其中原因,乃是侯先春不认同这种啸聚声张、扰动朝野的场势,认为这并不是什么好事,所以并不积极参与其中。由于后来东林党遭遇阉党诬陷而被剪灭,这或者会被认为是侯氏的明哲保身之举,但未必确切。从前文所述侯先春的阅视辽东,以煌煌万余言的《安边二十四议疏》建言朝廷,对辽东军政所提出的治理和改革思路等,可以看出侯先春是一个较为务实理性的人。而从其留存的其他奏疏,都是对实际世务的体察及思考,并能提出切实的解决办法,较少顾宪成等人的哲理思辨和文人意气,这样的个性和思想特征,应该是他不积极参与东林讲会的主因。

---

① 黄印:《锡金识小录》,台湾成文出版社1983年版。
② 周有壬:《锡金考乘》无锡文库第三辑,江苏凤凰出版社2012年版。

第二章

明末清初:侯氏家族的文化活动

——兼论清初无锡昆曲和词

明万历三十九年(1611)侯先春去世;来年,顾宪成也去世了。在顾宪成、侯先春相继故去之后的五十年左右的时间里,大明王朝日薄西山、气数渐尽,而无锡侯氏家族则积聚人文,在明清江南文化的共同涵育和激荡下,逐渐衍为一个文化大族,书香不绝。特别是清康熙年间,侯氏"亦园"的昆曲家班是本埠昆曲之盛的代表。此外,侯氏家族子弟是清代初期"梁溪词人群体"的重要成员,不仅词人众多,且在词集整理和出版方面具有杰出的贡献。

第一节 文章、行处独尚"高古"

——明末侯鼎铉叔侄

华藏山位于太湖十八湾之一"九龙湾"的环抱中,是一处山水名胜。南宋绍兴二十四年(1154),高宗皇帝敕葬循王张俊于此,并在墓左建家祠,高宗赐名"华藏褒忠显亲禅寺",这就是后来华藏山和华藏寺的由来。张俊墓在元代时即被盗挖毁损,家祠华藏寺也破败零落。约明代万历时期,侯先春在华藏山建山庄,并卒葬于此。据20世纪90年代的考古发现,华藏山曾完整挖掘出了侯先春夫妇的合葬墓。另外,侯先春二子也葬于此。

侯先春的长子侯世美早卒,去世时他的儿子侯鼎铉才八岁。在《侯氏家谱》中,保存有一篇侯鼎铉给自己的叔父及婶母所写的《行状》,字里行间的亲情,可知侯鼎铉在父亲去世后,曾有一段时间跟随叔父在华藏寺、碧云庄等处读书攻制艺。侯鼎铉在《行状》中饶有兴味地写了叔父的"三癖":"酒癖、音癖、山水癖"。叔父爱酒,常盘坐在华藏山"望湖亭"中对饮狂呼,畅快淋漓;叔父也爱玩水,大雨天赤足在山涧中行走戏水,忘情如孩童一般;而与叔父盘坐对饮、褰裳戏水的人正是鼎铉之父,叔父的大兄。叔父还爱音乐,洞知音律,但"每不能自歌。歌则喉间咯咯曰:此中有鬼。"可是一喝了酒,就又情不自禁哼曲唱歌。(《侯谱》卷三之侯鼎铉

《子诵叔暨婶氏顾孺人行状》）侯鼎铉在娓娓絮语中纪怀叔父的“心腹肾肠”同时，闪现叔父对“大兄”的情意，也寄寓了自己对父亲的深切怀念之情。

　　文章把叔父的可爱和浪漫以及与婶氏伉俪相得的动人景象刻画得栩栩如生，犹如清风扑面。“三痴”之写，如其自云，乃“如写生家颊上添三毫，奕奕有生气”，以传写其叔父“嵇阮后身”的风神。侯鼎铉留存的文字很少，但文采斐然，此篇风格有类于李梦阳的《梅山先生墓志铭》。文章不像一般“皆欲合道”的程式之文，满篇都是空洞的谀美之词和拖沓平板的生平叙述，充斥一股腐朽气息；而是“状其心腹肾肠”，“句不取饰，语不掩真”，写得活泼生动，轻快飞扬，是晚明小品文的亲切风格，故时人杨维节等谓其在文风驳杂的晚明，于文坛独尚“高古”，是一股清流。

　　值得注意的一点是，侯鼎铉在写到自己的婶母时，认为叔父的酣放疏宕，尤其不令“龌龊物”搅乱胸怀的行止，全仰仗婶母的理解和成全。婶母曰：“男儿自适意耳，何儿女态为？但一丝一粒，吾自习之。”侯鼎铉感慨曰：

　　“今日之获有瓯脱，弗堕先人业者，纤毫皆婶力也。嗟乎！不有婶之勤俭操作，安能成叔之高旷不羁也。”（同前《行状》）

　　字里行间充满着对家族女性长者的尊重和钦敬。

　　《侯谱》卷四，还有一篇侯鼎铉所写的《彦哲弟吴太孺人合传》，彦哲即叔父子诵公之子。彦哲幼时曾与侯鼎铉之弟同塾读书：“余课余胞弟仲长弟，弟亦长兄事余。”彬彬君子，端凝幽穆。彦哲素喜抚琴静心，侯鼎铉记述子诵公与彦哲同舟北上时：

　　“吾叔故豪于酒，快饮达曙，弟携小童，抱素琴，孤坐枯柳浅沙，月明沙白之下，横膝弄琴，以候吾叔就枕偕行。友人每日子诵襟怀高旷，彦哲神情澹远，父子异趣，要归同致。”

　　以极为简省的笔致，塑造了一个“碧水青山近揖为友，琴嵇啸阮遥集为朋”，孤行一意、自适自怡的高逸之士的形象。而且，与前篇旨趣相同的还有，侯鼎铉也把堂弟的才性德行，归之于弟妇吴氏的善综理家政，“织婢耕奴，井井不紊”，“则吾叔与弟其高旷，同得贤内助以赞成之者，事亦略同。”

　　侯鼎铉的母亲王氏，在丈夫去世时，一子幼、一子尚在腹中，抚二孤成人，教养成立，付出的艰辛和忍耐非常人可想，这些坚韧的家族女性是侯鼎铉思想中女性尊重意识建立的基础。侯先春和侯鼎铉祖孙俩，都认识到儒学寒素门第中，家族男性的成才和品德人格的养立，是有赖于家族女性的榜样的力量，和女性无私坚韧的付出和成全是分不开的。

　　侯鼎铉（1596～？），字伯远，原名宗源，万历四十三年（1615）举人。崇祯十年丁丑(1637年)春闱及第,明末大儒福建黄道周(1585~1646)分考《诗》一房,是侯鼎铉的房考师,算是黄的弟子门生。明清鼎革之际,黄道周在南京被害,黄的长子黄子平及弟子赵之璧等前往金陵收拾黄道周骸骨,侯鼎铉与武进人陆自岩等也相助寻查。

侯鼎铉年少时跟随叔父在华藏寺及其叔父的别业"碧云庄"等处读书攻六艺;明亡后,拒绝出仕,僧装一袭,隐居于此处,读书撰文,吟赏烟霞。侯鼎铉的叔父侯世芬,是侯先春第三子。侯世芬妻子顾氏,系苏州顾氏之后。《锡金县志》"祠墓"下记有侯世芬者,侯先春之子,居"碧山庄","栖息于此,琴歌酒座,跌宕风流,著有《栖碧吟》。"

第二节 "亦园"里搬演昆腔新声
——侯杲侯文灿父子的词曲活动

《牡丹亭》里,杜丽娘幽怨地唱:

"似这等花花草草由人恋,生生死死随人愿,便酸酸楚楚无人怨。"

这份哀怨,唱出了明代文人难以排遣的幽怀。

像唐诗宋词一样,昆曲是明代文人寄寓情感、挥洒才情、逃遁现实的诗意世界。明清时期,在繁富的商业经济支撑下的江南,当政治生态环境转差时,文人士大夫便选择退居山水田园之间,营造精致幽雅的园林,在深深庭园中听曲、度曲,甚至自己编一部传奇搬演。这一切在当时几乎成为文人追求清雅生活、追求时尚的代表和象征。

一、无锡昆曲历史溯源

明清时期的无锡,是江南富庶区,人文渊薮地,艺文之盛,曾领一时风骚,特别是昆曲雅音,余怀(1616~1696)在《寄畅园闻歌记》里曾这样描述:

"盖度曲之工,始于玉峰,盛于梁溪者,殆将百年矣。"①

长期寓居金陵、苏州等地的余怀,从万历末一直活到了康熙中,他生活的这个时期,正是江南昆曲最盛的时期,也是无锡昆曲发展的黄金时期。在这个时期,有两大段落是无锡昆曲史上的重要节点。

首先,万历时期,本埠的邑绅巨室多蓄优童。

---

① 张潮:《虞初新志》,河北人民出版社1985年版。

据《锡金识小录》记载，当时的豪右数十辈人人都家蓄歌伶，竞相比攀，如邹望家有歌伶二十余人，葛救民家则有所谓"十二钗"，曹梅村也是"吾家歌儿数十"；其他如顾可学、冯夔、俞宪、安如山、谈恺、朱玉仲等，家中也都蓄养为数众多的歌伶，称一时之盛①。有学者认为，当时诸家歌伶都是采用北曲演唱②，可为一说。黄卬在书中还提到邹望家歌伶最善者名叫柳逢春、江秋水者，邹望曾对人艳称：

"其尝入留京旧院，诸妓见之皆失颜色，争投香扇玩弄之物，以要之月夜歌于雨花台，趣听者万众，几为魏国公所夺。"（同上）

这里所提及的金陵旧院，是明代官妓居所，即余怀《板桥杂记》所记："旧院，人称曲中，前门对武定桥，后门对沙库街。妓家鳞次，比屋而居。屋宇清洁，花木萧疏，迥非尘境。"③明初，旧院人物多有元蒙姓氏没入者（王士禛《池北偶谈》），嘉靖以前固以北曲为主，但万历以后旧院诸妓"串客"演戏者，已大多是串演昆曲为主。

此外《锡金识小录》引《簪云楼杂说》所记，云陈筼塘"音曲妙天下"，并能"串客"演戏，在都门春宴时，应主司之邀"遂演伯喈辞朝。及登场，态既韶令，词旨调畅，四座莫不心折。"（卷九）陈筼塘（1541～1624，名幼学，字志行），万历十七年（1589）进士，与高攀龙同榜，且与顾高同在东林讲学，是"东林九君子"之一。陈筼塘串演的"伯喈辞朝"，是元末高明《琵琶记》的一折，为南戏，这是无锡士大夫"串客"演戏的例子，且陈筼塘所熟习的曲目当不在少数。另外，邹迪光之子邹公履放诞孟浪，也能时时"阑入梨园，氍毹上为'参军鹘'也。"④

由此可见，万历时期无锡本埠家乐当是以南曲为主，间有北曲，这是当时文人士大夫的趣尚。而当时家乐最盛者便是邹迪光（1549～1625）"愚公谷"里的度曲。邹迪光从万历二十年（1592）湖广提学副使任上罢归后，开始在惠山之麓筑"愚公谷"，蓄养家班，征歌选曲，与天下名公巨学优游唱和三十年，并亲自指导歌伶演唱。"愚公谷"家乐，其有两点对后来的无锡昆曲影响深远：

一是"始于玉峰"的传统。魏良辅在嘉靖时期"啭喉押调，度为新声"时，魏氏高足中，"惟梁溪人潘荆南独精其技，至今云仍不绝于梁溪矣。"（余怀《寄畅园闻歌记》）当时同邑顾渭滨、吕起渭、陈梦萱等数人精通音律，皆以箫管称绝，当这些人常常相从游处时，必以箫管合曲，尽日切磋，"宗魏而艳新声"，形成无锡"唱口"最初的特点，一时竞相传习。至邹迪光家乐的师傅，便有潘少荆、陈奉萱者，当是

① 黄卬：《锡金识小录》，台湾成文出版社1983年版。
② 刘水云：《明清家乐研究》，上海古籍出版社2005年版。
③ 余怀著、李金堂校注：《板桥杂记》上卷"雅游"，上海古籍出版社2000年版。
④ 余怀著、李金堂校注：《板桥杂记》下卷"轶事"，上海古籍出版社2000年版。

先时那些曲家的传人。

二是精通音律的文人(邹迪光、屠隆等)直接参与歌伶的演习,"曲先正字,而后取音",先以古典音韵原理对昆腔字音加以"淘澄";演出时又要求做到"不科不诨,不涂不秽,不伞不锣",形成以"静"以"清"的特点。邹氏梨园这种"风雅"品格,符合文人士大夫的审美趣味,也奠定了以后昆曲"文唱"的特点,故有"谚云'无锡莫开口',谓能歌者众也。"①

明代潘之恒还提到在昆腔演唱中"无锡媚而繁"(潘之恒《鸾啸小品》)的唱口特点,这不禁让我们想到上文提到的侯鼎铉的叔父,他喜欢唱的应该正是昆曲而不是山歌。因为只有昆曲,须解音律,而"转音若丝"时,又须得一副好嗓子,否则"咯咯"作响,岂不是如"喉间有鬼"哉!

邹迪光去世后,"邹氏梨园"子弟星散,虽然"今田皇亲家伶生、净,犹是锡山老国工也。"②康熙《无锡县志》卷十《风俗》也记载:"自明万历中,邑大姓以梨园之技擅称于时。其人散至四方,各为教师,孳乳既多,流风弥盛。"但无锡昆曲的全盛时期也渐趋消歇,崇祯时期仅存以唱"清曲"为主的文人之"曲局"。

二、"亦园"与"侯氏家班"

明清易代,风流散入寻常家。康熙年间,无锡昆曲进入第二个繁盛的时期。这个时期,江南文人在被新朝的冷落和高压钳制的惊惧之下,又纷纷回归田园山林,听曲赏画之余,诗词唱和不绝:歌曲里缅怀前朝风月,诗词外寄寓人世沧桑。以秦氏"寄畅园"和侯氏"亦园"为代表,前者寄迹了诸如苏昆生辈前朝老曲师,后者则有万树等著名曲家被邀集园中,搬演新剧。当时的梁溪一地,"声歌宴会,推一时之盛"。

秦氏寄畅园的声伎,不仅有出色歌伶六七辈,园中曲师深得"苏人徐君见之传,亦极一时之妙。"(《锡金识小录》)且明末著名曲师苏昆生亦留居于园中数年。从吴伟业《秦留仙寄畅园三咏》《同姜西溟严荪友顾伊人作》等诗作,以及张夏、陈维崧、尤侗等人的寄畅园(秦园)题咏之作可知,当时以诗词文会和度曲听歌为内容的"寄畅园雅集",曾吸引了吴地文人圈子里众多名士积极参与。余怀记述自己在寄畅园闻歌时,歌伶呖喉歌唱,如莺声呖呖,感慨"良辅之道,终盛于梁溪。"

除了秦氏寄畅园外,顾宸、顾彩父子"辟疆园"也有声伎,顾彩是著名曲家,曾久居孔尚任府中,为孔氏《桃花扇》出力。但若论规模大、搬演最盛者,莫过于侯家

---

① 黄印:《锡金识小录》,台湾成文出版社 1983 年版。
② 史玄:《旧京遗事》,北京古籍出版社 1986 年版。

的昆伶家班及亦园中"百尺楼"的演剧。

"亦园"的主人是侯先春的曾孙侯杲（1624～1675，字霓峰），曾官至刑部郎中。侯杲修筑"亦园"的具体时间，根据侯文燦所写的其父侯杲行述，应在康熙三年（1664）之后。这年侯杲在浙江宣平令任上量移改官，恰遇母亲去世，便留在家中丁母忧，并侍父疾，期间即在城中映山河北岸侯家宅邸旁的隙地开"亦园"，奉父其中，一时"故交老友，相与欢笑，以娱永日。"（侯文燦《霓峰公行述》《侯谱》卷四）。侯杲筑园聘请的是当时的造园名家华亭张鈇，张鈇在无锡曾应秦家之邀而改筑寄畅园，侯杲的园林因仿寄畅园为之，故名曰"亦园"（《无锡县志》卷七《园亭》）。园内筑亭台楼阁，凿石泉陂池，时任无锡知县的吴兴祚写有《亦园"避尘处"小记》。

侯杲兴筑"亦园"当有两个时期，第一阶段是康熙三年（1664）至五年（1666）之间，即上述丁母忧居家期间。第二阶段是康熙十年（1671）到十五年（1676）之间，侯杲丁父忧，服阙后便不再赴任，直至去世，这期间对"亦园"建筑当有所增益。亦园内建有一座戏台"百尺楼"，是亦园的度曲、演剧活动的主要场所。在侯杲家居时期，一时文人雅士咸集亦园，在诗酒唱和之余，"呼小奚数辈，度曲侑欢"，在"百尺楼"台搬演昆剧，演戏的即是侯杲在亦园蓄养的家乐昆班。黄印《锡金识小录》卷十记载：

"国朝惟侯比部杲梨园数部，声歌宴会，推一时之盛。"

"侯家戏班"演出了哪些昆曲剧目？侯家班的声伎水平如何？留存的资料极少，很难稽查。当时的无锡知县吴兴祚跟侯杲关系极好，"亦园"建成后，吴兴祚写有《侯比部仙蓓新创亦园索咏》组诗10首，记述亦园"销魂最是氍毹上，乱舞灯光一片红"（其一）的昆曲演出活动。

（其二）"落花乱向绮筵飞，急管繁弦奏夕辉。漫道亦园多胜事，主人忘客客忘归。"

（其三）"樽前窈窕玉为姿，不信君家有雪儿。此夜酒狂人尽醉，不知何处系相思。"

（其五）"行云一片遍长空，檀板轻喉小院东。曲尽悄然回首处，牡丹枝上月朦胧。"

（其七）"一派柔情入画图，诗难题处字难呼。人前更欲翻新调，不唱江南旧鹧鸪。"

（其九）"蒲阳首唱花卿句，杜子情痴绿牡丹。试问南皮高会客，几人解识共盘桓。"

（其十）"屏开孔雀试新讴，仿佛当年十二楼。过眼繁华如电疾，令人惆怅碧山头。"

在吴兴祚这组诗歌中,首先是提到了侯家的歌儿。据南宋张淏《云谷杂记》卷三记载:"雪儿,李密之歌姬,能歌舞。每见宾僚文章有奇丽中意者,即付雪儿,叶音律以歌之。"[1]吴兴祚用此典,是赞美侯氏家班中的歌伶声伎之美,檀板轻喉,行云遏响。另据《全清词》(顺康卷)所录,侯杲有《小秦王》词一阕,题下有注:"戏赠招官、越西两女伶,时演《李卫公传》。"侯杲词中既提到亦园中招官、越西两位女伶,又提到当时演出的是《李卫公传》一剧。

其二,吴兴祚诗"蒲阳首唱花卿句,杜子情痴绿牡丹"两句,前句"花卿句",指的是杜甫《赠花卿》诗:"锦城丝管日纷纷,半入江风半入云。此曲只应天上有,人间能得几回闻。"这是写家班演出时,有客人先唱了清曲"半入江风半入云",而后搬演明末吴炳(1595～1648)的著名传奇《绿牡丹》。"亦园"所演昆剧,另据跟侯家关系密切的华侗所写《摸鱼儿·和万红友登亦园翠舆楼望雪韵,时家伶奏粲花主人杂剧》一词,可知吴炳的传奇是"百尺楼"演出时的常选曲目。

吴炳(1595～1648)字可先,号石渠,晚号粲花主人。

其三,吴兴祚提到"人前更欲翻新调,不唱江南旧鹧鸪""屏开孔雀试新讴,仿佛当年十二楼"云云,这些诗句,说明当时"亦园"演剧时对新创剧目的热衷,如侯杲提到的《李卫公传》,虽然不清楚其内容,但属新编戏文则无疑。

清代江南士大夫及豪富之家蓄有家班的不在少数,以清初顺康两朝而言,顺治朝国中有家班17家,至康熙朝猛增至107家,如南京的李渔家班、扬州的吴绮家班、苏州尤侗家班等,都是名噪当时,而侯杲家的"声歌宴会",能"推一时之盛",吸引众多听曲成精的文人聚集一处,应当唱演俱不俗。

另外,据侯杲所写《理卿公状略》,其叔父理卿公是华凤超(允诚)之婿。当顺治六年己丑(1649)侯杲进士及第后,理卿公遂绝意进取,教子读书,余暇时便"编篱架石,莳竹灌花。选童征歌,赏工摘误。每遇花时烂漫,置筵召客,竹肉竞发。"(《侯谱》卷四)据此记载,则侯氏声歌从顺治时便开始了。

三、侯杲与吴兴祚、万树的交谊及演剧活动

侯家"亦园"有两个常客,一个是时任无锡知县的吴兴祚,一个是清初词曲家万树。这两个人,吴是善听曲的,万是善写曲的。

吴兴祚(1631～1697),字伯成,号留村。在山东沂州知州任上,因平白莲教之乱不力,在康熙元年(1662)降补无锡知县,并在无锡知县任上达十三年之久。他跟儿子吴秉钧在居留江南时,与吴地文士交游甚得,最喜聆曲按拍,并"多阅老伶

---

① 张淏著、张宗祥校录:《云谷杂记》,中华书局1958年版。

奏伎,洋洋盈耳。"吴兴祚跟侯杲私谊甚好,如侯杲之子侯文燦(1647～1711,字蔚毅,号亦园)所云:"吴公与先大夫平日意气相许,爱逾骨肉。"(侯文燦《霓峰公行述》《宗谱》卷四)侯杲去世,吴兴祚写祭文追怀彼此"十年气浃",并以晚辈身份感念云:"祚忝樗材,待罪兹邑,交好愈深,提命常及于兹。"(吴兴祚《祭文》《侯谱》卷四)并提及宾主间"东山丝竹,西山诗书"的交谊。

吴兴祚与侯杲两人相识十载,不仅爱好趣尚相同,而且意气投合,情谊深厚。受到江南士大夫的影响,吴兴祚除了是"寄畅园"和"亦园"雅集文会的常客,也在其府衙内的"尺木堂""听梧轩"及惠山的"云起楼"等处,时时召集雅集,诗词唱酬之外,度曲赏音。由于他无锡县令的身份,故能邀约吴中文士名流前来,故"为文酒之会,五邑同人大集惠山,极一时歌舞嬉游之乐。"(陈玉璂)当时吴伟业、吴次园、温体仁、余怀、陈维崧等都曾是吴兴祚"尺木堂"的座上客。到后来,吴兴祚在两江总督任上时,就有了自己的家班和创作团队,这些人大部分是江南文士。

概言之,吴兴祚在无锡知县任上,对无锡艺文的贡献有两个,一是在无锡本地资源基础上,利用其政治影响,建立起一个吴地文人集聚文会的高地。二是把吴地的文人和词曲活动(词社和昆曲)带入岭南,造就江南和岭南文人在文学创作和昆曲创作以及与演出活动的交融。

而清初在词曲方面颇有建树的宜兴人万树(1630～1688,字红友,一字花农,号山翁等),则在康熙十三年(1674)以前,有一段时间生活在亦园,与侯杲、侯文燦父子切磋词曲。据侯文燦描述,万树与侯杲交情深笃:

"与荆溪万红友,倾盖即缔石交。丙午偕北行,晨昏握聚四阅岁,忘形式,好如昆弟也。"

"先大夫于缟纻谊最笃,而生平终始称道义交者,尤推红友。"(侯文燦《霓峰公行述》《侯谱》卷四)

万树跟侯杲父子的相识,当在此提到的"丙午"年(即康熙五年,1666)。因为,侯文燦"于野堂"所刻万树之《璇玑碎锦》(康熙三十四年刻)的序言,曾提到一件事:"丙午夏,红友制《璇玑碎锦》一百种,镂心刻骨,穷极工巧","是岁蔚毅(文燦字)、夏若(文燿字)昆季相招同过梁溪"。此序是万树和侯文燦共同的好友、僧人宏伦所写。宏伦在序言中还提及,万树携带自己苦心孤诣的这部书稿,准备请序于霓峰先生云云。而这年的秋天,侯杲丁母忧服阙,便赴京履职:"丁未(康熙六年,1667),公补为仪制司主事"(宋德宜《霓峰侯公墓志铭》《侯谱》卷四),并侯文燦、侯文燿兄弟随侍京邸。"丙午偕北行",是说康熙五年的秋冬时节,万树在侯杲的建议下,也随侯杲父子进京。《宜兴县旧志》曾载万树"以国子生游都下",学者认为是在顺治时期;但严迪昌先生《万树三考》中认为万树第一次到京城的时间是在康熙七年（1668），缘严迪昌先生此说，则万树第一次游京华即当是与侯杲父子此次的"丙午偕北行"，故关于万树第一次到京城的时间，则应当系在康熙五年末或六年初。另外，侯文燦以贡生入国子监，后来又提到自己跟万树"昔与红友同学久"（侯文燦《名家词集序》《侯谱》卷十），则二人"同学"的经历似只这一段时间有可能，因为此期之后的侯文燦与万树都没有久在一起同学的时间和经历，而此期之前侯文燦又太年幼。

万树"三载住京华，百度家书寄"（万树《生查子·家书》），与侯杲父子在京城相处了三年，一是应试、寻求出仕的机会，二是兼做幕僚，解决家计。侯杲待万树亲如兄弟，"在燕邸即议与结子女姻"。但侯杲在康熙庚戌（康熙九年，1670 年）礼部试（即春闱）时充任提调官，负责科举考试相关事宜；因工作格外勤勉，故"闱事甫竣，即升刑部正郎，旋受浔阳榷关之命。"（侯文燦《霓峰公行述》《侯谱》卷四）科考无望，又侯杲的外任，万树也带着深深的失意离开京城返家："落魄长安秋又老"（《南乡子·同怀蓼叔自都门至广宗署》）。

在回乡途经巨鹿时，因其叔父万锦雯在广宗县做官，万树便在叔父署中居留了一段时间。正是在署中，偶尔听到有人唱吴炳《疗妒羹》的曲子，万树觉得演唱时咬字、音韵都不准确，于是加以指出，而"诸伶以余究心南北曲，多所就正，余为援谱窜定音读字节"云云。这些都记录在万树的《宝鼎现·闻歌疗妒羹有感，有序》①一词长长的序言中，由此序言还可以知道万树后来曾经整理审订其舅氏吴炳（即粲花主人）的作品，并且使得曲文腔格不再"捩折嗓子"，而是婉转可歌。

吴新雷先生认为，万树后来创作《风流棒》等传奇剧，是与他在亦园中观摩侯氏家班的经验密切相关的。有人甚至推测，万树在亦园时即可能开始尝试写传奇，或已经在亦园的"百尺楼"上试演。这些推测无文献可稽，但万树的戏曲活动当早于入吴兴祚幕府时期，这是可以确定的。侯杲在去世前的两年间，恒与亲知过从"整觞度曲""以棋酒竹肉，逐日遣怀"，诗词唱和外，万树为度曲之"援谱窜定音读字节"。具体来讲，万树前期是对其舅父粲花主人吴炳的传奇剧本进行整理和对曲文做订谱正音的工作，随后就在亦园"百尺楼"正式搬演，此即上文华侗《摸鱼儿》词记述的"时家伶奏粲花主人杂剧"云云。而后期则应当创作一些短剧，交付侯氏伶班排练演出，这就是前述吴兴祚诗歌中所提到的"人前更欲翻新调，不唱江南旧鹧鸪"之所指。当时在侯府中的宾客，有此度曲才能的，最有可能的就是万树。

另外，万树在侯杲去世后离开亦园，在其去吴兴祚福建幕府前，先北上山西一

---

① 《全清词》（十），中华书局 2002 年版。

带浪游,其《透碧宵·闻宫裳小史新歌》记在晋地听歌伶宫裳唱曲,感叹其"竟协南音":"酒余辄谱新声,授令度之。计得传奇四部,小剧八种"①。后来,时任襄陵令的徐筠皋邀请万树入幕,万树在徐筠皋幕中又待了一段时间,万树有《琵琶仙·赠徐筠皋明府》,词题下有注文:"时令襄陵,余为制《藐姑仙剧》,付诸伶歌之。"②

万树从叔父署中回来后,有较长一段时间居住在亦园,与侯杲侯文燦父子以及围绕侯氏父子的梁溪文人圈子相处。尤其与梁溪词人华侗(字子愿)、陈大成(字集生)、侯文曜(字夏若)等感情甚密,彼此唱和之作颇多。华侗是侯杲的妻舅,又是儿女亲家。陈大成(集生)则一介布衣,"家无儋石,而性喜结客,恒质衣沽酒为乐,著有《树影楼词》。"(丁绍仪《听秋声馆词话》卷二十)侯文曜则是侯文燦之弟。与当地文士结成好友,他们之间的往来唱和,也促进了阳羡词派和梁溪词人群体在词风、词论上的相互交流、借鉴和融合。

万树的舅舅吴炳(1595~1648,字可先,号石渠,晚号粲花主人),是明清之际著名戏曲大家。吴炳所写的戏有《西园记》《疗妒羹》《绿牡丹》《画中人》《情邮记》等,这五部是流传最广的,后人合编为《粲花斋五种曲》。据前引万树《宝鼎现》一词序言,万树少育于母家,随辞官乡居的舅舅吴炳读书,也见过舅氏的家班演剧的情形:

"(吴炳)教诸童子于五桥石亭之间,拍新撰以娱老"。

"自学语时从先宜人归宁,即得饫闻,不觉成诵"。

除了舅氏吴炳外,万树的姨夫路迪(字惠期,号海来道人,宜兴人)也是明末清初的戏曲家,有《鸳鸯绦》传奇。自小的耳濡目染,以及当时江南士大夫写剧、养家班的风习,成为万树日后从事戏曲创作活动的土壤,故吴梅《顾曲尘谈》说得很直接:"其词学得诸舅氏""拥双艳三种皆石渠之余绪也。"③

正是在侯府的亦园,吴兴祚与万树相识结缘,后来吴兴祚担任福建巡抚及两广总督时期,万树即被邀入吴幕府,深得吴氏信任和赏识,特别是在岭南肇庆总督府中,吴兴祚的"一切奏议皆出其手,暇则制曲为新声。甫脱稿,大司马即令家伶捧笙璈,按拍高歌以侑觞。"(《增修宜兴县旧志》卷八)万树传奇创作的高峰即在吴幕时期,特别是康熙二十五年所写的《风流棒》,集南北曲之美,曲辞瑰丽,被公认为万树最好的一部传奇。

清康熙时期,无锡的文人士大夫精通音律、雅好昆腔者尚众,士大夫蓄养之歌

---

① 《全清词》(十),中华书局 2002 年版。
② 《全清词》(十),中华书局 2002 年版。
③ 吴梅:《顾曲麈谈》,上海古籍出版社 2000 年版。

伶家班,有秦氏"寄畅园"和侯氏"亦园"的声伎之盛,但"度曲之工"已远不如前,即黄印所说的尚不及明末邹迪光家班的十分之一。

四、侯文燦的词集刊刻及其他

如果说侯杲与万树是"道义"交,那么侯文燦与万树则亦师亦友。

据万氏宗谱,万树生于崇祯庚午(1630 年),而侯文燦(1647～1711)则生于顺治四年丁亥(1647)。当侯文燦出生时,万树已经十八岁了。万树一生漂泊寄食,其幕客生涯,前期主要与侯杲侯文燦父子相善,后期主要在吴兴柞幕府生活。侯文燦与万树有一个共同的爱好,那就是对诗词音律的钻研。侯文燦在后来自己编选的《名家词集序》中提到:"余岂知词者,昔与红友同学久,因得于审音顾曲,稍涉藩篱。"(《侯谱》卷十)

1. 与万树的交谊及《词律》的编纂

万树早在康熙初即醉心于词律研究,他在《词律》序言中曾提到:"戊申、己酉间,即与陈检讨论此志于金台客邸。"①(《自序》)康熙七年戊申(1668)、康熙八年己酉(1669),这时万树正随侯杲寓居京城,序言中提到"金台"当即指此。根据序言内容,可知万树在京城遇到陈维崧(1625～1682,字其年)时,跟陈谈起自己想编纂词律、廓清谬讹的想法。具体做法是以唐宋词为范本,由陈维崧亲自创作恢复词牌,万树则著书示以规范。② 但这段"天作之合"很显然没有得以实现。随着侯氏父子在康熙九年(1670)离京赴江西九江榷关任职,万树也在秋天时离京。

随后,侯杲在康熙十年到十二年间,丁父忧居家,到"癸丑(康熙十二年)冬服阙",按例当诣京候补,但侯杲以病辞,在籍养疴。侯文燦记述自己从康熙十三年(1674)奉侍父亲,与万树"日坐亦园,始共事词律。"(侯文燦《名家词集序》,《侯谱》卷十)故万树应该在康熙十三年时又到侯氏亦园,跟侯文燦共同探讨词曲格律,一方面帮助侯文燦开始编选唐宋《十名家词集》,一方面着手《词律》的写作。

但第二年,即康熙十四年(1675)的闰五月里侯杲病故,到九月下葬,侯文燦要营办父亲的丧事,故编纂《词律》等的工作都只得停下来,万树不久也离开亦园。但在康熙十五的冬天(1676),万树写有《摸鱼儿·登侯园翠兴楼望雪》,词作有一段词序,云:

"丙辰嘉平余将归荆溪,暮雪大作,积欲盈尺,同彭园叟、吕柏庭过亦园,登楼四瞩,城堞亭台,皎焉如画,而龙山玉立,入天无痕,相与叹为胜观。因怀曩时每从

---

① 万树:《词律》卷一《自序》,上海古籍出版社 1884 年版。
② 清水茂:《清水茂汉学论集》,蔡毅译,中华书局 2003 年版。

仙蓓仪部觞咏于此,今且墓草宿矣。流览之余,缅然有作。"①

　　这段话是说康熙丙辰十五年的腊月,万树跟朋友过访亦园,想起跟故友的曾游之地,今天却成了故友安息之所,内心不由感慨生命无常。这是万树最后一次来亦园。就在这次见面时,万树跟侯文燦又谈起《词律》,这就是万树在《词律·自序》中提及的"丙辰丁巳之际,因过侯盐官亦园,昉此事于蓉湖草堂"云云。但此时侯文燦似乎无暇顾及,因为侯文燦在安葬父亲之后,也准备离开亦园。

　　康熙十六年丁巳(1677)初春,侯文燦赴京选官,万树也与之同行。两人在山西尧都(今平阳)分手,临岐黯然,一个北上谒选,一个则又开始了客居四方、漂泊游幕的生活。分别时万树有词写道:

　　"离情从此。何日重看,亦园鱼鸟。""碣馆烟深,五年颓放羞重到。为余凭吊望诸君,屠狗人空老。"(《烛影摇红》)②

　　词写得非常伤感。怀念曾经在亦园的日子,想此番离别,不知何时才能重到故地;可是,碣馆烟深,又是害怕再次踏上的地方;从今往后,赏景与凭吊故友,只有请你们诸位代劳了。"碣馆"本借指王侯府第,这里是万树对侯府的雅敬之称。万树的女儿和妻子曾经在短时间里相继故去,词里提到的"五年颓放",或是指的这些家庭悲事。

　　万树《词律》的纂修,是后来到吴兴祚幕之后又重新继续的,最后在吴兴祚的资助下,《词律》终于在康熙二十六年(1687)付梓刊刻,从此倚声度曲,"以文则竹垞之《词综》,以格则红友之《词律》"③。但丁绍仪《听秋声馆词话》等,一方面指出《词律》的廓清之功不小,同时也指出了诸多不足:"万氏《词律》成于岭外,所见之书无几,采列各调,亦多录自汲古阁本。"④由于所据版本未为精良,又加上未经细校即付刊印,故讹错甚多。

　　《词律》刻成后,万树也远寄给侯文燦,令侯文燦感慨万端:

　　"云昔余二人所订词律,今已付梓人矣。余每一展卷,未尝不徘徊讽诵,三复而不能已也。"(侯文燦《名家词集序》,《侯谱》卷十)

　　要指出的是,万树的《词律》编纂之初,侯文燦除了提供家藏文献资料外,还曾一起共研探讨,所以一直有学者认为《词律》的编纂也有侯文燦的一份功劳在内,读侯文燦此序,当不为虚言。另外,严绳孙给《词律》作序时,也提及自己在到岭南

---

　　① 《全清词》(十),中华书局 2002 年版。

　　② 《全清词》(十),中华书局 2002 年版。

　　③ 万树:《词律》卷一《严绳孙序》,上海古籍出版社 1983 年版。

　　④ 丁绍仪:《听秋声馆词话》卷一、卷十三、十四,多有指出万树《词律》的错讹。

见到此刻前,已"昔闻其书,未见也",则至少万树与侯文燦一起修纂了《词律》的一部分。

2. 唐宋词集的刊刻

康熙二十八年(1689),即万树《词律》刊刻的两年之后,侯文燦编纂的十卷本《十名家词集》也完成刊刻。唐宋人词集的丛刻,始自明末毛晋《宋六十名家词》。后人但闻毛刻之名,而鲜知侯氏此刻。《十名家词集》原刻本有顾贞观的一篇序言,顾氏对侯氏此刻有很高的评价,主要体现在三个方面:

其一,选善本,善校勘。顾贞观认为,毛氏之刻"其中字句之讹,姓名之混,间不免焉。"而侯文燦"于长短句独有玄赏",所刻之十家之词"皆藏弆善本。集中之为讹且混者绝少,真可补毛氏所未及。"①。以宋代张子野词集为例,侯文燦亦园"于野堂"刻本和乾隆《四库全书》葛鸣阳辑本,二本皆出自《安陆集》,但"四库本"只收词68首,而侯氏"名家词本"则有130首,较为完善,并末附东坡的题跋,故阮元云:"要不失为善本也。"②

其二,选词家倾向于情韵胜者。顾氏认为,从当今(清初)词坛而言,"今人之论词,大概如古人之论诗",不外乎"主格"和"主趣","主格者"如"七子"一味摩古;"主趣者"则如"公安"之追求写意。而在词的创作倾向上,"迩者竞起而宗晚宋四家"(按,即晚宋姜夔、张炎、吴文英、史达祖。浙西词派所宗),倾向于对词的格律音韵的追求,"要其得失,久而自定"。顾贞观的词学观倾向于情韵兼胜者:"余则以南唐二主当苏李,以晏氏父子当三曹,而虚少陵一席"云云,侯文燦之选择词家,趣味恰与顾氏同,"大概情致绮靡、杨柳岸晓风残月之什"(黄蛟起《亦园公名家词集题辞》,《侯谱》卷七),如选入南唐二主词、冯延巳词、张先词、贺铸词等等。而据侯文燦自己所撰《名家词集序》也说:"近顾梁汾先生从京师归,知余有词癖,出《阳春》《东山》诸稿见饷",可见顾贞观不仅直接慷慨赠予自己珍藏的异代旧椠,一方面"抑余更有取焉",二人词学审美趣味彼此影响,另一方面或间接影响到侯文燦选词的标准。从这个角度而言,研究"梁溪词人群体"的词学理念,应当把侯文燦此选纳入考察的视野,至少在顾贞观词学思想的研究中,应当注意这篇序言,正如况周颐所云:此序"论词见地绝高。"王兆鹏先生曾指出:

"曹贞吉、纳兰性德、顾贞观三家,在康熙词人中均以自抒情怀、不主一格而独具面貌,是阳羡、浙西二派之外的清初大家。虽然他们并未正式树帜词坛,别创流

① 况周颐:《蕙风词话续编》卷一"顾梁汾序侯刻词",人民文学出版社1982年版。
② 阮元:《四库未收书目提要》卷二《名家词十卷提要》,商务印书馆1955年版。

派,但其实已明显地呈露独抒性灵的特点。"①

其三,侯氏之选词,十名家词集计南唐二家,宋五家,元三家,罗列如下:

南唐二主词　南唐·李璟李煜

阳春集　南唐·冯延巳

子野词　宋·张先

东山词　宋·贺铸

信斋词　宋·葛郯

竹洲词　宋·吴儆

虚斋乐府　宋·赵以夫

松雪词　元·赵孟頫

天锡词　元·萨都剌

古山乐府　元·张埜

侯文燦遴选词家时,正如顾贞观所云:"不执己,不拘人,不强分时代,令一切矜新立异者之废然返也。"侯文燦此选,于南唐三家词的保存有不没之功;于宋词不唯"名家"是选;于今人视而不见的元词也采选:"古词专集,自汲古阁六十家宋词外,见者绝少,然私心未惬也。"侯文燦所选此十家,都是汲古阁未刊本,可见其欲补汲古阁六十家宋词之不足的深意。

清代是词学的中兴时期,而对于前代词人专集的整理研究,最著名的有五大丛刻,侯文燦《十名家词集》导其先,而如王鹏运、朱孝臧等人的其他四种,一并都要到清末出现。

此词选本今存,藏于南京图书馆。

3. 清前期梁溪名贤词选

侯文燦还编刻过一本八卷本的词选:《亦园词选》,康熙二十八年(1689)刊刻。词选所录词家共 280 家,900 余首,主要是当时跟侯氏父子兄弟有交往并有唱和的词人词作,具有词总集的性质,是了解顺康时期梁溪词人群体的创作活动不可忽略的文献。在侯文燦选词编纂刊刻的过程中,同样也是万树挚友的宏伦,是侯文燦的主要帮手。

《亦园词选》在选择词家时较散,且多名不见经传者,每家入选词作也大多止一二首,但此选的好处也正是在此:一是可以了解在康熙前期梁溪词坛创作的繁荣局面;二是可以了解苏松常文人之间因地缘、亲缘及人缘(主要是师友)所形成的交游圈;三是因文人之间诗词唱和而形成的彼此交流和互动的情形,并由此促

---

① 王兆鹏:《〈全清词·顺康卷〉前五册漏收词补目》,载《中山大学学报》,2006 年 1 月 23 日。

成不同区域的词人之间,在创作思想和创作风格的交互影响,如万树,既是"阳羡词派"的主要代表,同时又与梁溪词人群体保持非常密切的联系。又如所选纳兰成德词共十三首,是纳兰词集中不多见的,故词选具有很高的文献价值。

此清刻本现藏于日本内阁文库,南京图书馆也藏。张宏生先生主编《全清词》"顺康卷"时失载,后补入《全清词顺康卷缉补》。

侯文燦是清初私人刊刻名家。选词刊刻的地方,是亦园里的"于野堂"。"于野堂"还刊刻过王渔洋、王次回等人的诗集。特别值得一提的是王次回《疑雨集》的刊刻。

王次回(1593~1642),名彦泓,明末金坛人。其祖乃王肯堂长兄。侯文燦得此集于门客:"(客)因其所藏《疑雨集》以示余,余而爱之。"侯文燦将诗集刻毕,为之作序,对王次回"穷年力学,屡困场屋",有一种同命相怜式的同情,故侯文燦在接受王次回诗时,能于"艳体"中读出诗中特别的寄寓:

"其坎坷潦倒,实有屈子之哀,江淹之恨,步兵之失路无聊,与杜少陵元家垂老之忧伤憔悴",于是"特付之于儿女丁宁、闺门婉鸾以写其胸中之幽怨,不得概以红粉青楼、裁云镂月之句目之也。"(侯文燦《疑雨集序》,《侯谱》卷十)

王次回诗歌风格近似于李商隐之无题诗,艳丽而哀深,情感深挚,充满感伤色彩,很能打动失意文人的心,故袁枚也盛赞王次回《疑雨集》乃"香奁绝调",是"人人心脾"的佳诗。但是,沈德潜标榜所谓"亲风雅",于《明诗别裁》不录王诗只字,令袁枚愤愤不已,指责沈德潜褊狭,特意去信为王次回辩护(袁枚《随园诗话》)。而事实上,王次回在他当时的江南文人中的影响很大,如严绳孙为侯文燦所刻《疑雨集》写的序中说:"今《疑雨集》之名籍甚,江左少年传写,家藏一帙,溉其余沔,便欲名家。"因侯文燦的序言中提到"岁庚午(康熙二十九年),余选词于亦园,既辍简",恰好有客推荐王次回诗集云云,那么《疑雨集》的刊刻时间,应该在《十名家词集》刻毕之后的次年,即康熙二十九年(1690)。

另外,侯文燦还刊印过万树的《璇玑碎锦》。此刻本"版亦精工,今已入大内"。康熙可能见过此本,盛赞万树乃"江南才子"云云(《万氏宗谱》卷二十《从兄红友公传》)。《璇玑碎锦》是一种"诗图",据《四库提要》所称,"序称原本百篇,散佚仅存六十。绮文绣错,穷极精妙,令人摄心屏息,口诵手揎,方能循其脉络。"实际上是文人炫耀才人伎俩的游戏,类于"回文诗"而更复杂错综。

侯文燦曾做过海盐知县和山西平阳稷山知县,陆楣《亦园居士传》描述其"放形类狂,经情类狷,折而不怼,困穷而不屈,其性情也。"狷狂文人的形象,倒很真切。

四、侯晰与《梁溪词选》

康熙五十一年(1712),侯晰(1654～1720,字粲辰)刊刻《梁溪词选》21 卷。入选词家 20 人,这些人都是有词集传世者,这与《亦园词选》选 280 人,每人仅选几首而言,侯晰的选本"后出转精",具有明显的进步和优势。

首先是文献价值。潘景郑的《著砚楼书跋》说:"全书所录,惟对岩之《微云堂词》,梁汾之《弹指词》、藕渔之《秋水词》犹见传本,余皆不可得见。侯氏掇拾之功,粲然可征,盖足以光邑乘矣。"其作为"词征"的文献意义比侯文燦《亦园词选》更大。除此三家外,其他十七家是:

杜诏　《浣花词》

张夏　《袖拂词》

朱襄　《织字轩词》

华侗　《春水词》

邹溶　《香眉亭词》

钱肃润　《十峰草堂词》

汤熵　《栖筠词》

顾岱　《澹雪词》

唐芑　《漫游词》

侯文燿　《鹤闲词》及《中秋倡和词引》

邹祥兰　《问石词》

华长发　《语花词》

张振　《香叶词》

王仁灏　《我静轩词》

马学调　《转蓬词》

宏伦　《泥絮词》

侯晰　《惜轩词》

康熙年间,随着词学中兴的出现,清词名家选本纷纷出现。清人选刻清词,最早有孙默所刻的清词集丛书《国朝名家诗余》,共三十七卷,凡十七家:吴伟业、龚鼎孳、梁清标、宋琬、曹尔堪、王士祯、陈维崧等。以康熙三年甲辰(1663)、康熙六年丁未(1666)、康熙七年(1667)戊申分三次刻完,号称倚声佳制,尽显国初诸人文采风流之盛。其他诸选,有:

《今词苑》三卷,陈维崧等编选,共选入 104 人。康熙十年辛亥刻本。

《今词初集》二卷,纳兰性德和顾贞观编选,康熙十六年选本,选入此前凡三十年 184 人 600 余首词作。

《瑶华集》二十二卷,蒋景祈编选,康熙二十五年编定,凡 507 家,词作 3467 首,大凡清初名家名作,皆有适当收录。有康熙二十七年刻本。①

同样刻于康熙时期的《亦园词选》八卷和《梁溪词选》二十一卷两部词选,也可看作是当时汇刻名家词选风气之下的产物。而作为乡邦文献,对我们今天考察"梁溪词人群体"是尤为重要的原始文本。

其次,跟《亦园词选》比,《梁溪词选》属于词人专集,且晚二十三年刊刻,故收词更全,更能体现词作者在康熙时期词体创作的总体风貌和成熟风格。入选的顾贞观、秦松龄、严绳孙三家,是梁溪词派的代表和核心人物。跟其他人相比,这三人都有在京城参与京华文士的圈子,与当时文人圈龚鼎孳、徐乾学、纳兰性德、陈维崧、姜西溟等交游唱和,卓有声誉。三人晚年退居梁溪后,又与梁溪本地的名士、宿儒组成诗社"云门社",有"云门十子"之称,彼此间诗词唱酬,形成风气。同时,又因地缘、亲缘和人缘(师友)的关系,形成一个外围的聚合圈子,通过各种雅集的形式,追慕先贤风雅,于笔端发抒伤春悲秋之绪,工于言情,善于写怨,恋恋情怀,缠绵婉恻。恰如侯晰自己所写《梁溪十八家词选序》所云:"孤村流水,竞传淮海之辞;一壑松风争和云林之调,名流霞蔚,英彦云兴。"(《侯谱》卷十)

此外,在一些词集中,尚保留原来的一些序跋,是了解词人在当时文士圈中活动和地位的可靠资料,也是钩稽词人生平的可靠文献。

侯晰,字絜辰。附监生(由地方举荐入国子监),无缘科名,委身衙吏。工隶篆,善山水,《宗谱》卷九《惜轩公画册跋》中有孔尚任诗跋,云其"依然书剑在人间,手弄烟霞夜不闲。粉本还堪悬殿阁,墨图从此压荆关。"可见,侯晰与孔尚任有交谊。侯晰也善诗词,《梁溪词选》有其《惜轩词》。

---

① 闵丰:《清初清词选本考论》,上海古籍出版社 2008 年版。

第三章

明清女教与侯氏门墙内的才女

——兼及闺秀画家侯碧漪

建于清道光初的侯氏"少宰第",曾经是一座宏大轩敞的官宦宅第。咸丰十年太平军攻克时,无锡城遭到洗劫,但"少宰第"却因被太平军无锡守将黄和锦占据作守将府被侥幸保存了下来。如今虽然凋敝残败得不堪收拾,但硕大粗壮的庭柱房梁,弯弯曲曲仿佛深不见底的长长备弄,都暗示了这座古宅曾经有过的堂皇和富丽。砖雕门楼镌刻的"自得尺安"和"桂馥兰馨"门额,隐约可见侯氏门庭的人文气息和文采风流;丹青淡剥般的门墙院落,藤萝掩映的转盘楼,让人怀想起曾经在这里生活过的侯氏才俊和闺秀。民国闺秀、"大风堂"大师姐侯碧漪,正是从这所斑驳的旧宅中走出来的。

一、明清女教与侯氏门墙内的才女

明清时期,江南地区经济文化的发展,使得女性生活发生很大变化。虽然在伦理观念上,依然宣扬女子"从父""从夫""从子"等封建时代"三纲五常"思想,依然不断强化女子贞节自守的节操,但因为社会生活中某些具体内容发生了很大的变化,所以女性生活内容也相应地发生变化。

其一,"母教"与女性的家庭地位。

明清时期的江南世族子弟,凡家道中落者,几乎大部分的人生都奔竞在"举业"的羊肠小道上。年轻时,访名师问学或四处漫游,以寻找出仕机会;功名无望时,则作幕宾、作衙吏,求得一线生存机会;少数人则干脆弃举业而经商。而一旦进士及第,又往往委官僻地,长期沉潜下僚。故男子求学、求仕及做官的历程中,作为家庭支撑和维持子女教育的,往往是留在家中作为母亲或妻子的女性。作为"诗礼之家"的儒门子弟,又往往把"不事生产"作为肃肃清举加以标榜,尤其不屑于为"阿堵物"奔竞,这样一来,家庭经济的左支右撑,往往只能由女性来维持,如侯先春之母华氏,对父子两代人举业的支撑。

侯先春在给自己过世的母亲所撰写的《行实》中,把自己的母亲描述为"伟丈夫不啻"的奇特女性。儒学门第清廉的气象,这是侯先春的祖父深以为傲的,但面对柴米油盐的日子,这种清廉往往使得生活捉襟见肘,特别是侯先春父子两代沉重的"举子业",都是由华氏纤弱柔韧的肩膀担当起来的。当家计日艰时,祖上所遗田产,除去租税,维持一家生计都困难,但这些柴米油盐的事情华氏从不告知丈夫。据《锡金县志》"耆硕"所载,侯先春的父亲侯应昌(字希绍),邑诸生,"不事家人生产,家日落,常日昃无炊烟,妻华至典敝絮作食,应昌读书怡然。"侯先春也说:"吾父怡然书屋中不知也。"特别是当儿子侯先春三试秋闱不第,科场蹭蹬十几年,华氏从来都是面无愠色,只是鼓励儿子:

"吾闻吾父言侯氏有世德,其后必显。吾儿第努力无忧!"

华氏在教育儿子的一席话里,包含着三层意思:一是对侯氏世德门风的早有耳闻和赞誉。二是缘此而建立起来的对侯氏子弟的信任和自信。三是对儿子的鼓励,建立在对侯氏读书人家的厚积基础上:数代人对品行德操的清守和对学问的追求。所以在侯先春的眼里,母亲不仅是个"治家事井井"的主妇,又是个"识大体"的女性,特别当自己父亲古逸公"中奇祸",罹遭牢狱之灾,家道迅速败落,"不几月,室庐荡为丘墟"时,华氏还承担起了为娘家收拾残局,护翼娘家兄弟姐妹的责任。华氏宽宏大量的胸怀和担当一身的责任感,对儿子侯先春潜移默化的影响显然很大,也与他日后在庙堂之上能够敢于直陈己见、勇担道义有很大关系。故在侯先春眼里,母亲华氏"即伟丈夫不啻也"。

封建时代的家庭教育中,母亲的角色有时候显得比父亲更重要。由于父亲的求官、外任甚或外出谋生,"父教"的缺失是很常见的现象,母亲便在子女的成长过程中,充任着亦父亦母的双重教育者角色,一方面由母亲来向子女传达"父教"的理念和思想,另一方面以母亲的言传身教来给未成年子女以人格塑造的典范和引导。

其二,女子支撑家庭的作用。

明清时期,由于江南棉纺织业的发达,江南女子日夜纺布绩麻一年的收入,约略可抵一个男子耕作五亩田的收入,所以寒门子弟家的女性,往往通过纺纱织布来努力支撑男子的"举业"。如前所述,侯鼎铉在追述其子诵叔父子的高旷逸远的人品才性时,除了他们自己的心灵的养成外,更归之于姊氏弟妇的成就,正是由于家中母亲、妻子的善综理家政,"织婢耕奴,井井不紊","则吾叔与弟其高旷,同得贤内助以赞成之者,事亦略同。"

这类故实,在黄卬的《锡金识小录》中所记颇多,如"华孝廉祖母"①,本锡山荡口华家的粗使丫头,主人华西楼醉而误幸,弃之。生子椿枝,"屏居爨室,劬劳辛苦

---

① 黄卬:《锡金识小录》,台湾成文出版社1983年版。

三十年"，手口并作，昼夜劳瘁，岁成布百匹，得为子娶妇。又待仓箱稍裕，其子椿枝携以贾四方，方以大饶。

如此种种，这样的家庭经济关系，使得明清时期的家庭女性成为不能被随意忽略的存在，在一定程度上也避免了自身在男子"变态发迹"后被轻易抛弃的命运。"女主内"的家庭格局使得她们自己在家庭中的地位得到一定保障。

其三，"贞节"的意义。

明清时期的家族谱牒中，对家族中女性的文字记述通常体现两个特点，第一是贤淑，第二是贞节。"贤淑"，包含了上敬公婆、中奉丈夫、下爱子孙的行为，集中体现在日常行为中的"孝"，及对大家族"和"的奉献意义上。"贞节"，则表现在对活着和死去丈夫的"忠"，和对孤弱稚子的"守"。女子的"淑"和"贞"，都是建立在封建时代家族女性的巨大奉献和牺牲基础之上的，其目的意义，本质上是指向维护男性家族的完整和传承，故明清时期的家族谱牒中，女性也缘此二端而占有一席之地。

在侯氏《宗谱》中，还有一位杰出的家族女性，那就是侯先春之子妇王氏。王氏也是出自锡邑大族，丈夫侯世美是侯先春长子，颇有文才，但在夫妻结缡方十载便去世，王氏从26岁起守节时："长儿岁八龄，腹儿仅濡沫"。王氏"呼儿夜读书，篝灯事剪尺。"辛苦抚养儿子并成才。王永积撰《祭先姑侯节母文》（侯谱卷七）追述王氏"四十余年内，凡其以妇代夫，以母带父，以父母代严师，以孀妇代家督"的功德，"节妇"之于子孙的成长，于父姓家族的完整与绵延，其意义更重大。邑志及江南通志都列王氏入"贤淑"一门。

清代侯桐（1779～1860，字叶唐）官至吏部右侍郎，祖父侯秉诠及父亲侯汾均早卒，祖母华太夫人及母亲顾氏苦节自守，日耕夜织，以养以教，把侯桐培养成才。而倘若上溯至侯桐的五世祖，未婚而卒，五世祖母殷氏"以室女誓死归侯氏"，家人为之立嗣，这才有了侯桐这一支："宗祠得绝而复续，亡而复兴。"这是节妇殷氏对侯氏家族的奉献，也是封建时代"节妇"之于家族绵延中所起的作用。"自古节妇之于家，忠臣之于国，岂有二理哉！"这是侯氏宗谱中《侯氏三世苦节传》（《侯谱》卷四）开首的一段话，"节妇"于家族，"忠臣"于国家，意义是同一的。

其四，"诗礼之家"的闺秀教育。

明清时期，江南世族的婚姻关系中，男女婚姻对象的选择，基本形成"固化"的态势，亦即在门第相当的几个大族之间选择，彼此互为婚姻，形成基本固定化的姻戚关系，如当时无锡地区华、秦、侯、杨、薛、王、孙、安等几个大族，通常彼此联姻。如侯氏子弟有多人与无锡望族华氏、顾氏、秦氏建立婚姻关系。侯先春之母是出自华氏，侯晋娶顾贞观的姐姐顾贞立为妻，顾贞观的妹妹又嫁给无锡望族华氏炳文为妻。侯鼎铉的母亲王氏,则是王永积的族姑。诸如此类,不一而足。由于互为姻戚关系的男性,彼此之间也存在师友关系,并在相同的交游圈子中结为文社诗友,彼此之间常常或谈文论道或诗词唱和,关系密切。缘此,女性母家的地位,决定了其出嫁后在夫家的地位。

此外,明清时期江南士大夫家庭的"女教"是较为开明的,女子除了接受"女戒""闺训"等常规的女德训诫外,还接受诗书礼乐的艺术教育,所以出生于"诗礼之家"的女性,出嫁前往往享有跟兄弟们同样的读书上学的机会,更有一些才华出众的女子,在家时即参与兄弟们的诗词唱和,如顾贞观的姐妹。顾贞观曾效杜少陵同谷七歌的形式,赏誉姊妹云:"有姊有姊号能文,长者曹昭次左芬。"故在这种姻戚关系中的女性,出嫁后在夫家的地位也会得到相应的尊重。

前述侯鼎铉之母王氏,所传有诫子诗一百二十韵,一千余言,"述世美潜德,以训子孙。法度谨严,词华典则。"(邑志)因为长诗内容的雅正庄严,邑绅士夫公认,宜立为闺媛诗词之首。侯鼎铉崇祯十年丁丑(1637年)及第时,黄道周是座师,黄氏妻子蔡氏见到王氏诗作后,大为赞赏,欣然援笔题赠二十四韵。故王氏还因为自己的才德兼备受到侯氏族人的敬仰。

顾贞观的姐姐顾贞立少承家学,在嫁入侯氏门第之前,即"覃研声律,闺中自为倡和"。顾氏诗词作品有《栖香阁诗词集》,在当时即传播艺林,陈维崧《妇人集》、郭麐《灵芬馆词话》各有称誉。道光时顾光旭编《梁溪诗选》时,选诗107首纂入诗钞。顾氏词当时只有抄本,到清末时侯学愈觅得旧椠,得200余阕,予以重刊:"其词蕴藉深厚,才思又复艳绝。"

二、"大风堂"大师姐侯碧漪

侯碧漪(1900~2005),别号双湖女史,是侯桐的曾孙女,他的祖父是侯桐的三孙。侯碧漪是近代海上著名的闺秀画家,从小就跟随名师学习琴棋书画。与民国时进入各类书画院学习的"新女性"画家不同,侯碧漪习字学画,还是属于旧式名门闺秀的"素养"教育。年少的侯碧漪曾师从清末民初著名老画师吴观岱、孙寒厓学习书画。

吴观岱(1862~1929)人称"江南老画师",早年为无锡名士廉泉所识,随之到京城,在廉泉府上遍观历代书画珍藏,被廉泉荐入清廷如意馆,曾给光绪帝画绘图课本,也曾在北京大学讲授画学。吴观岱的花鸟画取法明清之际的华嵒和恽南田等,而侯碧漪的花鸟画正是得这个"江南老画师"的真传。

侯碧漪的花鸟画,取法徐黄,得"黄家富贵"和"徐熙野逸",傅色和落墨在两家之间,但在取材和风格上更多向华嵒(1682~1756)学习,野花杂草均可入画,用笔则工写兼带。侯碧漪的人物仕女画,则力摹晋唐仕女技法。后来,绘画技法又得到张大千、王师子的指授,画艺益精。

侯碧漪的书法主要向孙寒崖学习。孙寒崖即孙揆均(1866~1941),字叔方,号寒厓,是无锡另一处"孙少宰第"主人、明代状元孙继皋的第九世裔孙。孙寒崖的书法工"瘦金体",传说吴芝瑛的的书法作品多由其捉刀。吴芝瑛是廉泉的夫人,廉泉则是孙寒崖的表弟,两家本是亲戚。侯碧漪书法兼有隶书的特点,所谓冲穆秀逸。

侯碧漪向张大千(1899~1983)学习绘画,是在上海时期,虽然不见具体时间,但从大家都公认和服气这位"大风堂"的大师姐,则侯碧漪向张大千学画应该是比较早的。关于张大千的艺术成就,徐悲鸿在1936年《张大千画集》出版时,曾推许张大千为"五百年来一大千"。而据香港收藏家李典回忆,"大风堂"大师姐侯碧漪曾在他面前说起张大千时,也一脸骄傲的神情:"齐白石怎么和我们老师比,我们老师什么都能画。"

徐悲鸿和侯碧漪对张大千的评价,各人有各人的立场。从后往前看,张大千固然是个奇才,追慕古人、师法造化,时人及后人罕有其匹者,但当时的张大千其实并不以徐悲鸿此说为然。而侯碧漪的说法如果是真的,也更有一见私爱的嫌疑。有人说,在张大千的心目中,最好的画家有"两个半",两个是齐白石和吴湖帆,还有半个,那就是谢稚柳。

侯碧漪擅书画,曾在其族兄侯鸿鉴所办无锡竞志师范学校执教有年。后来去上海。中华人民共和国成立初期,上海筹建中国画院,侯碧漪与李秋君、陆小曼、陈小翠、周炼霞、吴青霞等,都是进入画院的第一批女画家。只是后来留在国内的这批闺秀画家,在"文革"的疾风暴雨中,鲜有善终的。陈小翠在家里开煤气自尽,庞左玉被打成"现行反革命",不堪忍辱跳楼身亡。周炼霞另类些,被红卫兵殴打,打伤了一目,过后请人刻了两枚印章,一枚用楚辞《湘夫人》句:"目眇眇兮愁予",一枚用成语"一目了然",坦然钤在画作上。这份淡定和洒落,那个时代没几个女子能有。好在侯碧漪躲开了那个混乱的年代。

1. 今之古人:依然清秀、依然灵敏

侯碧漪后来嫁给武进孟河费氏家族的费子彬,解放前夕夫妇移居香港。

费子彬(1891~1981)是武进人,著名的孟河医派费氏传人,祖上是货真价实的宫廷御医。

武进著名的孟河医派,费氏是其中一支派,五世有医名,到费子彬曾祖费伯雄时,曾两度被道光皇帝诏入宫中侍疾。道光帝御赐一副对联:

"著手成春,万家生佛。

婆心济世,一路福星。"

费子彬是费伯雄曾孙,家学渊源,从20世纪20年代开始,即在上海静安寺路鸣玉坊,创设孟河费氏医院,悬壶济世20载,曾是海上名医,直到解放前夕移居香港。

费子彬与侯碧漪夫妇旅居香港几十年,伉俪相得,相濡情深。一个施仁术救人,一个丹青育人无数。知名作家董桥先生在自己的笔下多次提及费侯俩夫妇,描述自己所见到的费子彬老先生,一袭长袍,温煦和蔼,医理精而学问博。他曾这样写道:

"在老先生的医馆内,经常坐满讲国语的名家名媛和侯老师的学生。"(董桥《墨影呈祥》)

侯碧漪的学生有多少,不得而知,但学生中有一个叫李香君的,值得一记,因为在费子彬诗集中,留存有一首《题女弟子李香君专刊》:

"灌溉辛勤树色荣,满园桃李有令名。

一枝一叶都含秀,不及香君格调清。"

诗的上联是说夫人侯碧漪满园桃李,令名四扬,末一联则是赞誉香君,在枝叶皆秀的众弟子中,独标格清举,自出一帜。

李香君是香港著名影星,出生于六朝古都南京,跟费子彬一样,她的全家也是在1949年移居到香港的。后来李香君进入香港演艺界,因长相清雅脱俗,素有"秦淮美人""空谷幽兰"之美称。

李香君学国画,先跟人学过画梅兰竹菊、山水动物,最后拜在侯碧漪门下。李香君与费子彬侯碧漪夫妇关系甚密。

在董桥的眼里,看到的侯碧漪是这样的:

"老太太无论装扮,无论言谈,无论待人,都称得上今之古人,真难得。七十几的人还是那么斯文秀气。"

一个优雅老去的女画家,在晚辈的眼里依然有动人之处。董桥最后一回见到侯碧漪时,老人已经97岁高龄,可在董桥眼里,耄耋之年的老妇,精神极佳,还是人见人赞:"依然清秀,依然灵敏"。送他一册《费子彬全集》,可作寒夜里的煦暖人心的读物。

费子彬90岁高寿去世。夫君逝去之后的侯碧漪,还独自生活了二十多年。

94岁高龄时,在弟子李香君看来,她"一个人住,虽仍坚强,但内心悲戚,无人了解。我不时写信、打电话向她请安,并且托香港朋友也这样做。人间仍多温情。"

97岁高龄时,在董桥们看来,老太太在"座上客人谈起《桃花扇》,谈起《影梅庵》,她一脸微笑,频频点头,安静的心田里显然还记得这些苍茫的艳事。"

人前人后,固然可以自戴面具,但对于侯碧漪来讲,已经看遍了一个世纪的沧海桑田,沉淀在心里的,只有安静、淡然和微笑。

2. 侯碧漪夫妇与张大千的情谊

侯碧漪与张大千的关系,其实远不止师生情谊。有时候,甚至可说张大千与侯碧漪的夫君费子彬先生的关系更深一些。

侯碧漪既是大千弟子,而张大千视费氏则亦为老友。1963年时,张大千道经香港,本已订好转飞巴黎的机票。临行前数日,忽觉喉头肿痛,咳嗽剧烈,以为是感冒引起的,并不太在意。后来去澡堂泡澡时,脱下衣服才赫然见右胸肿起如碗口大。随即退去机票,问症于费子彬。费子彬看了病症,断其为风邪郁积,告诉他只需化痰清热去邪,便可平服。诊毕,费子彬交给张大千一服自制的药粉,嘱咐他回家后用温水吞服。到第二天,费子彬就诊过后,又改处一方,嘱服两剂。三服药下去,张大千果然喉痹红肿之症大减,咳嗽停止,而且胸口红肿处也基本平复。张大千大大惊讶于费氏药方的奏效之速。他不知道,费氏此方,用的是"费老五房"历代祖传秘方之一。

张大千康复后曾戏问老友:"将索何物为谢?"费子彬淡然道:我辈功夫,都在几个手指头上。你不如为我作一写真为佳。

张大千欣然应允,回去后即为费子彬画像。画时却全凭想象,淡淡几笔,无多着墨,却传神写照,独有神韵。人物肩部,斜出松树一株,借蟠虬夭矫之苍皮劲枝,喻画中之人的气貌高格,而为仁者寿。

据说,肖像画好后,张大千只是挂于壁间,"裸画"一幅,不着一字,没有题款。及见先后十几番来客,纷纷指画异口同声问曰:"这不是费子彬老医生么?"张大千始欣然色喜,对着画像自言:"此真我老友费子彬矣。"于是乃题款云:

"子彬老友七十二岁造像。癸卯二月大千弟爰。"

据张大千自言,生平为人写照,先后不出十幅而已。费子彬此画,是张大千晚年所作。

费子彬得大千此画,宝之若拱璧。自题一首:"云山何处,海日逝欤。四顾茫茫,天地无语。"嘱咐碧漪夫人书之。费子彬1981年病逝,夫人侯碧漪为其编《费子彬全集》,于三年后出版,封面所用,就是张大千为其所画之肖像。

侯碧漪自归费子彬后,夫妇琴瑟和谐,堪比梁孟相庄。而侯碧漪晚年的书画作品,造诣愈深,且多喜放笔为水墨渲染之作,笔力高古精纯。1962年初,张大千正客居日本横滨"偕乐园"养病,花木葱茏中,不期而遇十五年未见的弟子侯碧漪,遂欣然作《隔山观瀑》相赠,题识中有语曰:"与弟别十五年矣,视此老笔犹健强如昔否。"

张大千自许"健强"云云,既指笔健,也指身健。至于侯碧漪的笔力,则如近代知名学者丁福保(1874~1952)曾称誉侯碧漪的绘画:"三百年来闺阁中少有的手笔。"

费、张、侯师友三人,果然侯碧漪是最健强的。费子彬1981年去世,两年后,张大千于1983年去世。去世时旅港门人王汉翘、侯碧漪等送挽联云:

积石导源,教泽长随江水远;

梅丘在望,心丧空仰庐山高。

古时候,老师去世后,弟子不穿丧服,只在心里悼念,叫"心丧"。

侯碧漪则直到105岁时,方飞入"忉利天"极乐世界。想来,她的内心是恬淡如水的。

那一代诞生于民国前后的名媛闺秀,屈指数来,已经所剩无几。与侯碧漪同门学画,同是侯桐后人的民国女画家杨令茀(1887~1978),早早就去世了。丁福保是无锡人,是近代著名的藏书家、目录学家和翻译家,他曾经把民国时期锡邑两位闺秀画家杨令茀和侯碧漪誉称为"二难"。如今,"二难"并随雨丝风片而逝,伴随着那个时代氛围里鞠养成就的学养心性和气质风神,一并随风而逝。

第四章

侯鸿鉴与民国前后的女子教育

　　无锡驳岸上侯家，在进入清代以后，家族中多有诗文风流及饱学之士。侯杲、侯文燦、侯文燿、侯晰等都是工诗词、善书画者，是清初梁溪词人群体的成员。顾光旭(1731～1797)晚年里居时编选本地文人诗歌集《梁溪诗钞》，约成书于乾隆末；《侯氏宗谱》(卷十二)节录了顾氏诗集中入选侯氏子弟诗作及小传，曾有诗集面世的就有二十多人。清嘉道时期的侯桐(1779～1860)，曾经做过国子监祭酒；曾知贡举，主持过全国的科考；后来又负责"掌修国史"，是个饱学之士。侯桐的后代中，清末民初的侯学愈(1867～1934)，一生著述颇丰，其中有《续梁溪诗钞》。侯疑始(1885～1951)是近代印学大家，严复的学生。这些都是驳岸上侯氏门第中走出的鸿儒硕学。除此之外，还有一位值得铭记的近代杰出的教育家侯鸿鉴，一生筚路蓝缕，脚踏实地为平民教育和女子教育奔走。

一、"竞志女学"：早期女子教育

　　侯鸿鉴(1872～1961)，字葆三(保三)，自号"梦狮"。据说是他的母亲梦见狮子而生下他，因以自号，大概也暗藏了几分自我期许。但是，侯鸿鉴在三十岁之前，一连参加了五次院试，才得了个"秀才"；又考了两次乡试，没有任何结果，于是愤而转向"新学"。其实，侯鸿鉴对科举还是挺执着的，虽然那时的"科举"已经日薄西山了。1898年，侯鸿鉴从上海赶回无锡参加考试，才得中了那个秀才，而那时的他已经在上海南洋公学的师范部读书了，并且还在上海《时务晚报》做主笔。中秀才后，侯鸿鉴就留在无锡，到杨模开办的无锡最早的新学堂——"竢实学堂"做老师。这是侯鸿鉴从事"新学"事业的真正开始，并且遇到了改变自己命运的贵人。

　　光绪二十九年(1903)，由杨绛的祖父杨涵修出资，以杨模"竢实学堂"校款的名义，资助侯鸿鉴留学，侯因此进入日本弘文学院师范科学习。回国后的翌年，即在光绪三十一年(1905)正月二十四日，兴办无锡"私立竞志女学"。办学的经费全由侯鸿鉴个人承担，主要是他在日本两年时间里"编译之资、教授之薪，约计八百八十余金",其中有帮云南李湛阳代笔,编撰《考察日本商业教育武备日记》(12卷),共十万多字,得四百元酬报,再加上夫人夏冰兰典质一些首饰,倾其所有,租借城里水獭桥南首、名士廉泉的旧宅做校舍,兴办起女学,旧址即今天东林中学初中部。廉泉乃侯鸿鉴表兄。

"私立竞志女学"成立后,侯鸿鉴自任校长,夫人夏冰兰既做教师又担任学校的管理。这是无锡第一所女学,也是全国最早成立的女子学校之一,即蔡元培所称"开风气之先"者。侯鸿鉴在日本弘文学院师范科接受的,是日本式的教育理念,所以在办学模式和管理方式上,也都直接仿效日本的教育及管理模式。缘此,渐以管理严格科学、教学严谨扎实而闻名,学校从开办时的仅 64 个学生,发展到后来的小学、中学、师范三部,并增设幼稚园。"竞志女学"后来成为与上海的务本、苏州的振华等女学齐名的一所颇有影响的学校。

在学校成立三十周年的报告中,我们常常可以看到这样的文字:

"惟本学年经济,则由鸿鉴南菁江西两处之薪俸垫支外,尚不敷数千元。"

"债台百级,以海上版权江西薪俸。"

"竞志"是私立学校,但学校除了向学生收取伙食费外,其他办学资金大部分须自己筹措,所以每年一到年终,捉襟见肘的侯鸿鉴便四处托钵化缘,"筹借及募捐种种方法,并以个人劳力所得年薪、译资等充之":

"如讲学及视察之所入,翻译版权之所得,又不足,益之以私人营业之赢利。罗掘既穷,于是北走辽蓟,南穷炎热……"①

最后一句话就是说自己"奔走舟车,南北数千里",四处募集资金的情形。侯鸿鉴在去南洋考察募资时,曾被荷兰人抓入牢中关押 7 天。

清末民初,天下如此不堪,政客、军阀各自为私,可是一个普普通通的读书人,一片痴心,筚路蓝缕,呕心沥血办教育,启民智,这一切不禁令人唏嘘。

更难能可贵的是,当时的无锡城乡私人办学者,除了侯鸿鉴外,还有杨模(竢实学堂)、华绎之(鸿模小学)、胡雨人(胡氏公学)、荣德生(公益学堂)等,这些大族子弟和早期的民族工商业者,撑起了辛亥前后无锡私人办"新学"的一片璀璨天地。民国时期无锡基础教育和大学教育的水平,均位于全国前列。

二、女子教育的理念:勿以男子为人生极致

侯鸿鉴跟他同一时代的志士仁人一样,努力思考着"社会政治教育三者,有何

---

① 侯鸿鉴:《本校三十年记略》《无锡文库》第二辑《无锡私立竞志女学三十周年纪念刊》,侯鸿鉴有关女子教育的文章和观点,均见于此纪念刊,江苏凤凰出版社 2012 年版。

相当改良之方乎？"（侯鸿鉴《回顾与前瞻》）在那个裹小脚、女子尚匍匐在男人脚下的年代，梁启超率先提出了"欲强国必由女学"的发聩之论，强调"母教"与"育才"之间的重要关系。侯鸿鉴则提出"欲以女子教育，奠中国教育之基"的观点，本质上与梁启超的女学"强国论"有相通之处。但如何进行女子教育，如何开放女子的性格和开启女性智慧，这是那个时代无数知识精英和社会活动家所认真思考和践行的。侯鸿鉴创办女学于风气未开之时，"女子教育尤难着手"。

对于女性的社会角色认定，在前民国时期，即便是像梁启超这样的先驱者，都认定"为贤妻、为良母"的当然身份，所以对"兴女学"目的的确认，就是要培养合格的贤妻良母，他认为"女子坐而待养"和"女子无才"都会成为丈夫之累，不是贤妻；而女子接受教育，是"母教之本"，在"保国""保种""保教"三种责任下，"妇学为保种之权舆"，保教和保国的根本，故要教导女子成为一个良母①。

作为一个教育家，或者说一个思想的践行者，侯鸿鉴对于中国女子教育的重要性的认识则更为具体。他认为"义务教育不普及，皆由于母教之缺乏"，故非从女子教育入手；而女子教育当首先进行普通教育，因为"中国女子十九未能识字乎"！故"竞志"曾兴"识字运动"，学生四往募捐宣传，并在校中设"夜校"。"普通教育"这种理念，也来自于日本明治以来的教育理念，日本的学校，皆分二个层次："一高等二寻常"，所谓寻常，即普通教育。侯鸿鉴努力实践女子的普通教育，故"竞志女学"办学三十年，吾邑及邻邑来学者，"较三十年前已增加十之六""列名学籍者近万人，毕业者近三千，学生来自全国十四省区、六十四县区"。

其二，对于女子的角色定位。

侯鸿鉴显然不完全认同女性仅仅待在家里做"贤妻良母"的观点，所以办女学的目的是要让女性能够自立，"应如何使一般女子，有独营生产之知识"故特别提倡进行女子的技能学习："职业教育为今日女子谋生活求自立之要需设。"但是，如果职业教育所学习的内容，与社会生活或社会需求格格不入，那么她们在走出校门后依然不能拥有在社会生活的能力，所以职业教育的具体内容，应该跟社会生活密切联系，诸如："科学及美术、文学、女红、保育诸端，皆女子之所长也"，此外如医学、算数理科之专修等，也无不可。在回顾三十年办学经验时，侯鸿鉴提到自己在学校创办之初，即对于一般妇女（普通妇女）注重艺术方面的教育，设"文艺专科""体育讲习科"等。1910年，学校的教员和学生的艺术作品参加"南京劝业会"陈列展览，得金牌、银牌及各种奖牌三十多项。"是以本校之体育及图画二科之名颇著。""在前十五年，各县各省来吾校聘请艺术教员、体育教员者踵相接。"（《回

---

① 梁启超：《饮冰室合集》卷一《变法通议·论女学》，中华书局1989年版。

顾与前瞻》)侯鸿鉴的这种职业教育思想,具有为女性自立独立所考虑的教育理念,并具有实际意义。

其三,对于"师范教育",侯鸿鉴感慨特深。

"竞志女学"创办之初,在学制设计上也是学习日本的模式,先"设师范科、高小科、初小科",第二学期添办中学,后来又加办幼稚园,基本形成小学、初中、师范、幼稚园的全模式学制。

侯鸿鉴认为"师范教育,为小学之母",其重要性自不待言。但自民国之后,遵教育部令裁去师范(民国十六年九月改为"县立女子初级中学"),这让侯氏一直耿耿于怀。而从女子职业教育的角度言,侯氏认为女子的个性心理"最宜师范,教导儿童,尤属相宜",因此不管是从女子的个人还是社会,都大有好处:"对于一般社会,为教育普及起见,师范一科,仍宜善为培养,以资应用。"

为了加强"应用"性,中学部在毕业的前一年即开设"教育学"及"小学各科教授法"两科,"以便服务小学之应用"。而侯氏一向认为小学教育,应该以女教员为中心,而"教育职务,尤为女子唯一之出路。"

以当时日本教育之理念,"师范学校,与小学校并立,小学之教习,即师范学校之生徒也。"①侯氏对于"竞志女学"的毕业生,也鼓励她们服务母校,故本校毕业生留校服务者,及本校肄业转入他校毕业、被延请回母校服务者,总共有93人之多。这些教学实践,一是在师资条件和薪金待遇较差的时代,鼓励反哺母校和回报社会。学校规定本校毕业生只担任小学教员。二是有效解决女子走向社会的职业途径,不致重回家庭。三是师友一堂,互相观摩切磋,收教学相长之效。

尤其值得一提的是,侯鸿鉴对于女性智慧的认识及开发,至今犹有其警醒的意义。他说:

"断没有谁主张把女子天赋的才能,精神的特质及其特殊兴味感情,一笔抹杀而使之以男子为人生极致的。妇女主义者也绝不要求免除母性之责任、光荣和困苦的。"(侯鸿鉴《今后之女子教育》)

侯鸿鉴的这段话,表明了他对女性社会角色的三点认识:

一是对女性才能的肯定。这是基于对女性天赋才能的肯定,同时要注意女性特有的心理特征和思维特征所造就的能力的特点,换句话说,是以女性自然人的特点,而不是以男性标准来确定女性的智能结构。如侯鸿鉴作词的《求学歌》写道:"同此官骸同此躯,学问须同求,脑纹组织细且密,颖慧让吾侪。珍重此天赋之资,艰苦不须愁。智育体育相研究,莫负那好春秋。"从生理特点肯定女性与男性

---

① 梁启超:《饮冰室合集》卷一《变法通议·论师范》,中华书局1989年版。

的有区别而无等差,获得同等教育的权利也是天赋人权。

二是,要对"女智"的开发。正是要基于上述对女性才能的认知,故既要抛弃封建时代对女子能力的一般认识和拘限:如针黹女工、相夫教子,等等;同时也要避免向"男智"的倾敧甚或替代。所以,侯鸿鉴认为要发掘女性的天赋才能,换句话说,要让女性的才能在自然的状态下得到成长和发挥,这也包括女性艺术的才能。如1908年时,侯鸿鉴与同道中人在无锡组织成立"理科研究会"之后,又偕夫人夏冰兰等成立了"女子理科研究会",以发现和培养女子的科学才能。

三是对"女智"的开发,既排除女性"以男子为人生极致"的技能培养,同时也不是放弃女性作为"母性"的天然角色和为之须承担的责任和艰辛。

侯鸿鉴在"女子教育"方面的持论,显然不同于梁启超等主张女性"为贤妻、为良母"的囿于家庭角色的旧观念,也不同于激进的女权主义者所主张的女性"男性化"并与"男性世界"同化的偏激观念,而是既鼓励女性走出家庭,使得自己的天赋才能得到应有的发挥,同时又提醒女性坚守作为"母性"的责任,因为这既是家庭责任,同时也是社会责任,更是女性的"天然"责任。侯鸿鉴这种对女性社会角色的认定,可以看出是建立在对女性作为"自然人"的特征和天赋才能的认定基础之上,比较折中,也比较客观,是他长期从事女性教育的经验。1916年,他撰写的《关于女子师范特别注意之事项》议案,即被国民政府教育部采纳并加以推广。

侯鸿鉴创办"竞志女学",制定了"勤肃朴洁"四字为校训:

"力行不怠之谓勤,律己惟严之谓肃,屏绝纷华之谓朴,荡涤旧染之谓洁。"

这实际上是推行一种"人格"教育。中国女性的解放,首先要做的,其实不是寻求男性的放手;根本的任务在于女性自身的自尊和自强的人格唤醒和独立。民国十八年(1929)担任学校教务主任(时已改名"县立女子初级中学")的徐正先生,在毕业致辞《女子应有的认识》中告诫女学生们:"经济问题的解决,不是能够坐待其成的,还该经过自己相当的努力。将天赋的能力尽量的发展者,除去一切依赖的恶习性,力求创造。"教导学生要"用自己的能力,取得自己的地位。用自己的能力,造成自己的时代。"[1]

在如今这个过度消费女色的时代,女性对于自我价值的认定,以及男人对女性价值的认定,跟百年前相比,似乎依然需要一种开启民智式的呐喊。

---

[1]　徐正:《女子应有的认识》,见于《县立女子初级中学第一届毕业刊》,见于《无锡私立竞志女学三十周年纪念刊》《无锡文库》第二辑,江苏凤凰出版社2011年版。

三、润物无声的素质教育

辛亥前后,是科举制废、新旧学制转换的年代,如何进行知识教育,又如何化育民心,这是那个时期知识界焦虑的问题。有感于当时甲午战败的血的教训,和列强入侵的现实,科学救国便成为必然选择的一条路。所以康有为呼吁清廷,要仿照欧美创国民学,"限举国之民,自七岁以上必入之。教以文史、算术、舆地、物理、歌乐。"(康有为《请开学校折》)因为,在他看来,日本战胜,并非胜在武力,而在"其国遍设各学,才艺足用,实能胜我也。"

侯鸿鉴在自己的教学实践中,有几端对今天的素质教育还是不无启发。

1. 音乐教育:同唱一歌

中国自古有"乐教"的传统,尤其在儒家以礼乐治国的理念中,音乐是世道兴衰、国政治乱的镜子。所以梁启超甚至在公元 1900 年时不无偏颇地说:"欲改造国民之品质,则诗歌音乐为精神教育之一要件。"侯鸿鉴在日本留学期间,在江苏同乡会创办的《江苏》杂志上,曾发表《乐歌》,阐发他的"乐教"理念。侯鸿鉴主张"同班生徒,同唱一歌,调其律,和其声,互相联合,声气一致,可引起儿童之共同心。"就是使用学堂乐歌对学生国民意识的养成进行潜移默化式的教育。作为当时的一种潮流思想,"乐歌教育"既是传统"乐教"理念的发扬,同时也掺杂着西方教育的思想。当时首开风气者是上海务本女学堂,不仅把"唱歌"列入正规课程,还聘请日本老师河原操子来讲课。侯鸿鉴的妻子夏冰兰就曾在上海务本女子师范学习二年。侯鸿鉴办"竞志女学"时,在学校的课程设置上,音乐和艺术教育,都被引入,侯鸿鉴聘请族妹侯碧漪教美术,精于琵琶的民族音乐家曹安和则教音乐。"竞志女学"还以《校歌》来激励女性独立意识。歌中唱道:

"竞志竞志,女校鼓先声。惠泉山水,负笈逮钗裙,同占教育,远近皆临,莫教放弃,甘让群英。美扶兰,意南丁,一般巾帼效文明。他年新彤史,同学勉成名。咏絮谢道韫,书法卫夫人。古来淑媛何足云。竞志竞志,永耀锡城。"

校歌所倡导的是女子"同占教育"的平等权利获得意识,"美扶兰,意南丁"的自强自立精神,而"咏絮谢道韫,书法卫夫人",则是鼓励女性精神世界的独立和自我完足。侯鸿鉴认为:"盖学校之有唱歌,凡历史、地理、修身、理科、体操等各科目,无不寓于其中。能使儿童口舌之间,引起各科之旧观念,而得新知识,此一端也。"通过"乐歌"来达到传授知识,化育人心的作用。除了校歌外,侯鸿鉴还写了不同类型的歌。如有对女子励志的《求学歌》,而每到学期开始和结束时,学生同唱始业歌和休业歌,和风细雨,化育人心:

始业歌:凉风拂袖,暑气渐消,已是新秋到。几多同学,联袂偕来,握手殷勤道。姊乎妹乎,振刷精神,莫使光阴草草。欲令吾进步胜故吾,还是读书好。

休业歌:忽忽韶华,眼底云霞,一曲和琴奏。此间修业,学期已周,自问进步否?暂时休假暂时离,岁月不可留。愿同学姊妹,来月开校毋落后。

2. 地理与乡土教育

清末,在帝国大门被坚船利炮轰开后,国人被动或主动地睁眼看世界,发现西方人全然不用"率土之滨,莫非王土"和"泱泱大国,煌煌中华"之类词汇来描绘他们所看到的客观世界。晚清时无锡人薛福成,在游历欧洲后,惊奇地发现欧洲各国的七八岁童子在学习时,"先读舆地诸书,四壁悬地球诸图,塾师随时指示。迨十三四岁后,则又择舆地书之精者读之。"这样,以后不管做什么职业,人人都周知舆地。薛福成还满是感慨、不无钦羡地说:"惟其童而习之,所以无人不洞悉形势,谙练事物。"

用地理教科书来加强国民的地理教育,开阔视野,也成为当时国民教育,提高国人素质的重要内容。

侯鸿鉴留日归国后,即编写《中等地理教科书》,这是清末地理教科书中的早期代表作之一。清末地理教科书也受日本教科书影响巨大,侯鸿鉴此书,即是自己留学东京宏文师范专科时,收藏了老师日本著名地理学家矢津昌永的地理讲义,回国任教时就依葫芦画瓢,"略为编次讲授诸生,期年而地理学讲义毕成一卷",仿照日本中小学地理教科书,建立了现代地理学(而不是古代堪舆学)的框架结构和表述方法,是我国地理之初步。

其次,进行乡土教育。

关于乡土教育,本来也是由晚清学部发起。学部在 1905 年颁发了《乡土志例目》,要求各地按要求编写乡土教材,普及乡土教育,其终极目的当然是要培养国民忠君爱国的思想。但受到西方教育理念影响,各地在施行乡土教育时,热爱家乡的初衷,没有朝忠君爱国的方向发展,而恰恰激发了以各地士绅为代表的对地方自治、排满、宪政等的政治诉求。"竞志女学"在课程设置上,一开始就在小学设"乡土史地"课,后来又增设"乡土博物"课,教材都由侯鸿鉴自己编印,初时授课也由侯校长自己担任。

侯鸿鉴回到无锡办教育开设地理课进行"爱国爱乡土"教育的同时,也带领同仁开展了乡土志书的编写、推广工作,编写成《锡金乡土历史》和《锡金乡土地理》,成为江苏省最早推广乡土教育的教育家,也是国内较早从事乡土教育的人。

四、早期现代图书馆的建立:无锡县立图书馆

1912 年,由侯鸿鉴、丁宝书、秦玉书等无锡名流建议,经当时的锡金军政府批准，在无锡崇安寺三清殿旧址建造无锡县立图书馆。这是继北平京师图书馆之后国内较早成立的现代意义的图书馆。高高矗立的四层钟楼，秀丽挺拔，曾是无锡境内的地标。

当年的无锡县立图书馆，曾收藏有清代殿试卷30卷。这批珍贵档案的收藏，得力于两个人，一个是秦敦世，一个就是侯鸿鉴。光绪末年，内阁修理大库时，将所有内府藏殿试卷转移至历史博物馆。当时在博物馆供职的秦敦世，在负责录入校对这批试卷时，发现顺治至光绪年间无锡籍考生的考卷存有97卷。于是，秦敦世与侯鸿鉴共同向教育部请求，从历史博物馆取得其中30卷的拥有权，归藏当时新建的无锡县立图书馆。在这批殿试卷中，有秦氏6人，侯氏4人，邹氏4人，其中包括侯鸿鉴的先祖侯桐、无锡旗杆下杨氏的杨延俊、无锡邹氏后人邹炳泰等历史名人，是研究无锡望族的珍贵的原始资料。侯鸿鉴还在《无锡县立图书馆储藏乡先贤殿试策三十本跋》中，对这些殿试卷进行了详细的研究和分析。

1920年，侯鸿鉴与当时无锡县图书馆馆长刘书勋及地方名流俞复等，商议出版一批地方文献，这显然还是受到"乡土教育"的影响。这套乡邦文献定名为《锡山先哲丛刊》，并在1921年由侯鸿鉴带头组织编辑社整理出版。《锡山先哲丛刊》原本打算出版十辑，后因战乱和资金等问题而中断，最后十年时间里出版了四辑。这些先贤著述，包括《邵文庄公年谱》《无锡县志》《锡山补志》《高子遗书节钞》《愚公谷乘》《秋水文集》《浦舍人诗集》等，文献足徵，都是研究无锡历史文化时弥足珍贵的原始资料。

侯鸿鉴本人也是一个私人藏书家，收集唐宋元金石书画，收藏颇丰。他的私人藏室有"藏经阁""百一楼""沧一堂"，等等。另外，在他毕生游学和教学考察的时候，还收藏各种标本，可惜尽毁于日本人的战火。

年轻的时候，侯鸿鉴在东渡日本的船上，曾经写下这样的句子："东亚风云，大陆沉沉，鹰瞵虎视梦魂惊。"充满了位卑忧国的情怀。从踏上东瀛的那天起，侯鸿鉴就做开了教育救国的梦。他翻译、写稿，攒钱买标本和仪器。回国办学的钱，都是留学积攒的稿费。大概让侯鸿鉴没有想到的是，在他的躬身践行的教育救国的事业中，倒贴家资，时时捉襟见肘，像苦行僧一样四处化缘，竟成了办学时的一种常态。"穷苦的校长及穷苦的教员"，跟侯鸿鉴辈早期启蒙教育家的筚路蓝缕相比，今日之种种，不啻泥云之别。

人物链接：

侯学愈（1867～1934），侯杲后人。光绪十九年（1893）考中秀才后，因家境贫寒，一直在乡里授徒为生，达38年之久。授课之余，他广收群籍，涉及经、史、子、集各部,尤其尽心搜访乡贤先哲著作,所藏积至 32400 卷。为使其得以流传,他择其要者,不分寒暑地亲自校订,先后刊出无锡历代文献著述 10 种、158 卷,内含《梁溪诗钞》(清顾光旭辑)、《梁溪文钞》(清周有壬辑)等,且自己续编有《续梁溪诗钞》24 卷,搜罗尤富,集 548 人、诗 4347 首。且侯学愈自己著述也丰,在保存整理地方文献中功不可没。

侯疑始(1885~1951)名毅,字雪农,严复的学生。"疑始"之号是因为严复喜欢法国哲学家笛卡儿"哲学自疑始"之名言,而断取以赠号。遂以"疑始"号行。最初侯氏拜谒严复,严复嫌其师出无门,拒不相见。侯氏遂撰长文示愤,必欲一见。严复嘉许其文的不同凡响,接谈之后,甚相投契,遂纳为入室弟子。后来,严复纠缠于袁世凯的"筹安会"之事被人误为亲袁,侯疑始写《洪宪旧闻》,在自己所主编的《舆论报》之《瀚海》上发表,替自己的老师多方维护。

侯疑始精于篆刻,是近代印学名家。治印师法古玺汉印,并参以砖瓦文字意趣,所诣至深,朴厚古逸,深为严氏赏识,严复所用印泰半出其手镌。书法则学严氏,颇有神韵,甚至后来侯疑始潦倒时,得严家默许,仿严氏之书渡过难关。

侯疑始的妻子是廉泉的从侄女,胞妹侯碧漪为大风堂弟子。

侯少舫,侯杲的后人。据《无锡轶事》记述,侯少舫于清光绪中叶曾在湖南永州任职。此人干练通脱,豪放不可一世,逸事遗闻甚多,在锡城除第一败子张意秋外,无人堪比,是有名的侯大少。传说做官时,某一年解饷申江,和友人在黄浦江边用鹰洋数千飞水为戏(俗称削水片),把洋人也惊得目瞪口呆。某日召妓侑酒,莺莺燕燕拥挤一堂,侯少舫观之大悦,每人赏狐嵌旗袍一件,银洋廿枚。因挥霍过度,遭同僚大吏参劾,罢官回锡。侯少舫实也是个大才子,退居锡城后,日日诗词歌赋、琴棋书画自娱,而且雕刻塑工、骑马射箭样样精通,尤其善于在磁片上雕刻山水,时人称神法。

03

第三篇

宛山顾氏：舆地世家的
经世理想

　　明代，私家地理学著作开始出现。特别是明清之际的学者，既受到前代史地学的影响，又本着"经世致用"的原则，把舆地学研究向前推进了一大步，如顾炎武痛感明朝灭亡的现实，从明朝地方志书中辑录有关各地民生利害、政治经济利弊、军事得失等内容，纂集成书，著《郡国利病书》120卷，试图总结明朝乃至整个封建制度衰亡的原因，寻找解决社会矛盾的出路和办法，其体例和研究方法，开中国历史地理研究之先河。但是顾炎武此书主要是杂采各种文献资料糅合而成，后人评价其材料虽富而体例庞杂，缺乏必要的理论分析。

　　顾炎武之后，阎若璩、顾祖禹等均循此而致力于历史地理的研究。但这个时期的史地专著，论体例严谨、考证精审、材料丰富，当以顾祖禹的《读史方舆纪要》为代表。顾祖禹所著，后出转精，是继顾炎武之后的巨作。

引　言

南顾溯源

天下顾姓，通常认为主要分两支：一支起源于北方，称"北顾"；一支起源于南方，称"南顾"。江南顾姓，则绝大部分是属于"南顾"一系，皆称为越王勾践的后裔，所谓吴越顾氏本一家。

勾践七世孙摇，在秦汉之际曾为闽越族首领，活动区域大致在今福建北部和浙江南部地区。摇由于在刘邦灭项羽的过程中有功，所以受封为东海王，俗号东瓯王，后来又封自己的儿子为"顾余侯"。这样，顾余侯的支庶子孙以封号为氏，称顾氏，留居会稽，繁衍生息，被称为顾姓正宗，实际上是"南顾"一系的宗祖。

"南顾"在会稽一带迅速衍为大姓，到汉魏六朝时，与陆、朱、张三姓合称为会稽四姓。由于会稽是顾姓的主要发源和成长地，便成为顾姓的郡望。三国至唐代，顾姓一直是江东四大姓之一。唐以后，顾氏因官职调迁等种种原因，不断向南北各地播迁，但综观顾氏家族史，其发展繁衍中心一直在江浙一带，因此，顾姓历史名人也大多出自江南，可谓人文荟萃。康熙南巡时，赐顾氏"江南第一读书人家"名号。

无锡顾氏，也是源出于会稽，渐渐为无锡本地大姓之一。据宋人所载，顾氏"初居会稽，汉有顾翱者，事母孝，母喜食雕胡（即菱白）饭，翱徙居太湖。湖中自生雕胡，得以养母。"①这个宣扬"孝道"的故事，或可作为家族的传说，但也可说明顾氏的徙居外省，大致从汉代就开始了。

据顾氏宗谱记载，江南顾氏通常都以南朝顾野王为始祖，以苏州铜坑为地望。据无锡顾宝珏纂修民国二十二年活字本《顾氏大统宗谱》所述：

"始祖野王，仕南朝陈至黄门侍郎，世居苏州铜坑。野王五子：盛南、鸿南、周南、夏南、允南，子孙繁衍流蔓，散处四方，仅由铜坑分迁无锡、江阴、丹阳、武进者，即有三十三派。徙无锡者计分九支……"

---

① 邓名世：《古今姓氏书辨证》，江西人民出版社 2006 年版。

第一章

宛山顾氏:舆地学世家

又《无锡顾氏大宗世谱》(清同治十三年佑敦堂木活字本)记载,本支顾氏约在南宋末期由杭州迁居到无锡怀仁乡崇节里,后名顾墅。除长房长孙仍留居顾墅,其他支系均散居他处,宛山即是其中一支,为"宛山顾氏"支系,主要居住地在今锡山区的二房廊下、三房廊下一带。这一支系中杰出的人物,有顾大栋、顾柔谦、顾祖禹等,是我国历史上著名的地理世家。

一、宛山顾氏、舆地学世家

古代天文历算之学,往往父子世代相传为业,称为"畴人"。后来,"畴人"也用来指那些精通天文历算等的专门人才。宛山顾氏一系,在明代父子相从,历数代而专攻地理之学,取得卓越成就。

地理学,古称"舆地"之学。所谓"舆地",即指大地,我国古代史家历来都注重地理沿革的研究。班固《汉书》首设《地理志》,此后的许多正史都接续此传统,如宋郑樵《通志》设《地理略》,马端临《文献通考》设《舆地考》,均分别进行专门著述。

江南顾氏对于地理学的研究,也渊源有自。南朝陈时,顾野王钞撰众家之言,集汉魏以降二百多家地理书之大成,作《舆地志》三十卷。这是一部全国地理总志,也是我国古代最早的一部地理学专著,被誉为是开中国古代地学体例先河的巨著。

到了明代,私家地理学著作出现。特别是明清之际的学者,既接受前代史地学的影响,又本着"经世致用"的原则,把地理学研究向前推进了一大步,取得的成就远远超过了前代,同为"南顾"后裔的顾炎武是其中的杰出的代表。顾炎武痛感明朝灭亡的现实,从明朝地方志书中辑录有关各地民生利害、政治经济利弊、军事得失等部分内容,纂集成书,著《郡国利病书》120卷,试图总结明朝乃至整个封建制度衰亡的原因,寻找解决社会矛盾的出路和办法。著作开首为舆地山川总论,接着按照明代两京十三布政使司分区,详细论及各地的建置、赋役、屯田、水利、军事、边防、关隘等详情,鉴往知来,开中国历史地理研究之先河。但是顾炎武此书主要是杂采各种文献资料糅合而成,后人评价其材料虽富而体例庞杂,缺乏必要的理论分析。

顾炎武之后,阎若璩、顾祖禹等均循此而致力于历史地理的研究。但这个时期的史地专著,如果论体例严谨、考证精审、材料丰富,应当以顾祖禹的《读史方舆纪要》为代表。顾祖禹所著的《读史方舆纪要》,后出转精,是继顾炎武之后的巨作。

二、顾大栋与《九边图说》

顾祖禹祖上多有舆地学巨子。顾祖禹在《读史方舆纪要·总叙》中,不无自豪地赞誉江南顾氏始迁祖顾野王,堪为舆地之学的宗师:

"至黄门侍郎野王,则以著述显于梁陈之际,所著书数百卷,而《舆地志》尤见重于世,至今学者犹宗师而俎豆之。"①

顾祖禹先祖中,高祖顾大栋在明代嘉靖时曾任光禄丞,性"好谈边徼利病",喜议论边境地理形势,分析国防守卫之利弊所在。明代的光禄丞属于五寺之一,主管宴享。另外明代还有"巡视光禄"一职,是隶属于都察院的,主要职责是代天子巡狩各地,替皇帝监察地方官员。顾大栋官居何职,史书无传,顾祖禹的记述也甚略,不敢妄断,但顾序中提到在嘉靖年间,顾大栋曾"跃马游塞上",在游历边境关隘时,遇兵部主事许论(1495～1566),两人极为投合,在一起纵论边防之事,并"撰次《九边图说》,梓行于世。"(《总叙一》)

关于许论,据《明史·列传》记载,许论是河南灵宝人:

"嘉靖五年(1526)进士,授顺德推官,入为兵部主事,改礼部。好谈兵,幼从父历边境,尽知扼塞险易,因著《九边图论》上之,帝喜……"②

许论年轻时随父亲历边境,颇知各关隘要道的地理形势,《九边图论》正是其根据当时形势所撰写的"边论"。

而此所谓"九边",即指辽东、蓟州、宣府、大同、延绥、太原、固原、宁夏和甘肃等边境重镇。学者认为:嘉靖十三年(1534),许论完成对九边的文字性论述《边论》与地图《九边图说》,总称为《九边图论》。《图论》全长在10余米,实为长卷式地图,图上标明九边地理形势,包括山川险易、道里迂直、改守要冲,等等;由图即可概览九边防务,由文即能略知边事始末。嘉靖十六年(1537)许论将《九边图

---

① 顾祖禹:《读史方舆纪要》"总叙一",中华书局2005年版。
② 《明史·列传》卷186,中华书局1974年版。

论》上呈明世宗,受到世宗的嘉许,即拜为右佥都御史,并诏令把摹绘本颁发给九边的镇守①。

但是,根据顾祖禹在《总叙》中的记述,其高祖顾大栋曾与许论一起纵论边防之事,并撰次《九边图说》:

"明成化中,征侍郎允敬始官于朝。曾孙光禄丞大栋,当嘉靖间,好谈边徼利病,跃马游塞上,与大司马灵宝许公论善,撰次《九边图说》,梓行于世。"②

关于顾祖禹所记述的内容,后人在论及许论的《九边图论》时,或者鲜有提及,或者不辨其详,含糊地说顾大栋与许论合著军事地理著作《九边图说》。如前所述,《边论》是文字,《图说》是地图。又"撰次"的意思包含撰写和编辑两个意思,所以我们大体可以推论,或由许论先撰写文字部分的《边论》③,地图部分则或绘有一些原图,最后由顾大栋作编次并绘写完成——只有这样,顾祖禹才会说自己高祖曾撰次《九边图说》。书成,作为兵部主事及主撰者的许论,上呈皇帝时自不必标明著作权,但作为《图说》作者的后人,则对先祖曾经做过的成绩会代代相传,尤其是作为舆地世家的著述传统,因此顾祖禹之父顾柔谦临终时嘱咐其要考知先祖文献:"先光禄(指顾大栋)在世庙时,彷徨京邑,岌岌乎有肩背之虑,图论九边,以风示谋国者。"而顾大栋之子顾文熠,在"万历中,以光禄大官正奉使九边。还对,条奏甚悉,天子称善。"(顾祖禹"总序一")但是看到边备渐弛,敌人虎视眈眈,提醒当朝要先事而忧,防患于未然。

从顾柔谦和顾祖禹父子对家世文献的追述,可知:其一《九边图说》作为先代著述,文献足征;其二,顾氏作为舆地世家,对边备的关注和了知,乃家族传统,代代相承。

总之,《九边图论》是明代北方边防兵力的防御部署图,也是世界上第一幅长城地图。此图描绘了包括镇城、关楼、卫所、营堡、驿站在内的多层次、立体性的长城防御体系。图文相互印证,相互补缺,对研究明中期政府对北方边境的军事防御提供了重要的实物资料,具有重要的学术价值,同时也开了此后明人边防著述风气之先。顾祖禹之曾祖顾大栋,在完成此长城防御图时做出过很大贡献。但入清以后,因边论中多触忤句,图明末边界形势也犯忌,故被忽略。

1982年,河南灵宝文管会从灵宝市尹庄镇闫李村村民李隋义家发现了《九边

---

① 赵现海:《第一幅长城地图〈九边图说〉残卷》,载《史学史研究》,2010年第3期。
② 顾祖禹:《读史方舆纪要》"总叙一",中华书局2005年版。
③ 赵现海:《第一幅长城地图〈九边图说〉残卷》一文中,有对《九边图论》版本的考稽,提及《皇明经世文编》收有许论的《许恭襄公边镇论》,文字绝大部分与《图论》文字同,载《史学史研究》2010年第3期。

图说》的残卷。2000年8月由三门峡市博物馆收藏。该图用黄麻纸彩绘，因卷尾遗失，故作者、年款不详。现存图面长420厘米，宽40厘米，描绘了东自义州城广顺关、镇北关等关，西至偏头关、老牛湾以及城内外镇堡的地理形势，还显示了双方军事布置情况。据专家考证，这正是许论上呈明世宗的副本。

关于顾祖禹的家世资料，存世者颇少。根据《钓渚小志》等记载，顾氏祖居距离宛山不远，在今锡山区二房廊下一带，曾经都是顾氏宅第。顾家世代官宦，家中饶有财富，造屋至三千余间，绵亘十余里。宛山之巅，有一座石塔，建于明代嘉靖二十六年（1547），南面第三级青石块上镌刻有："大明嘉靖廿六年丁未正月吉日，顾舆清率男大栋孙男贵寿建造"二十六字，清楚记录了石塔的造作者是顾舆清顾大栋父子，今存。另外，《胶山安黄氏宗谱》十四卷"赠诗"下，收有顾文爠（字叔潜）《懋卿兄丈先生附览陆郎徵余送行诗》"满城风雨近重阳，送到悲秋各尽筋"七律一首，则顾文爠与安如山之孙安绍芳（1548～1605字懋卿）相善，顾与安当是世交。

第二章

顾柔谦:遗民哀愤　长歌当哭

顾祖禹的父亲顾柔谦(1605～1665),《清史稿》列传卷二百八十八"遗逸"有小传。

顾柔谦生当明朝末世,先遇家忧,后遭国难,命运多舛。顾柔谦出生不久,祖父顾文耀便去世;没几年,父亲顾龙章也离世,随即家难蜂起。虽然在顾柔谦的相关传记资料中,没有具体说明家难的情形,但从零星的记载中可以推知,父亲庶出的诸弟受小人蛊惑而为非作歹。祖父、父亲尚健在之时,庶子们就常常生事,当祖父和父亲相继离世,便群起纷争,析产争利,偌大家族,转瞬间灰飞烟灭。先祖所传下的资产园林、书画古玩,乃至祠墓之木都分割殆尽。顾柔谦母子很快陷入贫困之中。

在史传材料中,曾记载了这样一件事:顾柔谦"幼尝同兄出门游,有数人拥之行,行乃挤堕大泽中。母夫人忽心动,急呼老仆往迹之,得俱不死。自是不敢更出。"因为惊悸过度,顾柔谦因之落下心悸之疾。

一、英风烈烈　皆我师友

顾柔谦二十岁的时候,入赘常熟谭氏为婿,补录秀才。当时的苏松提学倪元琪、都御史祁彪佳等都是风骨清举之人,很嘉许顾柔谦的器识。

顾柔谦性情孤傲,师友都是风骨烈烈之人。早年师事东林后劲马世奇,以父执之礼奉事这位复社的著名人物。幼时又曾随自己的舅父华允诚读书。与江阴黄毓祺,嘉定黄淳耀,更是一见如故,结为同道朋友。明朝灭亡,马世奇与妻妾从容赴死殉国,祁彪佳也殉国。华允诚更是明朝耿耿忠臣,国变之后,因不肯剃发而被押至南京杀害。马世奇与华允诚、龚廷祥三人,在当时并称为"锡山三忠"。而江阴黄毓祺、嘉定黄淳耀更是彪炳青史的抗清英雄。

顺治二年(1645年)六月,清军下"薙发令",命十日之内,江南百姓一律剃头,"留头不留发,留发不留头"。"薙发令"下,激起了"民风柔弱"的江南民众的反抗,忠勇之士纷纷揭竿而起,浴血奋战,反抗满清暴行。最为惨烈的就是嘉定,史称"嘉定三屠"。起事领袖黄淳耀,即在清兵首次屠城中自缢殉国。

黄毓祺则在顺治二年(1645)参加江阴抗清守城战斗。八月城破,伏处乡间,隐居"古梅禅院",伺机再起。次年在浙江舟山起师抗清失败,逃亡至泰州一寺庙被捕入狱。在狱中备受酷刑,不屈而死。

一时之间,顾柔谦周围众多凛凛君子,无不从容赴死,以殉国难,而这些人都是顾柔谦最为钦敬的师友亲戚。顾柔谦在家中一一设灵位祭奠,写下泣血悲悼的诗文,满怀忧愤,长歌当哭!

或曰,当国破家亡之际,顾柔谦为何不步诸君子后尘?

根据顾祖禹《读史方舆纪要》序言中所言情形,顾柔谦那时内心哀愤,病倒床榻。顾柔谦是入赘于外姓的,而自己这一支顾姓家族,门丁单弱。甲申巨变之际,母亲年老无依,儿子顾祖禹尚十三岁,或因此种种原因,不能轻言弃世。在顾祖禹眼里,那时的父亲常常闭门默坐,有时竟日不食。

不久,顾柔谦携妻挈子,举家避祸遁入常熟虞山,焚笔瘗砚,带着儿子祖禹一起躬耕于虞山之野,并将自己改名为顾隐,字耕石。顾柔谦还给自己的居室取名"伐檀",取义于《诗经》中《伐檀》一篇的意境,表明自己在国变之时选择做一个披发野人,以保持自己的节操。

二、文献世家 精于史学

顾柔谦、顾祖禹父子在虞山中躬耕垄亩,边读书做学问。顾柔谦有《田家》诗一首,记述其在山中隐居时的以做村塾为生计的情形:

"田家本村朴,意颇好文人。目不晓《诗》《书》,识字为可尊。衣食苟有余,即思教子孙。敢望列科第,使足记姓名。慧勿诱之巧,愚贵留其真。因材以翼之,不失文良民。苟有负老农,宁不忝斯文。"(《晚晴簃诗汇》卷十二)

生活清贫,但尚安顿。教导田家之子,保留纯良天性:"慧勿诱之巧,愚贵留其真"。而顾柔谦课子读书时,并以自己的言传身教,教导儿子临大节时所应该懂得的出处去就。他首先要儿子顾祖禹做个知通变、能隐忍的通达之人。顾祖禹幼时祖母曾向他说起从前家中的变故,以及父亲幼年时被族人谋害的事,顾柔谦告诫儿子对那些狂丑之人切不可耿耿于怀,要胸襟开阔,不可把龃龉当成刻骨之仇,老是不能释然。顾柔谦语重心长地告诫儿子:"夫同室之中,宁彼以非礼来,吾不可以非礼报!"这是君子之怀,其实也是一个大家族保族之根本。

顾柔谦一生饱读诗书典籍,深慨科举之学、空疏之文不足裨益当世,故其次是教导儿子要学"有用"之学。有感于皇朝的一旦覆亡,顾柔谦认为明代舆志之书,虽然如《明一统志》一类,为前辈学者推崇为善本,但作为官修书,集中了当时众多

名臣,许多不足却是显而易见:

"于古今战守攻取之要,类皆不详;于山川条列,又复割裂失伦,源流不备。"
(《总叙一》)

一部经几朝官方修成的典籍,竟于国家方舆之内的古今战守攻取之要,都论之不详;对于各地山川的走势及形貌,叙述的时候往往割裂分述,不能形成对山川全貌的阐析;而对地理沿革,源流考述更是多有不完备之处。而当下的读书人,除了习制艺八股,空谈性理之外,对于国家舆图范围之内的疆域形势、关河险要,大多知之甚少,语焉不详。这样的人中举做官,一旦遭遇巨变,将会误国害民:

"举关河天险,委而去之,曾不若藩篱之限、门庭之阻哉?"(《总叙一》)

顾柔谦受东林"经世致用"思想影响,一生留意史地之学,"慨然欲举一朝之典故,讨论成书。"可生当乱世,兵匪之祸迭起,难成素志。其曾著有《山居赘论》一书,因为不传于世,故书中所论不能详及,但顾祖禹《读史方舆纪要》对其父之撰述多有引述。如卷一百一十二论及古越南国"安南",祖禹遂引《山居赘论》曰:

"安南,自秦、汉以来,入中国版图者历千百年。其比于外臣,特自宋以后耳。宋之兵力,自太宗以后势已衰钝,其不能奄有交南,宜也。元人兵威所加,辄见摧灭,而安南竟偃蹇一隅,不能郡县其地,何哉?倘所谓强弩之末不能穿鲁缟者欤?
……"

言简意赅地分析了僻处一隅的安南,之所以能在历朝历代都能保有这弹丸之地而苟且偷安,除了其独特的地理位置外,跟与中央政府之"是非不张,恩威不振"有关。将地理之学与人事因素综合论述,这种思想特征,显然直接影响了顾祖禹撰述《方舆纪要》。

随着大明皇朝的灭亡,在顾柔谦看来,山河俨然在望,可四海陆沉,图籍淹没。士君子既不能建功立业于当世,惟有掇拾遗言,网罗旧典,著书立说,尚可待将来有朝一日有补于世,所以他特别希望儿子顾祖禹能继承家学:"吾家自两汉以来,称为吴中文献,先代所著述,小子可考而知也。""予死,汝其志之矣!"(《总叙一》)位卑忧国,拳拳之心,可昭日月。

顾柔谦诗书画兼善,一生的著述涉及了诗文、地理学、小学等多个领域。顾柔谦跟安希范之孙安璿(1629~170,字孟公)为好友,曾为安璿《罨画楼诗跋》。在安璿召集的数次雅集中,都有顾柔谦顾祖禹父子的唱和之作,如《宾娥台倡和诗词集》中有顾柔谦诗《醉登宾娥台孟公畏寒不与》,顾祖禹有《读安我素先生集有感次宾娥台坐月韵》[1]等。顾柔谦有《和蛩草》《钓滨集》《耕石草》等诗文集,惜均不传。

---

[1]　《胶山安黄氏宗谱》卷十四无锡文库第三辑;江苏凤凰出版社 2012 年版。

第三章

顾祖禹：继往开来　舆地巨擘

顾祖禹(1631~1692)，字复初，号景范，别号宛溪，后来的学者因之尊称为"宛溪先生"。顾氏祖居在无锡廊下(今无锡锡山区羊尖镇廊下)。祖父早卒，父亲顾柔谦九岁而孤。明末纷乱之际，家产和藏书都毁于战火。父亲顾柔谦二十岁时入赘于常熟城东谭氏，祖禹即生于常熟。清兵南下江南时，随父亲顾柔谦遁入常熟虞山，一边躬耕于虞山之野，一边读书做学问。成年后，顾祖禹方回到原籍，先在钓渚范氏家做塾师，大约二十岁以后，一直居住在无锡胶山。

一、学术渊源：祖承家学

在顾祖禹的人生和学术生涯里，父亲顾柔谦对他可谓影响至巨。

父亲给他的家庭教育，首先是气节教育，即面对人生大考验的时候，能有自己的选择和持守。其次是人格教育，要做一个有胸襟能隐忍的通达之人。而学术思想的教导，是弃科举空疏之学而教以实学，嘱其祖承家学，并能完善前人著述。顾祖禹"匍匐鸣咽"于地，拜受父命。此后的大半生里，顾祖禹潜心著述，这种动力，主要来自于父亲殷殷的期待和家学传统的影响，还有就是希望有补于世。在顾祖禹的著述动机中，还蕴含着更深一层的意图。祖禹痛感明朝的灭亡，痛心于明朝统治者对全国山川形势险要惘然无知，以致用兵失败，王朝覆灭，他希望自己的著述能有助于反清复明的大业："盖将以民族光复之用"。

康熙十三年(1674)，南方以三藩为首，高举反清复明大旗。顾祖禹曾只身前往福建，加入靖南王耿精忠的幕府，希望有所作为。但耿精忠终是个三心二意不能成事之人，不久降清，顾祖禹只好悄然北归。但这次参加反清义军的经历，虽未成就大业，却给了他一次远游的机会。他考察了沿途的山川、关津、里道、城郭，访问并请教了许多学者，这对他后来完成著述有很大帮助。另外，顾祖禹的弟弟一直在耿精忠的幕府中。

在此心态激励下，顾祖禹终生隐居乡里，潜心于舆地研究。"早起鸟啼先，夜眠人静后"，在"子号于前，妇叹于室"的穷困景况下艰苦著述不辍。经过十多年的研究积累，从顺治十六年（1659）起，着手编撰巨著《读史方舆纪要》。

二、《读史方舆纪要》的撰写

1. "以史为主，以志证之"

顾祖禹专心研究了二十一史，并参阅了历代总志及百余种地方志，旁及野史稗乘，爬梳各种文献资料，"以史为主，以志证之"，凡是前代版图及地理书上出现的谬误，都加以一一纠正。顾祖禹的著述极为严谨，对典籍中记述粗略、互相矛盾、须加核实的，都要寻根问据、对照查证，还向外出经商和服兵役、徭役回来的人进行请教。他还徒步考察了很多地区，每到一处，必实地察看城郭、道路、关隘、渡口，等等，以订正书志记载的缺失和讹误。全书广征博引，内容丰富，贯通古今，考订精详。

魏禧在给顾祖禹所写的序文中曾提到这样一件事情。北平有一个叫韩子孺的人，在魏禧家案头见到顾祖禹的著作，十分惊异，说：

"吾侨家云南，出入黔蜀间者二十余年，颇能知其山川、道里。顾先生闭户宛溪，足不出吴会，而所论攻守奇正荒僻幽仄之地，一一如目见而足履之者，岂不异哉？"（《读史方舆纪要》"魏禧叙"）

可见，顾祖禹著述中对于舆地概貌的描述非常精确，如同亲历一般。

2. 应邀入修志局

顾祖禹从福建耿精忠幕回家后，在康熙十九年（1680）前后应聘于昆山徐乾学（1631～1694，字原一，号健庵）家坐馆。顾祖禹好友彭士望《传是楼藏书记》中曾提到："庚申（1680 年）暮春，余因顾子景范、陆子拒石得登昆山徐公之传是楼。"①故顾祖禹在徐家坐馆的时间当在康熙十九年之前。徐乾学家富有藏书，"传是楼"即其著名的藏书楼，汪琬《传是楼记》提到其中"史则日录、家乘、山经、野史之书附焉"。顾祖禹有机会得以遍览徐氏藏书，同时继续编撰和修改《读史方舆纪要》。顾祖禹给自己立下规矩，每天必须写好几个条目，即使不眠不食也必须完成。如此，至康熙十九年全书完稿。

康熙二十六年（1687），徐乾学奉诏编纂《大清一统志》，力邀顾祖禹参加。顾祖禹再三推辞，后可能考虑到入馆修志有机会接触大量珍贵的、民间难觅的舆志典籍，故应允入修志局。顾祖禹云：

"余辑《方舆书目》凡二卷，约千有余家。"

---

① 彭士望：《耻躬堂文钞》卷一《四库禁毁书丛刊·集部》，北京出版社 2000 年版。

"近代《一统》《寰宇》《名胜》诸志及《十三司通志》，余皆得见之。其天下郡县志得见者，十未六七也。"(《读史方舆纪要·凡例》)

《方舆书目》中约千余家著述，有流传的，也有不传于后世的，尤其唐宋以前的著述多不传。传于世的方舆志书，不常见的便有阅读之难，但入"史局"修志，便可有机会阅读罕有典籍，如大量宋元以来的郡县志书一类。另外，修史时顾祖禹得与当时著名的同行学者阎若璩、胡渭等共事，共同探讨考镜。

修志结束后，顾祖禹除了拒绝在志书上列名外，还恳辞徐乾学向朝廷的保荐，旋即返回无锡胶山，继续修订《读史方舆纪要》，在康熙三十一年(1692)终于完稿。从清顺治十六年(1659)动笔，到他逝世前定稿，可谓"穷年累月，矻矻不休"，三十余年苦心孤诣，十易其稿，"误则正之，漏则补之，甚至削之"，积顾氏五代人之心力，穷祖禹一生之功夫，终于完成了这部煌煌 130 卷、280 万字的旷世巨制。为后世留下了一部研究我国古代军事史和历史地理的、具有很高学术价值的珍贵文献。

钱穆《中国近三百年学术史》附表中，考述了顾祖禹《读史方舆纪要》成书的历史。

三、《读史方舆纪要》的贡献

在《读史方舆纪要》中，顾祖禹将历代地理形势、沿革、区划与本地战史结合起来，作浑然一体的阐析，这是全书的构成主体，也是独具精神所在。然后按明末划分的政区，分十五个省区来叙述历代的疆域形势及历史沿革，着重考订古今郡、县变迁及山川险要和战守利害。其中对与经济有关的城市兴废、漕运增减、交通变迁等也分别加以有论述，把"方舆所该，郡邑、河渠、食货、屯田、马政、盐铁、职贡、分野之属"等按照政区，加以一一分析，以体现"经世致用"的宗旨和精神。故《读史方舆纪要》的贡献是多方面的，有三点特别突出：

一是追求舆地学的经世致用目的。

梁启超认为顺康时期的地理著作，"好言山川形势阨塞，含有经世致用的精神"①，只是有清一代地理学之书，都不过是"历史的地理学"。但顾祖禹自己在叙言中表明著述的目的，不仅仅展现一己之经世理想，而在于实际指导意义：书写成传于后世，是要使看到的人有所裨益；上可助君臣治国安邦，下则可为士农工商经营与行旅提供指南。

二是特别突出军事地理的作用。

_____

① 梁启超：《中国三百年学术史》(八地理学)，上海三联书店 2006 年版。

梁启超在概述《读史方舆纪要》的体例时指出其：

"每省首冠以总序一篇，论其地在历史上关系最重要之诸点，次则叙其疆域沿革，山川险要，务使全省形势了然。每府亦仿此，而所论更分析详密。每县则纪辖境内主要之山川关隘桥驿及故城等。全书如一长篇论文。其顶格写者为正文，低格写者为注，夹行写者为注中之注。体裁组织之严整明晰，古今著述中盖罕其比。"①

梁氏推崇所谓"实测地理学"，把顾祖禹之书称为"考古地理学"，即"专凭书本上推勘考证"，梁氏的这个体例概述，正是要说明顾祖禹氏"考古地理学"的特征。但是，顾祖禹《纪要》中对各地方介绍分析时，侧重在"山川险易，古今用兵战守攻取之宜，兴亡成败得失之迹"，其核心在于阐明各地的地理形势，以及在军事上的战略价值。

顾祖禹首先指出，战守攻取应以分析地理形势为基础，无论"起事"之地，或"立本"之地，都须"审天下之大势"而后定，否则，不免于败亡。但顾祖禹更深刻地指出，地理因素最终是通过人起作用的，故在论及地理形势的战略价值时，便认为"设险以得人为本"，不能只凭地利决定胜败；还要明白"险易无常处"之理，从而灵活运用地利。

三是书中提供的舆图要览。

这些舆图实际上是明代最完备的兵要图籍，带有浓郁的军事地图的色彩，虽然不能跟后来的军事地图相并比。书中附地图 44 幅，由概况说明、图、表组成；三者结合，对一个地方的形势、山川险易、物产户口、边腹要地设防、兵员粮饷等情况，做立体的、全方位的记述和剖析。这种地图具有实际指导意义，无怪乎祖禹的好友魏禧在看到此书后惊叹："此数千百年绝无仅有之书也！""贯穿诸史，出以己所独见，其深思远识，在语言文字之外。"（《纪要》魏禧叙）。由此顺及，前述顾祖禹高祖顾大栋撰次《九边图说》，其体例及功能，与此正同。

梁启超从现代地理学的角度，推举地理之"实测"的重要性，认为"地理之非实测不能征信矣"，这是对的；但以之准绳顾氏之著作，不免有以偏概全之嫌，故梁氏自己也不免既嫌顾氏之学非实测，又赞顾氏之精准。在《清代学术概论》中叹曰：

"以云体大思精，至今盖尚无出无锡顾祖禹《读史方舆纪要》上者。"②

有清一代，除了藏书家的追捧外，唯左宗棠对此书推崇备至。左氏十八岁时，就购买顾祖禹《读史方舆纪要》，"喜其所载山川险要，战守机宜，了如指掌"，并认

---

① 梁启超：《中国近三百年学术史》，上海书店 2006 年版。
② 梁启超：《清代学术概论》，上海古籍出版社 1998 年版。

为"实学之要,首在通晓舆图"。左宗棠过人的军事才华和一生的文治武功,每多得益于《纪要》一书。而日本人则从清末始就重视顾氏的《纪要》,日本陆军参谋部把此书作为研究中国地理地貌的必读书,觊觎中国之心,处心积虑。有论者指出,中日战争爆发,日军能在江南地区迅速推进,颇得益于顾祖禹此书。

康熙三十一年(1692),顾祖禹病逝于无锡胶山,终年61岁。后人遵其遗嘱,墓碑上只刻"处士顾祖禹墓"字样,表明自己的素志和持守。他的巨著,直到他死后百余年才刻印问世。

顾祖禹另有《宛溪集》《方舆纪要州域形势说》《古本方舆书目》等书,据钱穆所云,顾祖禹在康熙五年(1666)时初刻有《二十一史方舆纪要》五卷,钱氏认为此即今刻《历代州域形势》九卷之祖本。不传世。

第四章

顾祖禹家世考

—— 以籍贯问题为主

关于顾祖禹的籍贯,有籍"无锡"和籍"常熟"两种说法。大凡清代的一些传记资料,持第一种观点者居多,诸如李元度《清朝先正事略》等;持后一种说法者较少,如《国朝先正事略》等①。为此,周宏伟先生详加辩证,其《顾祖禹籍贯辨正》②一文力主"常熟"说。周文认为"无锡"说的始作俑者是乾隆间华希闵(1672 ～ 1751)所主撰的《无锡县志》顾氏本传,此后便陈陈相因,引起误解。本篇试对周文的一些说法略加廓清。此外,我们认为,关于顾祖禹的籍贯及家世问题,其实并不单纯是考据学方面的问题,其中还包含着社会习俗、文化心理等方面一些复杂的因素,故就此谈谈自己的看法。

一、关于"籍贯"及顾祖禹之籍贯

古代"籍贯"所指,是指一个人的出生地和家庭徭役种类的登记文件。明代,这样的为核实户口、征调赋税而制成的户口版籍称为"黄册",这是一种将户口、田产和赋税捆绑在一起统一管理的户口册籍。据《常昭合志稿》卷七"户口志"记载,常熟地区于"明洪武十四年编赋役黄册",这是明代诏令地方府州县全面整顿户口的时间。这种黄册入清后一直沿用,且作为征税依据进行严格的审核。从顺治初朝廷诏令天下"编审人丁"开始,对户籍的审核越来越严格细密,"有黄册,岁计户口登耗"(《清史稿·食货一·户口》),故《常昭合志稿》"户口志"下也记载:"国朝康熙间,常熟县原额人丁十万一千五十一丁,节年审增人丁二千八百八十三丁。"查考籍贯,最简便的方法,自然是查阅这种"黄册"。但是由于古代留存下来的"黄册"寥寥,故无从稽查户籍。于是,我们只能从一些家族文献或与此相关的

---

① 李元度《清朝先正事略》、钱林《文献征存录》、江藩《汉学师承记》、蔡冠洛《清代七百名人》《清儒学案》《清史稿》列传等均称祖禹"无锡人"。称祖禹"常熟人"者,如《国朝先正事略》《学案小识》等。

② 周宏伟:《顾祖禹籍贯辨正》,载《湖南师范大学社会科学学报》,1999 年第 2 期。

记录中去寻找信息。

关于顾祖禹的家世资料，最可靠的来源即是他自己在《读史方舆纪要》总序一，及所撰《黄守中先生六十寿序》①中的描述。据此可知，祖禹一支先祖顾原九公：

"于宋端平元年，由临安避地梁溪，耕读于宛溪之上，子孙奉遗命，历元世皆隐居不仕。"（总序一）

在这段文字中，"梁溪"系指地望，以为无锡的别称。顾祖禹的先祖顾原九公，约在南宋理宗端平元年（1234），举家从临安迁徙到无锡，定居于"宛溪之上"。顾原九为本支顾氏始迁祖，自此而下，顾氏合族一直到顾祖禹的高祖顾大栋、曾祖顾文耀、祖父顾龙章、父亲顾柔谦，历数代均世居于此。

又据顾祖禹的好友魏禧所撰《常熟顾耕石先生墓志铭》："君姓顾氏，讳柔谦，字刚中，居苏州之常熟县。"②顾祖禹之父顾柔谦，出生于祖居之地，但这个情形后来发生了改变，墓铭记：

"年二十，为馆甥于湖东谭氏。补弟子员。督学倪公元珙、宗公敦一、御史祁公彪佳，皆器识之。"

魏禧所撰顾柔谦墓志铭，是受好友顾祖禹之乞请，并据顾祖禹所提供的行述撰写的，应当可靠。所谓"馆甥"者，古代"女婿"之雅称，实际上是顾柔谦于20岁时入赘于常熟昆承湖谭氏，故魏禧所撰墓铭称顾柔谦为"常熟顾耕石"云云。顾柔谦后归隐虞山，改名隐，字耕石。而魏禧对顾柔谦里贯的确认，是来自顾祖禹所提供的户籍资料，故魏禧不仅称祖禹之父为"常熟顾耕石"，而且也始终称祖禹为"常熟顾祖禹"。

其次，值得注意的是顾柔谦"补弟子员"的时间。

顾柔谦出身科举门第，业师是东林党后期代表人物马世奇、华允诚等，华允诚又是其舅父。顾柔谦家道中落后，20岁时（天启五年）入赘常熟谭氏，"补弟子员"的时间应该是在这以后。而受到当时的江南学政倪元珙、苏松御史祁彪佳赏识的事，当在崇祯时期。

所谓"弟子员"是明清时期对县学生的称谓，即通过科举初级考试，取得进学资格，成为正式官学学生，所以宜兴吴德旋《初月楼闻见录》卷六即记为："常熟顾刚中，名柔谦。年二十，补学官弟子。"《明遗民录》卷二十"顾柔谦"条下也记载："明顾柔谦，字刚中，邑人，徙居常熟……补诸生。"夏定域先生《顾祖禹年谱》将补

---

① 顾祖禹：《黄守中先生六十寿序》，载《国风半月刊》第四卷第十期。
② 魏禧：《常熟顾耕石先生墓志铭》《魏叔子文集》外篇卷之十八，中华书局2003年版。

诸生的时间系为崇祯五年①（下引此年谱,简称"夏谱"）。

明清科举考试制度有两个严格的规定,一是资格限定:规定只有"编户齐民",即在官府的公籍上载有正式户籍的,才有资格参加考试。二是地域限定:规定须在户籍所在地（"原籍"）应试。所以明制规定:"试卷之首,书三代姓名及其籍贯年甲,所习本经,所司印记。"（《明史·选举志二》）凡是考试时有冒籍、跨籍等作弊行为的,均被视为违法而要受到严惩。而明代由提学官主持的地方科举考试中,院试合格者方取得生员（秀才）资格,方能进入府、州、县学学习。顾柔谦在入赘常熟谭氏后"补弟子员",由此可以大致了解其常熟户籍的状况。

顾祖禹于崇祯四年（1631）出生在常熟。至"甲申之变"（1644）时,顾柔谦"遭流寇之变,遂遁入山,焚笔瘗砚,率子祖禹躬耕于虞山之野。"（总序一）可见,顾祖禹从出生到青少年时期,一直随父亲生活在常熟虞山脚下,顾祖禹"里贯"当是常熟无疑,无锡则是祖禹之祖籍。祖禹提供给魏禧的家庭户籍资料当是常熟籍贯,故魏禧所写墓志,便称"常熟顾耕石",顾祖禹向人也自称"常熟顾祖禹",而熟知祖禹的魏禧及祖禹的另一位忘年知己彭士望也如是称。

二、关于"宛溪"及"宛溪子"

周宏伟先生《顾祖禹籍贯辨正》一文,在论证顾祖禹常熟籍贯时,主要的立论的依据是:祖禹先祖世居的"宛溪"之地乃常熟县属。推论过程是:根据康熙《常熟县志》等记载,内中有县属"宛山"条目,而《无锡县志》中则有"宛山荡"条目云云,由此先排除宛溪指无锡县属的宛山荡,并进而推演:"宛溪的得名实际上是与宛山联系起来的。宛溪亦即宛山之溪。"而宛山既是常熟县属,遂由此得出结论:"顾祖禹的先世自宋以来一直是居于常熟宛溪的。"周文的这种排比类推,太过于简易草率,同时也是对此处地形水文知之不详的缘故。

第一,因宛山而得名的是"宛山荡"。

顾祖禹《读史方舆纪要》卷二十五"无锡县"下记:"宛湖,在县东北五十里。湖滨东岸即常熟县界,有山曰宛山。俗曰宛山荡。"

"宛山荡"之得名,是因为毗邻宛山,坐落在宛山西二里许的地方。而所谓"宛山",实亦不过一小丘耳。《常熟县志》卷二载:

"苑山,在县西南五十里一百步,高四十丈,周五里;山有墨池,石坚细可为砚;顶有石塔,山人顾大栋建,名'保亲塔',望之殊秀;一名马鞍山。"

"苑山"即宛山。山之小,不足以成为溪流之发源。考"宛山荡"之水,实属于

---

①　夏定域:《顾祖禹年谱》,载《文献》,1989 年第 1 期。

太湖水系。太湖之水，经大运河，入苏州无锡交界的漕湖（古称蠡湖），再流经鹅湖，达于宛山荡。至正《无锡志》卷二记载，无锡州东七十里之"濠湖"（即鹅湖，俗呼"鹅真荡"）：

"自湖（指鹅湖）向东，稀墩与长洲县界接。稀墩向北，三十里至苑山，经湖中心与平江常熟州分界，西南达于蠡湖。"

顾祖禹《读史方舆纪要》"无锡县"下也记述，宛山荡之水"南接陆家、谢埭等荡，入常熟县境。"

具体地讲，这派水系从宛山荡到陆家荡，再到谢埭荡，是连绵一片的湖荡，狭窄处有数十米，宽阔处则有一二百米，波阔水森。宛山荡之水浩浩汤汤，出谢埭荡往东，再经陶荡、佳菱荡等数个湖荡，即可到达常熟城外之昆承湖。

那么，祖禹自号"宛溪子"又是因何而起？据单学傅《钓渚小志》称，祖禹"自号宛溪子，以钓渚稍西即宛山荡也。"疑单氏此说为附会之语。文人取字号，固然可使用一些仿佛之语，但因"宛山荡"而取号为"宛溪"，差谬甚远。按"溪"之本义，特指"山渎无所通者"（《说文解字》），故本字写作"嵠"，后泛指窄小河流。祖禹《纪要》中亦明言宛山荡为"宛湖"。而且钓渚是祖禹的寓居之地，祖禹自述"宛溪"乃其祖居之地，故取号"宛溪子"。

第二，"宛溪"竟在何处？

如果"宛溪"是指溪流一脉，则顾祖禹所言先祖定居耕读之所的"宛溪"又在何处？实地查勘湖荡四周，则有多条溪流注入宛山诸荡，这些溪流是水乡江南勾连腹地各个村镇的水道命脉。宛山附近注入宛山荡水系的河流，主要有两条，一是附近山泾，即单学傅《钓渚小志》所提及：

"北范之北为山泾，山泾之水盘洄不过三里，而路歧多曲，谚称有七十二港汊，或不谬也。山泾之西二里许则宛山矣。"

此水流经的"北范""南范"两大村子，为范仲淹族兄后人聚居之所，祖禹曾在钓渚渡范贺家做过一年的塾师，即在此地。则顾祖禹所谓"宛溪"，是否即指此"山泾"？详察单学傅《钓渚小志》文字，则单氏既误认为祖禹是因"宛山荡"而自号"宛溪子"，那么作为钓渚土著的单氏，也即从没有把这条"山泾"跟"宛溪"联系在一起。姚椿《通艺阁文集》"顾处士传"以为顾祖禹"客钓渚主范贺家，因号曰宛溪"。姚椿的说法实与单氏相类。

宛山山麓的另一条河流，是在宛山荡北面荡口处，经大成桥，北流入无锡县境，名叫"兴塘河"，这是宛山荡较大的一条支流。这条河流向北又形成众多支流，通向无锡县境的各个村镇。由于这条河流正是通向顾氏祖居之地，故最有可能是顾祖禹所说的"宛溪"。正好，乾隆时期黄印的《锡金识小录》卷二就提到"廊下河,南兴塘大成桥分支,北行经顾二房廊下,折而东,通羊尖河,达常熟县。"这里提到的"顾二房廊下",正是宛山顾氏的祖居之地,流经这里的河叫"廊下河",所以顾祖禹所说得"宛溪"当指此。

第三,顾祖禹的"祖居"之地"廊下"地望。

顾祖禹自述先世所居之地在"宛溪"之上,又述先祖本长居宛山之麓(《黄守中寿序》),魏禧墓铭亦云:"君家对宛山。"这种诗意化的叙述很容易引起误会,这才会有周文认为顾祖禹先祖居住之地就在宛山脚下的宛溪边。而实际上,顾祖禹祖居之地在宛山北麓约五里外一个叫"廊下"的地方。夏定域先生遗著《顾祖禹年谱》云:

"(祖禹)始祖原九征君,当宋季,卜居宛溪,后称廊下顾家。"

"宛山之水流为宛溪。再入宛山荡,通鹅湖。"(夏谱146页)

夏先生描述祖禹先祖在迁徙之初乃卜居水边,后子孙繁衍壮大,有"廊下顾家"之称。《无锡县志》卷四"乡都"下记:"廊下,在怀仁乡。"卷五"桥梁"下也记载有:"怀仁乡有顾二房桥,亦名顾二房廊下。"

单学傅《钓渚小志》则记述更为明晰:

"顾氏所居去山未远,实金匮地,于前明为无锡。今彼处地有名二房廊下者,皆顾氏宅。素饶财,造屋至三千余间,绵亘十余里。今南范稍东北有顾家巷,亦子姓析居也。"

可见,祖禹一族自宋末迁锡,临水而居,至明代已衍为大族,饶有田宅。后子孙析居,村落至有"二房廊下""三房廊下"之名,至今亦然。村落边有溪流逶迤而过,此正上述流注入宛山荡之兴塘河水系。卜居此地,便有"一水护田""宛山排闼"的景象。由于各个时期的无锡地方志所载,无锡县境内没有以"宛溪"命名的河流,可见祖禹所谓"宛溪",既是对祖先卜居之地的美称,也是一种泛称,概指宛山北麓今廊下一带的地望。以后祖禹自号"宛溪子",自己的文集也命以《宛溪集》,皆因此而起。而前述"钓渚"地望,则包括了宛山荡东岸(含宛山在内),以及宛山东面、南面的十数个村落。

须辨正的是,夏先生所云"宛山之水流为宛溪"的说法(此说,疑周文所本者),实误。如前所述,宛山荡属太湖水系,兴塘河水系乃宛山荡支流,主要流域在无锡县境。

第四,廊下是宛溪顾氏的坟墓所在。

顾氏世居廊下,至明代顾舆清顾大栋父子时为极盛。顾舆清居官楚中时,其子顾大栋豪侈无节,民间至今流传不少顾大栋豪奢的逸事。前述顾舆清父子在宛山上建有石塔一座,镌有:"大明嘉靖廿六年丁未正月吉日,顾舆清率男大栋孙男贵寿建造"字样，凡二十六字，现存。顾大栋其人，顾祖禹记曰：

"光禄丞大栋，当嘉靖间，好谈边徼利病，跃马游塞上，与大司马灵宝许公论善，撰次《九边图说》，梓行于世。"（总序一）

《夏谱》"顾大栋"下有按语曰："廊下有大栋墓。"笔者访诸当地耆老，顾大栋墓在"文革"期间尽毁，约略指其地，大致在今廊下河西侧，与锡沪路交会之稍西北方向。

三、顾祖禹缘何姓"顾"

关于顾祖禹到底是无锡人还是常熟人的争论，除去地域文化（特别是旅游文化）因素引起的争论外，从民俗学的角度去思考，却是一个有趣的问题。顾祖禹缘何姓"顾"，包含着许多文化信息。

首先，顾祖禹的父亲顾柔谦的"赘婿"身份。

明清时期的江南乡间，"赘婿"之风颇盛。日本学者滨岛敦俊认为，乡间地主的"入赘"婚姻，主要因由是为了移居或解决力田的劳力等问题。① 除此之外，民间还有延续香火、提高门第等原因。顾柔谦因家道中落，不得已入赘常熟昆承湖谭氏，按照江南民间习俗，入赘之后子女当随母姓，但顾祖禹却随父姓，这其中必有缘故。据魏禧墓铭所记，顾柔谦在赘入谭氏后，生活境况并没有很大改观。又宛溪旧居及家产则尽让其兄，然其兄亦奇贫，敝庐一所亦不能守，致家中母亲无所依傍，这成了顾柔谦的心病：

"君自伤贫，依倚外家，不得奉母晨昏，郁郁疾作。岁中，频往还昆承诸湖。""君外父乃为别置宅。"

这种家庭状况，对作为"赘婿"的顾柔谦来讲甚为尴尬。故甲申之际，既遭国变，又"复不容于谭氏诸舅"（夏谱）的情形，就不难理解了。紧接着，清兵大举南下：

"乙酉之变，虞城涂炭，白腰贼起，所居虽穷僻亦不获免，焚劫者凡五次。至是家无椽，居无定所，而外祖殁后所遗田百余亩，以湖东多水灾，累年无所获，复为赋税所累，尽捐其田于佃田者，坐是益困。"（《夏谱》引祖禹自记。148页）

"乙酉之变"（1645年）时，清军横扫江南，吴江常熟一带遭兵火劫掠，使得顾柔谦昆承湖谭氏房宅尽毁。而祖禹外祖所遗百亩田产，因天灾人祸早为赋税所累，这或是引起与谭氏诸舅嫌隙的主因。江南田赋之重，明末时已然，顾炎武《日

---

① 滨岛敦俊：《农村社会——研究笔记》《近代中国的乡村社会》，沈中琦译，上海古籍出版社2005年版。

知录》卷十有论《苏松二府钱粮独重》。至清初,为了增加国家财赋收入,则变本加厉催征钱粮,前述清初的"编审人丁",其目的正在此处。叶梦珠的《阅世编》卷六生动记载了顺治十八年(1661)松江某些"绅衿"地主被催征钱粮的官吏所逼迫,不得不借高利贷纳赋的情形:

"押吏势同狼虎,士子不异俘囚。时惟有营债一途,每月利息加二、加三,稍迟一日,则利上又复起利。……而一月之后,营兵追索,引类呼群,百亩之产,举家中日用器皿、房屋、人口而籍没之,尚不足以清理……故当日多弃田而逃者,以得脱为乐。赋税之惨,未有甚于此时者也。"①

叶氏所描绘的这个松江"百亩之产"的地主,在苛征暴敛(疑指追讨"逋逃"税粮)之下竟至弃田逃亡的案例,恰可援引来描述当年顾柔谦所面临的窘迫之境。在这种精神和生活俱受压迫的情形下,顾柔谦遂弃田,携妻、子遁入虞山,躬耕于野,勉强维持生计。应该正是从此时起,顾柔谦开始脱离昆承湖谭氏。祖禹复姓"顾"氏,最有可能就是从这个时候或稍后开始的。

顺治七年(1650)顾祖禹20岁时,随父亲移居钓渚渡。祖禹在钓渚渡范鼎九家做塾师,奉养自己的父母。一年多以后,祖禹随父寓居无锡胶山,与一辈子的朋友黄守中结邻而居,没有回到昆承湖,也没有回到宛溪故地。

补充说明一下,入赘他姓以后又复祖姓的情形,在江南也是一种常见的情形。除了顾氏,胶山安氏之安国家族也有这种情形。据《胶山安氏家乘》所载,安国先祖长洲悬珠里黄仲茂即为安氏之"赘婿",入赘后,黄仲茂改名安宏毅,生子安以恕。安以恕有四个儿子,两子早逝;黄仲茂(安宏毅)即命一个随安姓,一个则复姓黄。祖禹好友黄守中即此黄氏之后。甚至此安氏之后安如山,后来也曾有过复姓的念头。

顾柔谦于康熙四年(1665)去世,去世时谓祖禹曰:

"吾不孝,无以仰承先祖,死无葬我祖茔之旁。"(魏禧撰墓铭)

后顾柔谦卒葬芙蓉湖畔,祖禹则葬胶山盛姬墩,皆锡山之地。祖禹之弟顾宛湄早卒,于其父之先逝去。祖禹之母谭氏,于丈夫逝去不满一年亦逝。

其次,继承顾氏家学的家族期待。

舆地学是祖禹家传之学。祖禹在叙述自己的家学渊源时,一直上溯到南朝顾野王:

"至黄门侍郎野王,则以著述显于梁陈之际,所著书数百卷,而舆地志尤见重于世,至今学者犹宗师而俎豆之。"(总序一)

---

① 叶梦珠:《阅世编》卷六《赋税》,上海古籍出版社1981年版。

明代时,顾祖禹高祖顾大栋撰有《九边图说》。顾柔谦本人也精通舆地之学,论述《明一统志》得失堪称行家,并著有《山居赘论》一书,也是舆地学专著。顾柔谦曾不无自豪地向祖禹称:"吾家自两汉以来,称为吴中文献,小子可考而知也。"(原序一)顾柔谦临终之时,明代沦亡近在眼前,城郭山河,俨然在望,而图籍沦没,文献莫征。于家于国,顾柔谦特别期待儿子祖禹能克承家学。这种强烈意愿,表现出对顾氏家族及家族文化传承的责任感。以此可见,顾柔谦传承家族的自任意识,不在谭氏,而在顾氏。这种意识传递给顾祖禹,便造就顾祖禹的学术成就乃在总成家学的特色。祖禹之子顾士行,在祖禹与修徐乾学主持的《大清一统志》时,也参与其间,亦可见子承父业。

四、结语

关于清末许多传记资料都将顾祖禹认作无锡人,周文认为,这是由于乾隆《无锡县志》记述的误导。华希闵与祖禹孙交好,"半为交情半为私",就以"顾间自署常熟,实无锡人也"一句,误导了所有人。

其实,顾祖禹是"无锡人"的说法,并非最早出现于乾隆时期的《无锡县志》。裘琏(1644～1729)曾与顾祖禹一同纂修《一统志》,他的《纂修书局同人题名私记辛未》①所记书局同人,有"无锡顾祖禹、子士行","常熟黄仪、陶元淳"云云。因为此篇原文题目下标记"辛未"字样,则至少康熙三十年(1691)即有人称祖禹为无锡人。此外,祖禹另一位书局同人胡渭,在为自己的《禹贡锥指》所撰的《禹贡锥指略例》中,也敬称当时"无锡顾祖禹景范、常熟黄仪子鸿、太原阎若璩百诗,皆精于地理之学。"②此篇文后标记"康熙辛巳夏"作,这是康熙四十年(1701)的文字。徐乾学之弟徐秉义(1633～1711)《禹贡锥指・序》中也如是称。而更早的则是平湖陆陇其(1630～1692)《三鱼堂日记》卷下所记:"(辛酉)七月初二晚,至常熟会黄子鸿,言无锡顾祖禹字景范,有《方舆录》最精详。今馆于徐健庵家。"辛酉是康熙二十年(1681)纪年,那时的祖禹尚坐馆于徐乾学家。可见,由于祖禹长居祖籍无锡,又自号"宛溪子",交往友朋乃缘此而称祖禹为"无锡顾祖禹",这便是自然而然的事。

概言之,顾祖禹之籍贯,大体可以确定如下情形:以古代里贯称,则为"常熟顾祖禹",如墓志一类。以地缘人文称,则为"无锡顾祖禹",盖言祖禹之祖籍及久居之地。故光绪时期的常熟地方志《常昭合志稿》卷四十,也干脆把顾祖禹列入《游

---

① 裘琏:《纂修书局同人题名私记》《横山文钞》《四库未收书辑刊》第9辑。
② 胡渭:《禹贡锥指・略例》,上海古籍出版社1996年版。

寓志》。

　　确认祖禹的籍贯，其意义其实只在了解祖禹成年以前的生活，并不见得如周文所言可探究其学术渊源。说起顾祖禹的学术思想和渊源，受其父亲顾柔谦直接影响为多，同时传承家学。而助其纂成《纪要》的，是无锡黄守中、华商原辈。

第四篇 04

武进恽氏：一个气息氤氲的"诗画"大族

常州城向南二十余里，有一座明清古镇——上店。这是一座行将消失的江南小镇。"上店"的名字，在孤独地立在路边的清代乾隆年间的碑记里写作"上垫"。还有人说其实小镇的名字叫"上殿"，因为明代时这里出过好些个面圣的进士。也有人考证出这里曾是写《文心雕龙》的刘勰的居住地，"上殿"跟刘勰的显达有关。这些说法似乎都很不靠谱。"上店"的名字，在南宋所修的《咸淳毗陵志》里就已经有了，至于得名的因由，"只是当时已惘然"矣。

一条小河"兴隆河"穿镇而过，上店古街就被分隔成南街和北街。小河勾连起京杭大运河和太湖的水域；桨声橹影里，可以到达邻近的无锡、宜兴及更远的地方。小河上"上店桥"，是一座单孔石拱桥，建于明代弘治年间，又在清代乾隆年间重修。

落在行人眼里的古桥更显颓败；而落在古桥眼里的历史烟云，则尤其聚散无端。小桥东北角的畴陇河堤间，曾是2500年前吴国伍子胥所建的胥城遗址，相传为伍子胥伐楚时所筑军垒，故名胥城。大约在明代嘉靖时期，有人在胥城旧址建龙潭寺，清光绪末重修时改称为"胥城禅寺"，也曾是一方名刹。离胥城不远处，是恽氏家族的墓园，恽日初、恽南田父子即葬于此处。桥的南面有恽氏故居，据恽逸群所记，故居是先祖在清代所建，原建于恽南田旧宅所在位置。小桥满面沧桑地伫立数百年，见证了历史的风雨，也端详着一个大家族的起起落落。这个大家族就是武进恽氏家族，一个充满传奇色彩的"诗画"大族。

引 言

恽氏溯源

恽氏是中国姓氏中属于较为罕见的一个姓氏,武进(古属毗陵)为恽氏郡望,天下恽氏出于此地者占八成,故有"天下恽姓出毗陵"的说法。

关于武进恽氏的由来,根据崇祯九年(1636)四修《恽氏家乘》沈上墉序所记:

明初学士吴沈纂天下军民姓氏时,谓杨恽被刑,子孙隐讳,以名为姓。

——沈上墉序言中引述明初吴沈《千家姓》的说法,谓恽姓之得姓,源于杨恽。杨恽,字子幼,即西汉平通侯,出身于华阴(今属陕西)望族杨氏,其父为汉昭帝时丞相杨敞,母亲司马英则为司马迁之女。

杨恽居官显赫,因告发霍光子孙谋反有功,封平通侯,迁中郎将。但杨恽为官廉洁无私,班固在《汉书·杨恽传》①中就是如此评价的。他不仅处事公平,而且很有魄力,从其罢"山郎"一事,即可见杨恽的理事头脑和能力。

西汉随侍皇帝的郎官,除日常工作外还必须轮流当值,执戟宿卫殿门。普通郎官通常须使钱行贿,才能得假外出,因此豪富之郎常出宫游玩嬉戏,而贫者则终年不得休假。至于加官出任,则更需行贿才能有机会,因此贿赂风行,竞相仿效,时人认为山地是财用所出之区,故径把郎官称为"山郎"。杨恽担任中郎将后,即罢山郎之弊,禁止求情送礼,且惩恶扬善,对犯法、无能者,上奏罢免;对德才兼备者,荐举加官。这大大激励了郎官的勤于职守,有的人因此升迁到郡守、九卿之位。一时之间,"绝请谒货赂之端,令行禁止,宫殿之内翕然同声。"杨恽也因之被擢为光禄勋。

此外,班固在《汉书》还叹赏杨恽的"轻财好义"。《杨恽传》记述了两件事:第一件事是,杨恽的父亲去世后,给他留下五百万之巨的财产,杨恽悉数用来济助宗亲。第二件事是,杨恽的后母去世后,也留下数百万财产,指定杨恽继承,但杨恽把这笔巨额遗产分给了后母的几位兄弟。前后继承千万遗产,皆分施他人,班固也叹赏"其轻财好义如此"。

---

① 班固:《汉书》卷66"杨敞"附传,中华书局1962年版。

　　照理说,杨恽为官做人都没有亏缺,缘何最终落得个腰斩的悲惨结局呢?细察与太仆戴长乐的交恶因由,当是吃亏在他的那张嘴巴上。

　　杨恽乃宰相杨敞之子,自己又年少显达,不免有贵胄子弟的骄纵任性习气。在官场上,不懂得低调敛藏:一是自矜其能、不能容人;二是待下苛责严厉;三是喜欢评点是非,还要把别人见不得人的隐私揭露出来。凡此数端,足以使他在朝堂上结怨多多。他得罪宣帝在民间结交的知己戴长乐,可以说是他这种性格带来的必然结果。而戴长乐所罗织的几种罪名,诸如说他妄引桀纣亡国事例来诽谤当今朝廷,拿皇帝开涮等,都是他喜欢乱说话留下的口实。还有一点,就是杨恽告发霍氏,以致霍光子孙问斩,这事大概在他人心里留下颇深的阴影,所以戴长乐因做事失宜被告发,第一个想到的就是防备杨恽,旋即先下手为强,反咬一口。汉宣帝不忍心判杨恽死罪,下诏把杨恽、戴长乐都贬为庶民。但被祸之后的杨恽不思悔改,依旧高调生活,大治产业,广结天下宾客。朋友孙会宗是个有智谋的人,写信规劝杨恽:大臣免官退居以后,"当阖门惶惧,为可怜之意,不当治产业,通宾客,有称誉",规诫他:作为一个罪臣应该闭门思过,诚惶诚恐,做出让人哀怜的样子,不该经营产业,交结宾客,赢得他人的美誉。——这种好意规劝,杨恽非但听不进去,还写了《报孙会宗书》自辩,言称自己家最盛时,"乘朱轮者十人,位在列卿,爵为通侯,总领从官,与闻政事",那时何等显赫。现在虎落平阳,老老实实做了个农夫,只不过逢时遇节祭祀时多饮几杯,让家中的奴婢歌者在"酒后耳热,仰天抚缶而呼乌乌"罢了,我竟不知道错在哪里?我现在已经是个农夫,所谓"道不同,不相为谋。"你怎能再以卿大夫之制来谴责我呢。

　　这篇文章嬉笑怒骂,挥斥意气,终至激怒宣帝,腰斩处死。这篇悲催的《报孙会宗书》,断送了杨恽的老头皮,却入选了《昭明文选》,成为千古闻名的书信。清人余诚评其行文风格:"则酷肖其外祖"。

　　明代吴沈纂修《千家姓》时提及,杨恽被斩后,子孙遂隐姓埋名,以"恽"为姓。但沈上墉则很谨慎地认为:"理或有之,无可考证,当从阙疑。"史籍无载,故阙如,这是古人的严谨。

　　恽氏宗谱①公认的毗陵恽氏第一世始祖是汉代恽贞道。清代恽敬《黄山寺碑记》也云:"吾恽氏第一世梁相贞道,自安定来居毗陵,殁窆县西北之黄山。"但在

---

　　①　恽宝惠:《恽氏家乘》卷十一,光裕堂印本 1949 年版。

《得姓述》①一文中,恽敬较为详细地梳理辩证了恽氏得姓始末,他认为,因杨恽之名而得姓者,这种说法从洪武中吴沈千家姓而始,前无记载,只能姑妄听之,未必信之。第二点,恽敬说,明成化时期的十世祖东麓府君《黄山集》中,提到元季有盗墓者挖到一块"汉梁相国恽子冬之墓"的碑碣,于是推测这个恽子冬可能是恽氏的始祖。到了嘉靖时期所辑私谱时,子冬之被称名为"贞道",并贞道以下所列世系次第,这些恐都是附会的。第三点,恽敬认为恽氏世系比较可信的是"方直府君"而下。

恽氏子孙世居武进孟河之滨,传至宋代恽方直时,有子二:长曰恽绍恩,居孟河,次曰恽继恩,别业徙居上店,恽氏遂分南北二支,世称"北恽"、"南恽"(《恽氏家乘》)。自此,恽氏家族之人才辈出,云蒸霞蔚,江南罕出其右,堪为大观。"北恽"有清代"阳湖派"领袖恽敬,张之洞幕府高级幕僚恽元复,革命先烈恽代英等等。"南恽"则自恽南田之后,形成一个"常州画派",家族中精诗文、善绘画者四五十人。上店恽氏,即南恽一系。

---

① 恽敬:《大云山房文稿初集》二卷之《得姓述》《得姓述书后》《得姓述附说二》三篇,对恽氏得姓的传说多有考辨。文中所引恽敬文字,均出于此,《近代中国史料丛刊》第二辑,台湾文海出版社 1966 年版。

第一章

恽日初：彩色难补崩天处

——易代文人的尴尬处境

　　恽日初（1601～1678），字仲升，号逊庵，又号黍庵，南恽61世孙，恽南田之父，中崇祯六年癸酉（1633）副榜。崇祯十六年（1643），李自成业已在襄阳建立政权，恽日初应皇帝诏上《守御十策》（恽敬《逊庵先生家传》言上《备边五策》），没有得到采纳。恽日初自认是个经世之才，中举后久留京师，已然虚掷十载，至此知时事不可为，便辞官回到老家武进上店。不久明亡，即归隐天台山，成为一个前朝遗民。在恽日初的生平履历里，有许多关键词：复社、义士、和尚、理学等等，但均不能守一而善终，这是生于乱世、无所趋归的必然结果。

一、"义士"：抗击清兵　喋血建宁

　　恽日初前脚离开朝廷，李自成后脚就攻陷了北京。1644年"甲申之变"，明朝遂告灭亡。恽日初把家事嘱予长子恽桢后，便携次子恽桓和三子恽格上浙江天台山隐居，随身携带唯三千卷书，希望匿迹山林，做个披发野人。

　　明亡后，明朝宗室在南方先后建立了数个抵抗政权。鲁王监国绍兴时，吏部侍郎姜垓向鲁王推荐了通晓军事且颇有韬略的恽日初，云其：

　　"忠孝夙成，尤娴韬略。急宜破格擢用，以图恢复。"①（汤修业《恽先生日初传（子格附）》）

　　但恽日初固辞不起。大概是知道鲁王及手下事未成却争正统，又颇娱戏荒淫，难成气候，因以推辞。不久清兵大举南下，诸王皆败，恽日初也带着两个儿子逃到福州；福州破，又逃入广州。广州攻破后，恽日初祝发遁为浮图，法名明昙，隐居在福建武夷山南麓的建阳。

　　当时金坛王祁在顺治四年（1647）拥郧西王朱常湖起兵，破建宁守之。王祁于是邀请隐居建阳的恽日初出山，耆老数百人登门坚请："先生不出，赤子皆鱼烂

---

　　①　钱仪吉：《碑传选集》（一）录有汤修业《恽先生日初传（子格附）》，恽敬：《逊庵先生家传》记述恽日初恽格父子事，注明引自《碑传集》卷一百二十七"理学"上，第53页。

矣。"恽日初被盛邀出山。王祁问计于日初,恽日初认为,建宁是入闽的门户,守住建宁,则通省能保。但是如果没有仙霞岭作为屏障,建宁终将守不住;而欲取仙霞岭,就应当先取浦城。王祁在恽日初建议下决定直捣浦城。

当时,恽日初长子恽桢正好前来省亲。恽日初遂派恽桢随副将谢南云一起奔袭蒲城。熟料作战失利,恽桢及谢南云都战死。恽日初遂令作战勇猛、势头正盛的同乡徐云夜袭蒲城,自己亲率后军督战。但途中忽然雷雨大作,人马陷于泥淖中,寸步难行。及至蒲城下,已是黎明时分,人困马乏。恽日初认为此时不宜攻城,但徐云不听,结果全军覆没。恽日初奋力突围才免于一死。

不久,清重兵六万在总督陈锦等率领下围困建宁,永明王朱由榔(后来的永历帝)派兵部尚书揭重熙赴援。恽日初上书表达自己对目前军情及攻略的看法,指出宜径取蒲城,断仙霞岭饷道,让敌军自乱阵脚,然后以精兵进击,与城内诸将里应外合,则必破敌军。但揭重熙根本不听,结果援军未到,建宁城就陷落了,王祁力战死,恽日初的两个儿子恽桓和恽格都陷于乱军中,音信全无。建宁当日的浴血奋战,在后来沈柏楼据南田自述而写的诗中如此描绘道:

"岂知仙霞破,突骑忽长驱。身居围城里,矢石交体肤。杀声动天地,拒守百日余。士卒多勇敢,大将亲援桴。吾父外请救,羽毛急军符。""短刀夹长戟,格斗血流渠。烈火复四起,烟焰连街衢。满城百万户,无一存妻孥。"①(沈受弘《赠昆陵恽正叔一百韵》)

恽日初收拾残卒,退向广信,遁入上饶广丰境内的封禁山。坚持数月,弹尽粮绝,乃喟然长叹:"臣力已竭,天意难回。"在恽日初看来,国事已非数十年了,颓败之势难以挽回,更不想让更多的人死于无望的挣扎,于是遣散了众人。

蒲城一战,恽日初牺牲了长子恽桢。建宁失守,次子恽桓和三子恽格又失去音信,凶多吉少。一年时间里,三子俱失,此时的恽日初内心忧愤异常:欲图报国而百无就绪;欲思故宫禾黍,则万念尽灰;而自己恽氏一脉,更无人承祧,四顾茫茫。恽日初一路行走,一路探访,行至杭州,遂入灵隐寺为僧,一边暗暗查访两个儿子的下落。

二、和尚:暂作头陀 却不解禅

抗清事败,恽日初遁入灵隐寺为僧。但恽日初托足佛门,并非一朝成佛,以解禅为事。

---

① 郭则沄:《十朝诗乘》卷三"恽南田"下录有沈白楼《赠毗陵恽正叔》诗,本其自述语云云,福建人民出版社 2000 年版。

恽日初的佛缘,早在年轻时就已结下。早年曾是晚明"三峰宗"创始人汉月法藏的门下。汉月出家前是无锡人。受明末江南地区学术风气的影响,汉月法藏儒释互通的讲学风格和入世倾向,及其禅风中挟带的批判精神,使他在晚明时期吸引了许多东林门人及王学左派学者前往问道,东林讲师钱一本、薛敷教等也曾延请汉月法藏前往东林讲学,所以当时东林门下学者与汉月时有往来。年轻学者恽日初便在那时从汉月学习,故被称为汉月的"门人"。

汉月的后继者有十二大弟子,其中以杭州灵隐的具德弘礼和苏州灵岩的继起弘储最著。恽日初隐入灵隐寺,即又成为具德弘礼的弟子。而灵岩弘储法师更是个"一以忠孝作佛事"的大师,心怀一腔愤世的悲哀和淑世的热忱。明亡后,弘储法师曾四处奔波,赴汤蹈火:"忧患得其所,汤火亦乐国。"弘储的道德和高节,以及智慧和学问,使他周围聚集了一批富有民族气节的遗民,其中也包括恽日初。

康熙三年(1664)弘储六十岁,灵岩山有一场盛况空前的"灵岩法会",群贤毕集。那时恽日初、恽格父子已经团聚,父子俩一起上灵岩,恽日初挥笔为弘储法师作《灵岩山图卷》以贺寿诞,恽格则写下《呈灵岩座元师》诗:

兵戈摇落向江湖,别后音书雁有无。

长路星霜还蓟北,扁舟风雨到姑苏。

薜萝自与青山老,绛帐空悬明月孤。

回首有看烽火急,夜阑相对重踟蹰。

——这一切自然是后来的事了。诗中除了有江湖苦雨的个人愁苦外,更有兵戈摇落的民族苦难。所以,不止恽日初始终没有真正以遁入空门来逃世,且明代晚期的佛门高僧,从紫柏大师到汉月法藏,到弘储法师,无不怀着一腔救世之婆心。

回头再说恽日初父子团圆,正是在灵隐寺邂逅,并在谛晖法师的帮助下团聚,父子携手同归故里,这也算得一段佛缘。恽日初回到武进上店后,修复淹城寺居之,此后日初僧服终身,督课经文,传先儒之书。

三、理学:蕺山弟子 僧服讲学

做过抗清义士,也做过佛门弟子的恽日初,其实本质上是一位儒者。年轻时的恽日初,曾追随东林讲师钱一本等学习。崇祯初,与吴江杨廷枢、钱禧等结识,成立文社——复社,以东林后继自任,切磋学问,砥砺节行。先时曾与同乡前辈张玮(清惠公)商讨理学思想,受到张玮的赏识,尊其为"畏友"。后客游京师时,在张玮的建议下,投入"蕺山学派"刘宗周门下。

"蕺山学派",是明末著名的儒学宗师刘宗周在绍兴蕺山所创立的一个学派。

刘宗周的学说，大体属于王阳明"心学"体系，认为"人心、道心只是一个心"，把人欲看成是人的自然欲求，属于自然人性论范畴。但跟王学左派不一样的地方是，刘坚持儒家"慎独""诚敬"之说，始终保持着对欲望的戒惧和对人心的提升。实际上，刘宗周的思想体系包容了心学和理学。刘宗周门下有许多追随者，最著名的有黄宗羲、恽日初、陈确等。

恽日初早年在东林受学期间的理学修养，后又受业蕺山，学问重知行并进，特重"慎独"之说，体现出以理学为本的思想特征。恽日初后来辑有《刘子节要》一书，阐发蕺山思想，但黄宗羲《答恽仲升论〈刘子节要〉书》对恽日初所作节要不为然，指出他在"于删要接续之际，往往以己言代之"①，这种对先师学说"失其宗旨"的概述，其实大致正是恽日初自我思想和体悟的结果，所以全祖望在评价恽日初为先师所写的《子刘子行状》时也提到这一点：

"惟言意为心之所存，则逊庵有不尽守师说者。"

但全祖望认为："逊庵所叙，间有梨洲之所未及者，当并存而不废。"这正是看到了恽日初思想中对蕺山学问的独特领悟和发挥。

黄宗羲固然不同意恽日初对刘宗周思想"以意逆志"式的解读，但这并不意味着黄宗羲轻视恽日初的学问和人格。相反，在《恽仲升文集序》中，黄宗羲说：

"仲升之学，务得于己，不求合于人。故其言与先儒或同或异，不以庸妄者之是非为是非。"

恽日初的著述，除了《刘子节要》外，还有《则堂语录》《论语解见》《中庸问答》《不远堂诗文集》等。日初自命有经世之才，学问上不以空谈性理为尚，注重经世实践之学。经丧乱回到武进上店后，杜门著书，兼以课子，追随其左右问学的人很多。也教人制艺，但绝不传子孙。当时常州知府骆钟麟屡次求见，恽日初一概拒绝。后骆钟麟罢任后复来，终始与之一见。骆钟麟叩问"中庸"要领，大喜而去曰："不图今日得闻大儒绪论！"后高攀龙从子高世泰，重葺东林书院，邀请恽日初参与东林讲会。虽然"人间久已无青山"，"彩色难补崩天处"，但在哀痛与无奈中，恽日初僧服讲学以终，这也是其不可为而为之的现世执着。

恽日初死后祀东林书院道南祠。

---

① 恽日初：《刘子节要》，是对其师刘宗周思想的诠释，但也引起与黄宗羲的争论。《明儒学案》"序"中记及恽、黄之论争，王汎森：《晚明思想十论》之《清初思想倾向与〈刘子节要〉》有所论述，复旦大学出版社2004年版。

第二章

恽南田：一代"没骨"称画宗

清兵的铁蹄踏碎了江南山水，血雨重城鸡犬尽。劫后余生的恽南田随父亲重归上店故里，闭门读书习画，并选择做一个坚定的前朝遗民。恽南田鬻画养家，于清贫自守中成为一代"没骨花"巨匠。

恽南田（1633~1690），名格，字寿平。后以字行，又改字正叔。号南田外史等，是著名的花鸟画家。恽南田的一生，充满了传奇色彩。在清初画坛，又以画、诗、书为"三绝"。尤其是恽南田之后的恽氏家族，前后出了几十位著名画家，身后宗法其画法的人林林总总不下百人，所谓"近日无论江南江北，莫不家家南田，户户正叔"，形成一个知名的画派"常州画派"，也称"南田画派"。

一、离乱中的传奇聚散

恽南田是恽日初的幼子。当年恽日初带着两个儿子避居浙江天台山时，恽南田不过八岁。清兵南下横扫浙闽时，又一路随父兄亡命闽粤。建宁城破，恽南田与二哥恽恒随乱兵一路奔逃：

"潜身木末看传箭，变服芦中急避兵"（恽南田《瓯香馆集》卷五）

兄弟俩逃至福建黄华山下时，恽南田被陈锦的兵将抓获，恽恒则在乱兵中失散。后来恽南田曾四处寻找，但是再无音讯。从此，恽南田的内心深处，永远抹不去这一段失去兄长的阴影，不断抒写"伤心国破为俘日，赋就招魂泪未干""我有离魂招未得"，无限伤痛，挥之不去。

离乱岁月里惶恐逃命时"我年才十五，被执为囚俘"。被俘后，恽南田被关在牢房里，时作画聊以自遣。一日，陈锦的妻子想要打制首饰，让人先画出式样，结果都不称心。这时，一个歌伎趁机向陈锦太太推荐善画的恽南田，南田所画样式大受赏识。相传这个歌伎曾经出入过王祁府，因之认得恽南田。恽南田在自叙体长诗中描绘这段奇遇：

"彳亍行伍间，乃见侯门姝。青楼旧相识，怜我千金躯。引入将军帐，余餐赐盘盂。"（恽南田《瓯香馆集》卷五）

因歌伎搭救,恽南田又以一技之长,竟在乱世中保全了自己性命。恰好陈锦的太太无子,见南田长身玉立,"风神秀朗,进退从容"(汤修业《恽格传》)喜出望外,遂收南田为养子。当日恽日初到杭州时,正是在锦衣队伍中见到了裘马翩翩的儿子恽格,方随总督陈锦游山,但"欲脱之归而苦无善策"。听闻陈锦雅重灵隐寺僧巨德,因请求为寺僧,栖身灵隐寺,慢慢寻找机会。

顺治九年(1652),浙闽总督的陈锦在征伐郑成功时,为手下李显忠等刺死。陈锦妻子扶柩北归,途经杭州灵隐寺时,恽日初发现了儿子恽南田的身影,奈何此时的南田"家将绕四旁,臂弓腰鹿卢","密约得私见,哭罢交扶持"。恽日初万般无奈下嘱请灵隐寺方丈设法相救。方丈第二天见陈锦夫人时指着恽南田说:"此子慧根极深,可惜福薄寿短,宜令出家。"随即便在寺中剃度。陈锦妻子无奈,泣之而去。恽日初父子遂得以团圆。

这段传奇故事,在袁枚《随园诗话》中也有记述,情节相类,细节有异。后来南田的朋友王时敏之子王怿民,据此写了一出传奇《鹭峰缘》,由康熙年间著名的苏州职业昆班"全苏班"排演,盛演一时。

顾祖禹跟恽南田相交甚深,他在《瓯香馆集·原序》中曾云:"叔子既经丧乱,少壮时多与奇人侠士游,常奔走千里,恍忽死生,他人色沮神丧,而叔子意气如常。"但恽南田在观《鹭峰缘》一剧后,戏里戏外的人生依然令其感慨万端,写诗曰:"穹庐旧事恨飘零,地老天荒酒未醒。公子翻看新乐府,他时筵上断肠听。"

少年崎岖,老去心境,念及旧事,依然耿耿,心不能释怀。

二、"没骨花"法　写生正派

恽南田的绘画,初承家学,师事堂伯父恽本初。南田之父恽日初也会画,常以枯墨作山水,古简有韵,但非当行本色。恽本初则是明末著名的山水画家,学董源、巨然,后兼及倪、黄,恽氏作画当从其始。本初早年画风雄浑,晚年则对倪云林"逸笔草草"的理论及画法颇有心得,往往惜墨如金,能以寥寥数笔传神,这对南田的绘画思想和绘画技巧均有直接的影响。南田学画的时间当在避难前与后。从南田在逃难中能以一技活命,说明他离家前已向伯父恽本初学习绘画。本初顺治十二年(1655)方去世,南田劫后归里,当继续追随伯父门下学画,专工山水画。此后,恽南田诗文、楷法皆工,尤精绘事。

又过一年,23岁的恽南田在常州书画家唐宇昭家的半园书斋,遇到了25岁的常熟画家王翚(1632~1717,字石谷,号耕烟散人等),彼此斟著快谈,甚是相得。南田仿柯九思法画《树石》,石谷补竹坡,成就珠联璧合的佳作(此图现藏上海博物馆)。只是南田细察石谷笔意,与自己极为相似,"顾而嘻"曰:"两贤不相下,公将以此擅天下名，吾何为事此。"就此转攻花卉写生。

关于这段逸事，后人演绎为"虚衷善下"的让贤桥段。实际上，南田为人谦和内敛，好友顾祖禹称其"言貌恂恂"，简静而寡言。南田对王翚才华敬慕有加，叹赏其"神哉技乎"，也自感力不逮彼，因此恽敬在记及此事时，就直言南田曰："君独步已，吾不为第二手也。"

南田之画卉草禽鱼，主要取法徐崇嗣的"没骨法"。所谓"没骨法"是指作画不用墨笔钩勒，而是直接以彩色晕染，世称"没骨花"，徐崇嗣是此画法的创始人。这种画法无径辙可得，很难取则，颇合南田一类天赋独造的画家。特别是恽南田作画时"写生"一法：

"每画一花，必折是花插之瓶中，极力描摹，必得其生香活色而后已。"

故所作或含苞欲放，或残英半坠，神巧几夺造化；又自为题识书之，世称"南田三绝"。恽南田之画法在当时就已经受到很高的评价。成书于康熙十三年的《清朝画征录》评价南田没骨花鸟画在当世一洗时习、独开生面的作用，并奉之为"写生正派"。

康熙朝有名的书画鉴赏大家宋荦，自称鉴定书画能在黑夜里"摩挲而嗅之，可辨真赝"。宋荦对南田青眼有加，订为"布衣交"。南田花卉，当时已经有很多赝品行世，宋荦认为南田的独到之处有他人难于模仿者，所以常对人说："恽南田画，吾暗中摸索犹能辨之。"南田画法的独到之处，就是脱落畦径、匠心独创之技法，即好友顾祖禹所说的："盖无不出于独至之心胸也。"

恽南田骨骼清奇，品格高绝。画艺盛名于当时，但以金币乞画者，非其人则不与，所以"风雨常闭门饿"（《清史稿》），死时竟贫不能葬，由其友王翚安葬。遗民心态虽或相近，但生存之道却各一。顾祖禹以做塾师自存，恽南田则以画师终其身，虽然以一技存身，但要在谋稻粱和保持清节高傲之间寻求容身处，实不易。

恽南田除了传世画作，主要著作有《瓯香馆诗集》十卷，《恽南田画跋》五卷等。

第三章

毗陵恽氏多画师　中有闺秀擅胜场

学习"没骨法"画法者,在南田生前死后即形成大阵势,《画征录》所谓:
"近世无论江南江北,莫不家南田而户正叔,遂有常州派之目。"
这就是世称"常州画派"的由来。

一、家家南田　户户正叔

南田之画风,简洁精确,赋色明丽,当时海内学者多受他的风化。据中国绘画史载,常州画派达百人之多,即以恽氏家族而言,自恽南田盛名后,群从子孙多工画,前后有恽馨生、恽标、恽源濬、恽源景、恽怀娥、恽珠、恽冰等一门善画者,且族中不乏闺秀善画者。民国时的《毗陵画征录》,主要载录古为毗陵的武进地区籍属的武进、阳湖两县及寓居的画家,凡四百二十人,其中恽氏子弟善画着就有四十余人,著名的有"常州五恽"。

"常州五恽"指的是恽南田之外的恽本初、恽馨生、恽标、恽源濬、恽源景五人。恽本初(1586~1655,字道生,号香山),即恽南田叔父,南田幼时从叔父学画。恽敬也曾说:"恽氏作画,从香山先生始。"①恽馨生(字德彦),工山水花卉。恽标,字枢亭,工花卉鱼虫,笔极秀丽,为花鸟大家,不失毗陵正派。恽源濬,字哲长,善吹铁箫,号铁箫老人,画法学徐熙,下笔则有芒角,生气勃勃,犹如云展潮涌,水墨写生尤得南田神韵,但恽敬认为他的画,格有"稍俗"。恽源景,字希述,亦工画,但多宗法黄筌。以上一族五人,叔侄兄弟转相授受,世称之为"五恽"(《清稗类钞》)。

特别值得一提的是恽源濬家,更是一门善画,且闺门艺盛,这显然是受家族氛围、家族文化直接影响的结果。恽源濬之子恽庭森,画法由父亲授,善泼墨作花卉,笔墨淋漓,气骨甚劲。恽源濬之妹恽兰溪,工山水,为无锡邹一桂妻,其画山水平远,风韵天然。邹一桂也擅画花卉,学南田画法,风格清秀,颇以诗画艺事得乾

---

① 恽敬:《大云山房文稿初集》之《南田先生家传》近代中国史料丛刊第二辑,台湾文海出版社 1966 年版。

隆宸眷,而时人则谓其得力于其妻者颇多。恽源濬女恽怀娥(字纫兰),善花果,花卉精雅,设色鲜润,绘桃子如生。怀娥早年跟随丈夫在江浦知县任上时,出私囊周济百姓,百姓感念恩德,往往以恽怀娥所绘桃子供养于庭,以尸祝云云。恽怀娥之妹恽怀英(号兰陵女史),花鸟雅秀,尤其善画墨菊,书法也娟好,其夫亡故后,能以卖画自给。

学习"没骨法"画法者,在恽南田生前即形成大阵势,《画征录》描述道:"近世无论江南江北,莫不家家南田而户户正叔,遂有常州派之目。"

二、恽氏闺秀:一花一石总天资

画家今日重南田,闺秀犹夸得祖传。

共道花王胜姚魏,沉香亭畔最婵娟。

这是清代理学家李绂对恽氏闺秀画家的叹赏。恽氏家族中的闺秀画家大计有数十位,名声最著的当数恽冰、恽珠二位。

恽冰:写生生气更横斜

恽冰(1771~1833),字清於,号浩如,别号兰陵女史、南兰女子,是恽南田族曾孙女,恽南田伯父恽厥初(北恽)的后人。恽冰是雍乾时期深得家传的女画家,嫁给同乡毛鸿调为妻。毛鸿调也是世家子弟,不应科举,清代吴德旋《初月楼续闻见录》记载伉俪情深,"筑小楼,夫妻吟诗作画以老焉。"不啻神仙眷侣。恽冰的绘画,赋色运笔都深得恽南田家法,"写生芊眠蕴藉,用粉精绝。迎日花朵俱有光。"(恽敬《南田先生家传》)

恽冰绘画的用笔,往往一幅之上,花瓣常以水墨着色晕染,花茎枝干及叶筋则以一笔勾就,叶片注重向背明暗的处理,深得当时的文人士大夫的赏识,李绂还赠诗云:

黄筌妙笔吟花鸟,

不用徐熙落墨花。

忽地展图识佳制,

写生生气更横斜。

李穆堂对恽冰画风的描绘,指出其不全用墨笔,而是像黄筌那样,以极为精细的用笔轻轻勾勒,再以轻色晕染,表现出一种富丽工致的画风,很有"黄家富贵"的气象。这种画法一定程度上是对"南田画法"的改良,画风很合"康乾盛世"的升平气象,因此乾隆初期江苏巡抚尹继善即以恽冰画进呈太后,得到乾隆的题诗嘉奖,恽冰的声誉随之大起,一时登门求画者踏破门槛。

恽冰也工诗,往往一幅画就,随手题小诗其上,诗画并佳。如恽冰《题识》之一,诗语颇为清丽:

迎风舒绛萼,宿雨润红妆。岂假胭脂艳,天姿自有香。

恽冰存世作品很多,如北京故宫博物院所藏《蒲塘秋艳图》,纯用"没骨法"画成,画面之上,萍藻以翠色直接点就,荷花则以红色点染,色调深浅过渡自然,层次丰富,风荷清举的淡雅素净,纤毫毕现,宛然目前。因此,以画芦雁著名的扬州八怪之一的边寿民,在专为恽冰所写的《贺新凉·女史恽冰画菊》词中赞叹:"妙手徐熙工没骨,算国朝只有南田比。承家学,又才女。"当时,武进恽冰与常熟马荃,一以没骨闻名,一以勾染闻名,江南人谓之"双绝"。

恽冰存世作品还有《东篱佳色图》轴、《紫藤虞美人图》轴等。

恽厥初的后代中,乾隆时恽敬是"阳湖派"领袖之一。恽敬族孙恽元复,字伯初,号祖南,晚号莲瑞老人。入张之洞幕府,为高级幕僚。书画均以南田为宗,尤其花卉,最是南田家法的继承者,有《莲瑞老人画册》传世。恽元复乃恽代英之祖。

恽珠:一花一石总天资

恽冰之后,恽氏家族又出现一位冠绝一时的才女,这就是恽冰的族侄女恽珠。恽珠(1771~1833),字星联,别字珍浦,晚号蓉湖道人,又称蓉湖散人,自称毗陵女史。她以能诗、工刺绣、善画出名,当时称作"闺中三绝"。特别是她的绘画,自幼跟随族姑恽冰学习,笔意雅洁,与恽冰有神似,存世的绘画绣品名作有《东园图》《百花》等。并有《红香馆诗词》二卷刊刻传世。有诗赞云:

写生压倒徐黄手,

竟说藕香老画师。

家法流传本三绝,

一花一石总天资。

恽珠的出生,颇有一段神化的故事。传说其祖母梦见一老妪授之以大颗珍珠,有异光,于是取名为"珠",长大后取的字星联、珍浦等等,都与珍珠有关。恽珠在小时候也做过一个很不寻常的梦,梦见自己到了一座海上孤岛,上有莲花,遇到一人,告诉她:你的前身原是红香岛妙莲大士侍者。这种种神化,似乎预示着恽珠长大成人后的不平凡。果然,十来岁的时候,她就以一首《锦鸡》诗赢得才女的美名:

闲对清波照彩衣,

遍身金锦世应稀。

一朝脱却樊笼去,

好向朝阳学凤飞。

满清贵族完颜廷璐听说江南有才女如此,辗转托人求婚,于是恽珠嫁给了这个满清贵胄。从族祖(恽日初之子)的捐躯抗清,到恽珠的满汉联姻,世易时移的历史变幻和沧桑,都被时间磨洗得干干净净。恽珠的诗歌内容和风格,大致与这首诗歌相类,体现出一种"台阁体"的风尚。这与她从小从父亲那里接受的系统的经籍教育和博通经史的知识基础有关。这样的文化背景和成长环境,是此后恽珠试图以传统诗学方式编选和诠释当代闺阁女性诗歌创作文本的思想基础。

恽珠还编纂了一部清代闺秀诗歌总集,为闺阁昭传,应当算是其最隆重和庄严的事情。这部书名为《国朝闺秀正始集》,为了编选这部诗总集,恽珠发动三个儿子利用他们的人际网络广为搜求,她的儿媳乃至孙辈也参与文字工作,恽珠则"亲加选定,三历寒暑,始得成书"。其中贡献最大的要数长子麟庆。麟庆历宦皖、豫、黔、鄂等地,交游遍天下,如续成《红楼梦》的"红楼外史"高鹗,跟他就是忘年交。麟庆奉母命"访求闺中佳作",得到了同事幕客们的纷纷响应,争相奉献投赠家中闺秀诗作,这样辛苦采辑十五载,编成了《正始集》二十卷和《续集》,刊刻于道光年间。

在那个才女成长并层出不穷的年代,到底什么是真正的女子才德?露才扬己算不算女子才情?当时,像恽珠、单士厘(钱恂夫人)这些士大夫的夫人,自觉担当,以自己的行为出处为众人作则,并亲自订立闺范来教导家人,也同时为女子定位。这部闺阁女性诗歌总集,也是树立了正统闺秀文化的典范。除此,恽珠还辑录《兰闺宝录》六卷(1831年刊行)。仅这两部著作,足可奠定恽珠在妇女史及妇女文学史上的地位。事实上,恽珠的这两部著作,时至今日,依然是中外学者研究清代妇女生活的重要史料。

明清时期的苏南望族中,以诗画享名的不少,但整个家族显现出一种群体才能的并不多,最负盛名且规模最大的要数武进恽氏家族,《清稗类钞》中称:"毗陵恽氏多画师",殆非虚言,父子兄弟叔侄辈转相学习,传授"南田家法";而且"姊妹姑侄行,人各娴书画",族中才女辈出;并呈现出书法、绘画、诗文兼通的艺术特征。家学濡染,气息氤氲,恽氏子弟多风流儒雅,即便在近现代,恽氏后人中善诗画者也数不胜数。晚近诗人龚自珍慨叹:"天下名士有部落,东南无与常匹俦"(龚自珍《己亥杂诗》之《常州高才篇》)。

人物链接:

恽厥初(1572~1652):字衷白,一字伯生,号知希。万历三十二年(1604)进士,曾任湖广按察使、陕西布政使等职。崇祯初,满清八旗兵进犯京城时,恽厥初从长沙调五千精兵火速赴京勤王,保卫京都三年。明亡后,相传恽厥初曾在自己的恽氏"东园"中匿藏逃亡的永王朱慈炤。后王子被多尔衮捕杀,恽厥初亦因牵连入狱。"东园"即今天常州近园的前身。恽厥初也善画,宗董源,恽南田幼时曾居园中向伯父厥初学画。其主要著作有《素园集》《知希庵稿》等。

恽向(1568~1655),原名本初,字道生,号香山翁,明代山水画家。本初早年学董源、巨然,浓墨润湿,纵横淋漓,骨力遒劲。晚年则对倪瓒的逸笔简淡颇有心得,作画惜墨如金,仅以简笔勾勒、淡墨晕染,追求"嫩处如金,秀处如铁"又妙合自然的艺术效果。南田曾以师事之。传世作品有《春雨迷离图》《秋亭嘉树图》等。

恽敬(1757~1817):字子居,北恽65世孙。清代著名的散文流派"阳湖派"的创始人之一。论者谓"国朝文气之奇推魏禧,文体之正推方苞,而介乎奇正之间者推恽敬。"阳湖文派虽出于桐城派,但反对晚期桐城散文的时文习气,故作文更善于汲取百家之长,文风也更活泼自如。恽敬以画法论文法,颇多创见。龚自珍赞曰:"奇才我识恽伯子"。所著有《大云山房文稿》。

恽逸群:字长安,南恽71世孙,著名报人,也是早期革命党人,长期以新闻记者身份作掩护在上海从事革命活动。他曾与沈钧儒、陶行知、邹韬奋等发起成立上海文化界救国会。恽逸群具有非凡的洞察力,能迅速精辟地评述各类时政要事,文笔犀利,他的评论被认为是舆论界的权威,驻上海的塔斯社奉命逐日把他任主笔的《立报》的评论用电报发回莫斯科。恽逸群才思敏捷,记忆超人,1948年新华社公布国民党四十三名战犯,他全凭记忆,几个小时就写出了每个战犯的别名、籍贯、年龄、派别等,第二天即在报上发表。有《恽逸群文集》。

第四章

恽代英:克己苦行的布道者

武进恽氏家族,传至南宋时的恽氏44世恽方直时,方始析居,分为南北二支。恽方直长子恽绍恩留居河庄(现孟河镇),世称北恽;次子恽继恩迁徙上店,世称南恽。南恽一族,在恽南田之后,成为一个著名的诗画大族,而北恽一族亦同样文人荟萃、才俊辈出,如清代阳湖派的代表恽敬。除此之外,恽氏家族中英风烈骨之士,同样代不乏人,南恽有恽日初父子热血抗清,而北恽的恽代英、恽雨棠则是近代著名的烈士。

一、"毗陵恽寓"武昌人

北恽在恽敬之后又传五世,就到恽代英一代。恽代英(1895~1931)字子毅,是恽敬之弟恽敷的后人,属武进石桥湾永公系,恽氏70世。恽敬写有《石桥湾恽氏祠堂记》。

光绪二十一年(1895)的八月,恽代英诞生于湖北武昌老育婴堂街的"毗陵恽寓",所以武进石桥湾的恽家村,实际上是恽代英的祖籍。恽代英一家迁居湖北武昌,是从祖父时开始的。

恽代英的祖父恽元复(68世),字伯初,号祖南,晚号莲瑞老人,是清朝湖广总督张之洞的高级幕僚。恽元复年轻时有志于天下,将田宅散于族人后就宦游四方,行走天下,最后在武昌定居。清末的武昌,有满清名臣张之洞在此"办洋务,兴新政",俨然为全国的政治中心,诸如洋务、新学、新军、贸易等等,无不风生水起。张之洞是当时"第一通晓学务之人",以"中学为体,西学为用"的全新的理念和体系兴办"两湖书院",延纳天下名流任教习,恽元复也正在其中。

张之洞办"两湖书院",被称为是一项"种豆得瓜"的事业,因为不期然而然地培养了一批满清王朝的掘墓人,如黄兴、宋教仁、李书城、董必武等。孙中山曾如此评价张之洞:"以南皮造成楚材,颠覆满祚,乃不言革命之革命家。"而让恽元复没有想到的是,他的孙子恽代英也将是一代王朝——蒋家王朝的掘墓人之一。

恽元复效力于张之洞麾下,但并不"以技干进",只是醉心于诗文书画和精研医道。他在武昌卜宅定居,所建宅邸的匾额却命曰:"毗陵恽寓"。这不禁让人联想起两千年的楚臣屈原曾哀叹的:"鸟飞返故乡兮,狐死必首丘。"(《哀郢》)这"毗陵恽寓"四字,大致也寄寓着恽元复的"乡愁"情结。

恽元复秉承家学渊源,书法绘画均以恽南田为宗,善花卉,画作温静雅逸,是南田"没骨法"的典型代表,有《莲瑞老人画册》传世。画册上有徐世昌、熊希龄、庄蕴宽、章太炎等名人题词。

二、"我将骑狮越昆仑"

恽代英出生时,张之洞兴办"两湖书院"已经有五年了,著名的"癸卯学制"体现出了新学的近代教育体系和思维。这以后,张之洞又创办了二十多所新式学堂,这将是恽代英出生后所接受的良好的教育氛围和教育环境。在这样一个政治文化的高地上成长起来的恽代英,阅读古代经史,接触维新思想。他格外崇拜谭嗣同,吟诵其狱中遗诗:"我自横刀仰天笑,去留肝胆两昆仑。"激励心志,以此自勉。在恽代英十六岁那年,在他所生活的武昌,爆发了一场改变中国历史命运的伟大革命——"辛亥革命"。武昌新军中的革命党人,用"汉阳造"毛瑟枪打响的武昌起义的枪声,终于摧毁了两千多年的封建帝制,迎来了一个新的"中华民国"。这种翻天覆地的历史巨变,对年轻的恽代英的影响是巨大的。

十八岁那年,恽代英考入武汉中华大学预科,两年后进中华大学文科攻读中国哲学,从此开始了他"砥砺行为,敦进学业"的求学生涯,也开始了他"我将骑狮越昆仑"的革命生涯。一直到恽代英三十六岁就义,他从一个思想激进的青年才俊,成长为一名坚定的共产主义者、中国共产党早期革命者,这同样用了十八年的时间。

十八年中,恽代英著译勤奋,发表大量文章,介绍新思想。从他1913年十八岁时开始接触安那其主义(即无政府主义),并受其影响始,到1920年,恽代英在《少年中国》上发表《论社会主义》,提出"世界的未来,不应归于个人主义的无政府主义,乃应归于共存互助的社会主义",可以看到他在不断学习和实践探索中,思想一步步成熟的轨迹。1921年下半年,加入中国共产党,恽代英已经成长为一个坚定的马克思主义者。

十八年中,恽代英参与、发动学生运动,从反对段祺瑞政府与日本签订的《中日共同防敌军事协定》,到投身"五四"热潮,发动武汉工人学生的爱国运动。他参与领导"五卅运动",组织并领导了工人运动。他还是"南昌起义"和"广州起义"重要领导人之一。从学生运动,到工人运动,到军事革命,恽代英始终勇往直前、义无反顾地走在时代的最前列,并成长为共产党历史上重要的领导人。

　　十八年中,恽代英不遗余力地参与及发起一系列社团组织,宣扬新思想、新文化,引导青年学生的人生之路。1917 年,恽代英与梁绍文等成立以"群策群力、自助助人"为宗旨的"互助社"。1920 年成立"利群书社",传播马克思主义和新文化的同时,也坚定地为社会服务。1921 年,成立"共存社",希望通过斗争的方式,"以达到圆满的人类共存为目的。"1922 年,在川南师范成立马克思主义研究会,组织进步学生学习《共产党宣言》等著作。在此基础上,他又成立了社会主义青年团的组织。1923 年,团"二大"后,与邓中夏等四人组成团中央局,负责宣传工作,完成了一个青年运动领袖的塑造。

三、"漫天暗夜北斗明"

　　恽氏家族中,精思擅文者代不乏人。从清末的恽敬到近代的恽逸群,都是才思敏捷的大才子,而恽代英也是共产党人中著名的政治家和理论家。毛泽东曾回忆说:"有三本书特别铭刻在我心中,建立起我对马克思主义的信仰。"这其中一本书就是恽代英所译的考茨基的《阶级争斗》。这本书是 1921 年一月由新青年社出版,恽代英翻译此书时年仅二十五岁(1920 年)。

　　恽代英短短的一生中,主编或参与编辑的报刊有十多种,其中最著名的刊物就是《中国青年》,这是中国近代史和中国共产主义运动史上最具战斗力和生命力的青年刊物,也是中国共产党领导的历史最长的红色媒体。

　　"政治太黑暗了,教育太腐败了,衰老沉寂的中国像是不可救药了,但是我们常听见青年界的呼喊,常看见青年界的活动。许多人都相信中国唯一希望,便要靠这些还勃勃有生气的青年!"

　　这是 1923 年恽代英为团中央机关刊物《中国青年》所写发刊词的开首语。这些青春激荡的文字,鼓舞着无数革命青年振作起来,投身到革命的洪流,用自己的双手缔造一个全新的世界。

　　曾经,《中国青年》的"五卅纪念专号"(总 121 期),破例请丰子恺设计封面,这就是丰子恺所画题为《矢志》的漫画。画面上所画的是唐代名将张巡的部下、青年勇将南霁云射塔矢志的故事。安史之乱时,南霁云和张巡一起誓死守卫睢阳城,沮遏叛军,遮蔽江淮。在编后按语中有这样的呼吁:"我们希望每一个革命青年为了被压迫民族的解放,都射一支'矢志'的箭到'红色五月'之塔上去!"后来,丰子恺又应约为《中国青年》第 126 期设计封面,封面上所画的是跃马奔腾、弯弓射天狼的青年,这正是恽代英在《中国青年》上引领年轻人所走的光明之路。

　　恽代英先后在《中国青年》发表了一百六十多篇文章,雄辩的才能,生动的文字,教育和影响了整整一代青年,他就像漫漫暗夜里的北斗星,指明了年轻一代前进的方向。而那些浸润着一腔热血的文字，穿过时空的隧道，依然能在今天激荡我们的胸怀。

1950年，周恩来为"纪念恽代英殉难19周年"题词，对他的一生作了这样的概括：

"中国青年热爱的领袖——恽代英同志牺牲已经19年了，他的无产阶级意识、工作热情、坚强意志、朴素作风、牺牲精神、群众化的品质、感人的说服力，应永远成为中国青年的楷模。"

四、"一人堪抵五个军"

在黄埔军校辉煌的校史上，恽代英是赫赫有名的。

这所在1924年由国民政府组建，并在中共和苏俄政府的支持帮助下创办起来的声名显赫的学校，是一所新型的军政干部学校。军校采取军事与政治并重，理论与实践结合的教育方针，要求培养既善于做政治工作，又能指挥打仗的革命军官。

1926年3月底，恽代英接受中共广东区委派，到黄埔军校任政治主任教官，"督同各教官负责实施政治教育全部大权"。恽代英到任后，大刀阔斧进行教学改革，以加强政治科的教学工作。他所创立的灵活多样的教学方法，诸如政治讲演、讨论会、政治问答、政治调查等深受学员欢迎，同时恽代英还亲自编写教材《政治学概论》《党纪和军纪》《军队中政治工作方法》，针对现实思想状态，廓清纷乱。不到一年的时间，就把黄埔军校的政治工作搞得有声有色。

1926年底，受党组织委派，恽代英调往中央军事政治学校武汉分校（即黄埔武汉分校）工作，担任政治总教官。当时蒋介石只是挂名校长，校长一职实由邓演达代理，而"日常工作由恽代英同志实际主持"，同时他也是中共在军校开展活动的负责人。

一介书生恽代英，以其渊博的知识，杰出的才智和朗朗风骨，赢得黄埔军校学员们的衷心爱戴。他和萧楚女曾被誉为军校政治讲坛上的"日月双璧"。对于他俩的演说，当时在黄埔军校工作的茅盾曾这样妙趣横生地描绘这一对来自湖北的同乡：

"二人皆健笔，又同为天才的雄辩家，平居宴谈，都富于幽默味。然楚女纵谈沉酣时，每目瞋而脸歪，口沫四溅，激昂凄厉，憾震四座，代英则始终神色不变，慢条斯理，保持其一贯的冷静而诙谐的作风。"

恽代英儒雅的风度，以及绵密的口才和文风，带有江南人的婉劲清刚之气，演讲时往往时或嘲讽，时或诙谐，时或庄严，历二三小时，讲者滔滔无止境，听者孜孜无倦容。蒋介石很看重恽代英的才能。为了向恽代英示好，每顿饭都让副官给恽代英特别送一份，以示校长"垂爱"。

但是，恽代英坚决维护国共合作，反对破坏革命统一战线，反对蒋介石排挤共产党人。他领导军校内的党团员，团结国民党左派，与蒋介石的分裂活动进行斗争，因此，蒋介石愤然列之为"黄埔四凶"之一。所谓"四凶"，是指黄埔军校右派分子攻击左派著名的四位教官，即邓演达，恽代英，高语罕和张治中。

五年后，恽代英不幸被捕，蒋介石劝降不成，不无刻厉地哀叹："其一人可抵我五个军，既不能为我所用，则必除之，免成他日之患。"

五、"留得豪情作楚囚"

1927年的4月12日，是一个血雨腥风的日子。这一天，蒋介石在上海发动反革命政变，彻底清党，向共产党人大开杀戒。恽代英领导武汉中央军校学生组织成立讨蒋大会，在汉口《民国日报》上，发表"讨蒋通电"，痛斥蒋介石为"总理之叛徒，本党之败类，民众之蟊贼。"这以后的恽代英，就成了国民党重金悬赏到处缉拿的共产党要人。

1930年5月6日，恽代英在杨树浦老怡和纱厂（现上海第五毛纺织厂）门口等候工人代表前来联系工作时，不幸被捕。而恽代英的意外被捕，实际上是党内以李立三为主的"左倾盲动主义"的恶果。

李立三不顾当时的敌我形势，主张全国暴动，虚幻地描绘着革命高潮来临时的景象。恽代英则"很赞赏毛泽东主张的以工农武装割据、包围城市、进而夺取城市的办法。"为此，与李立三发生了激烈争论，恽代英毫不客气地指出当下组织全国暴动，是主观主义的，"是不可容许的盲动主义，是儿戏，是极其严重的政治错误！"这就惹恼了李立三。旋即，李立三免去恽代英在中央担任的职务，命令他立即搬到闸北去成立沪东区行动委员会，动员工人罢工，准备建立工人武装，占领上海。这就导致了恽代英的被捕。

这天下午，恽代英刚开完了一个碰头会议，带了一包传单匆匆向老怡和纱厂赶去，在接近厂门口时，突然碰到英国巡捕拦路搜查。恽代英猝不及防，加上他高度近视，竟然直接闯进了搜查的警戒线内。当他发现一伙巡捕欲后退时已经来不及了。几个巡捕看见这个工人打扮的人戴着眼镜、手表，就把他包围起来强行搜查。恽代英知道已无法脱身，就和巡捕扭打起来，在扭打中故意把自己的脸打伤流血，用布包扎起来，使人认不出他。敌人把他扭送到提篮桥的巡捕房去。

入狱后，恽代英经受住了敌人的多次严刑拷打，一直没有暴露自己的真实身份。他化名"王作霖"，当伙夫、做苦工，最后敌人只得把这个"武昌失业工人"转到漕河泾监狱，安了个"煽动集会"的罪名，判处五年徒刑。但国民党对这个"王作霖"始终心存疑虑，先把他押送到苏州监狱，随后又转入南京的"中央军人监狱"。

"中央军人监狱"是关押政治犯、要犯的地方，这里关押着的人，不少曾经是恽代英学生或同事的共产党人和国民党高级军官。可是在"谁人不识君"的国民党监狱里，竟然没有一个人出来告发恽代英。甚至，在往日敌对营垒的各方，自发地形成了一个掩护恽代英的特殊同盟，彼此默契而又尽心尽力地照顾、守护着他们心目中圣人一样的"恽先生"。

此时，刚刚从苏联回国的周恩来、瞿秋白等人，得知恽代英被捕入狱的消息后，立即向中央提出，不惜任何代价，组织营救。1931 年 4 月，就在恽代英即将被释放出狱前夕，顾顺章在汉口被捕叛变，出卖大人物恽代英以邀功。随即，蒋介石急令国民党军法司司长王震南到狱中甄别。当恽代英看到王震南拿着他黄埔军校时的照片来辨认时，知道自己的身份业已暴露。王震南在蒋介石的授意下向恽代英劝降：

"你曾是国民党的中央委员，中国青年的领袖，是国家杰出的人才，希望你回国民党来工作，我们绝不会亏待你。"

恽代英严词拒绝利诱。蒋介石忌惮恽代英的号召力，既不为我所用，则必除之，以绝后患，于是手令：立即就地枪决！

1931 年 4 月 29 日中午，在南京江东门"中央军人监狱"的一块菜地，恽代英身中数弹，一代青年心中爱戴的导师就倒在了血泊之中，年仅三十六岁。据说，面对恽代英的坦然自若和朗声讲演，行刑的狱卒不敢扣动扳机；据说，在恽代英倒地之时，难友们的高喊如山呼海啸一般："代英精神不死！"雄壮的《国际歌》震耳欲聋，响彻天空。

两年之后，恽代英的学生陈赓在上海被捕，也被关进了老师原来坐的监狱。在斑驳的牢墙上，他看到了老师恽代英留下的一首诗：

"浪迹江湖忆旧游，故人生死各千秋。已摈忧患寻常事，留得豪情作楚囚。"

陈赓读罢，挥笔步其韵，在墙上题诗道：

"沙场驰驱南北游，横枪跃马几春秋。为扫人间忧患事，小作南牢试作囚。"

陈赓诗里描绘的"横枪跃马"的自我形象，呼应着恽代英曾经在《中国青年》所号召青年志士"弯弓跃马"的形象，这是师生之间的心灵相通，更是革命者的前仆后继、矢志不渝！

人物链接：

沈葆秀：恽代英的父母之命的妻子。恽代英最初不满这桩旧式婚姻，但随着两人彼此了解的加深,终于产生了真挚的感情。三年后,恽代英眼睁睁看着妻子难产而死,痛不欲生,决然地改号为"永鳏痴郎",还刻了一块玉石图章,上镌篆文"葆秀忠仆"四字,以表达对亡妻的忠诚。恽代英为妻子守义十年,感动了沈葆秀的四妹沈葆英,两人来到沈葆秀的墓前,恽代英恳请九泉之下的亡妻同意他们完婚。恽代英和沈葆英,成为在恶劣环境里同担风险的战友和革命伴侣。

恽子强:恽代英四弟。化学家,中科院院士。曾参与中国科学院筹建。

恽代温(即恽顺芳),恽代英小妹。曾在延安中学、延边大学、延安自然科学院就读,后去莫斯科有色金属及黄金学院学习,回国后在中南大学工作。

恽希仲:恽代英与沈葆英的儿子,恽代英希望儿子有管仲之才,所以取希仲之名。恽代英牺牲时,儿子不满三岁。恽希仲一度曾与毛泽东的三个儿子,蔡和森女儿蔡特,李立三女儿李力等在中国共产党筹办的上海大同幼儿园生活。后来又随四叔恽子强一直藏匿在上海法租界。直到1942年后,在周恩来安排下,随叔叔恽代贤(即恽子强)和小姑恽代温(即恽顺芳)等去延安。后毕业于莫斯科航空学院,回国后,在航天局从事尖端科技研究工作。

05

长大弄杨氏：无锡民族工商业始创者

管社山庄无垠的荷花和翩飞的水鸟，早已经声名远播。

山庄在锡城的西南面的太湖边上。经鼋头渚东，过蠡湖边的十里芳径，即到梅梁湖边。蠡湖是太湖的一个内湖，梅梁湖则是太湖的一个大湖湾，蠡湖之水在流入太湖前，先在梅梁湖稍作逗留，然后转过鼋头渚与中犊山所形成的湖口，便一路汤汤而去。

站在梅梁湖边，隔水相望，湖中岛渚宛然，岛上隐隐的楼阁亭台，"宛在水中坻"，"所谓伊人"，正是"管社山庄"的所在。

在这枕水湖畔的山林怀抱中，有无锡杨氏寺头支的祠堂，还有杨氏的墓园。墓园里安睡着的，有民国风云人物杨味云，杨味云的妹妹杨令茀，还有杨味云的女儿近云馆主等。他们是无锡旗杆下杨氏的一支——长大弄杨氏。斯人已逝，可那曾经的人物风流，化作一团氤氲的云霓气息，笼罩在管社山头，令人久久神往之。

引 言

杨氏溯源

一、姬周后代 伯侨苗裔

杨氏是无锡的望族之一,城里城外衍有许多分支,泱泱为一大族。溯其渊源,则这个宗族均大部分出自无锡鸿山杨氏。相对于本土的华氏、顾氏、陆氏等大族来讲,杨氏是属于宋元以后外迁来锡的一族支系。据《无锡鸿山杨氏宗谱》所述,鸿山杨氏始祖是北宋杨邦乂,并且把本支系接续上了杨氏《新昌谱》,称是弘农杨氏一系,为汉代杨震之后。

关于杨氏的缘起,早在汉代时,扬雄在凭吊屈原的《反离骚赋》篇首即自陈杨氏出于伯侨:

有周氏之蝉嫣兮,或鼻祖於汾隅,灵宗初谍伯侨兮,流于末之扬侯。

短短四句话,指出了杨氏渊源的几个节点:一是属于有周氏姬姓的苗裔,二是发源地在山西汾水之滨(汾隅),三是始祖叫伯侨。至于伯侨是谁,则语焉不详,而那个"扬侯"也不得而知。于是,比扬雄年轻20来岁,在扬雄死后出生的班固,在写《汉书·扬雄传》时,虽也搞不清伯侨到底是谁,但给扬侯安排了一段传奇经历:晋六卿争权,逼扬侯出走,扬侯逃于楚巫山,于是就安家于此。这段故事班固或根据传闻写成,但又不免有张冠李戴之嫌,所以东汉张衡就不以为然,反驳此说;唐代的训诂学家颜师古,更是讥讽他"谱牒疏谬"。但尽管如此,从汉唐至北宋,文人在撰写杨姓碑文墓志的时候,还是都愿意尊伯侨为始祖,这显然是有点图懒的做法,与其费力不讨好去疑古考索,不如借用大佬们的陈说,也好借花献佛,拍个现成马屁。

北宋时期,兴文教,大开科举之门,造就了大批新兴贵族,于是民间开始大修宗谱,以杨氏为例,北宋就有杨大雅、杨绘、杨偕"三杨"替本族寻根问祖。"三杨"之说,各据扬雄、班固之说及《晋书》等史料,发挥填空,特别是北宋杨偕,不仅把伯侨定位为晋武公之子,是羊舌氏的祖先,还根据《左传》《晋书》等史料整理出羊舌氏的世系,并建立起由羊舌氏繁衍出来的华阴杨氏世系,这样一来,一个以姬伯侨为始祖的、完整的杨氏祖源世系,就创立起来了(杨偕《杨氏新昌谱后序》)。

北宋初期的史学家吕夏卿认为,自秦始皇"灭公卿世家"以后,官私藏书中"谱牒淆乱,十无一二",而"杨氏旧无正谱"。但吕夏卿在给杨绘所修杨氏宗谱写序时,还是基本认同有关杨氏源流的通行说法,认为杨氏二族,皆出姬姓。其一族从手旁之"扬",本周之支子封于扬,号扬侯,子孙为晋所灭,散居四方。其一族从木旁之"杨",为晋大夫,号羊舌氏,子孙食邑平阳、杨氏县,以邑为氏,凡华阴杨氏,皆其苗裔也。但要注意的是,吕夏卿在说这段话的时候,前面还是言明,自己的这种说法是"按杨氏家谱"所云。

吕夏卿是欧阳修纂修《新唐书》时的得力助手,《新唐书》的《宰相年表》、《宗室世系表》和《宰相世系表》都是由吕夏卿修纂的,《宋史》称其"学长于史","又通谱学",所以吕夏卿的持论还是相对谨慎的。并且吕在给杨绘的信中,又陈述自己受欧阳公之命纂写《唐宗室世系表》时,由于史料缺乏及修纂仓促,难逃阔略之罪,言下之意,关于杨氏祖源及世系,也多有不及考稽处。

二、鸿山杨氏　传为忠烈嫡传

根据《无锡鸿山杨氏族谱》所载,无锡鸿山杨氏的始祖是宋代鼎鼎有名的忠烈之士杨邦乂,邦乂公有子杨再兴,也赫然在记。

杨邦乂(1085～1129)字晞稷,源出汉太尉杨震。五代之乱时,杨氏后裔徙居庐陵,故今为吉州吉水县杨家庄(今江西吉安)人。根据《宋史》及杨万里所写《忠襄杨公行状》①所载,杨邦乂在北宋政和五年(1115)登进士第,而其仕宦之途,正是相伴着风雨飘摇的北宋王朝最后的时日。"靖康之难"(1127年),汴京陷落,徽钦二帝被俘,北宋灭亡;就在同一年,建康府兵叛乱,时任溧阳知县的杨邦乂在平定溧阳叛乱中有功,在建炎三年(1129)九月,升任江宁府(后改为建康府)通判,兼提领沿江措置使司。但很快,金兵渡江逼近建康,"性酷而无谋"的宰相兼江淮巡抚使杜充,拥兵数万奉命保卫健康城,他表面上下令城中官吏民兵用命守城,自己却在第二天一早从水门偷偷乘船逃跑。杜充一逃,城内空无兵守。户部尚书李梲、沿江都制置使陈邦光惊恐万分,遂举城降金,带着一城父老出城迎降虏酋完颜宗弼(即金兀术),同时也强迫杨邦乂投降。杨邦乂行至街桥,大呼曰:"我岂为降虏者!"欲投水自尽,被父老相救而免。

杨邦乂被俘后,金兀术几次三番劝降,云其家中:"寡嫂孤侄远来就养,五子尚幼一女未嫁,今去家数千里,妻孥皆无所于托,宁不念此?"继之又许以官职。杨邦

---

① 杨万里:《诚斋集》卷118 文渊阁《四库全书》集部·别集三。

义不为所动,朗朗而言,称这些都是人之常情,吾独无情乎? 但是:

"家国事不两立,吾计决矣,愿无辞费!"

金兀术手下有个刘团练,在一幅纸上写上"死活"二字,拿到杨邦义面前,胁迫说:

"尔无多言,忠于赵氏即书死字,归我即书活字。"

杨邦义面无惧色,夺笔疾书一"死"字。金人相顾动容,却不敢加害。早先时候,即杨邦义被俘之后,就咬破手指,以血大书于衣裾之上:

"宁作赵氏鬼,不为他邦臣!"

金兀术命手下将邦义拉出南门,并再次劝降时,杨邦义愤然怒骂:"我既食赵氏禄,终不负国。汝外裔,岂是真天子! 乃使我从汝,我国家何负汝? 而敢肆凶残! 吾恨未剑汝颈,吾岂为死怖耶!"金兀术大怒,又见衣襟上的血书,知其不可屈,于是剖腹剜心,凶残地杀害了杨邦义,这是建炎三年(1129)十一月二十七日,杨邦义就义时年仅44岁。

据早先留存的碑碣记载,杨邦义被剖心处,在南京应天大街中华门火车站段北侧。杨邦义死后,或就地掩埋。第二年岳飞率兵大败金兀术,收复江南失地,杨邦义的事迹也被建康府上报朝廷。高宗感念其碧血忠心,赠直秘阁,诏庙祀于建康。到了绍兴元年(1131)冬天,建康知府叶梦得又奏请朝廷进一步褒表,并建议朝廷以礼殓葬。于是,在绍兴二年(1132),高宗又赠谥号"忠襄",赐庙额曰"褒忠",并命史官将其英烈事迹载入史册,令有司改葬之。同年,叶梦得奉天子之命,率领官署,依照朝廷仪制,具衣衾棺椁,为邦义公隆重安葬,安葬地在建康城南东隅之山(即今雨花台),立庙墓前。后来朝廷又抚恤其遗孤,先后赐田500亩于杨邦义家乡,以廪养其家人(杨万里《忠襄杨公行状》)。

到南宋为元蒙所灭,又一个吉州人文天祥丹心报国,慷慨赴死,于是从明朝开始,人们就在雨花台"褒忠祠"内合祭杨邦义、文天祥二人,祠庙遂改称"二忠祠",拜祭至今。

我们根据《鸿山杨氏族谱》所录的《杨璿墓志铭》,可以知道,杨邦义被敕建祠庙纪念后,其子杨璿(字伯璿)每年两季必从临安赴建康致祭,途经无锡,遂在无锡鸿山置屋,以作途中休息之所,后来杨璿子孙便移居无锡,成为杨氏鸿山支系,在谱牒中便尊忠襄公杨邦义为鸿山杨氏之始祖。

但是,关于鸿山杨氏是否是邦义公后裔,多少有令人起疑之处。这里至少有几个存疑的地方。

第一,杨氏《庐陵谱》中存有南宋著名诗人杨万里所撰写的《宋故赠中大夫徽猷阁待制谥忠襄杨公行状》,杨万里是邦义公的侄孙。杨万里记述邦义公:"先娶傅氏,生女一人。复娶鲁氏,生男五人:振文、郁文、昭文、蔚文、月卿,月卿早夭。"此《行状》中并无鸿山谱中杨璿为邦义公之子的文字记载。

第二,杨氏《鸿山谱》最早的修谱时间是元代。当元代修谱之时,所列始祖是杨璿,而非邦义公。据郑元祐《鸿山杨氏族谱序》所云:

"无锡东墟有山曰鸿山。……其东有杨氏者世居之,盖自其始祖处士伯璿君占籍焉。"(郑元祐《侨吴集》卷八)

郑元祐此序写于至正元年(1341),谱中还提到,杨氏从伯璿始居鸿山,至今已有八世,世系记述非常清楚:"室庐丘园,书册一一皆具",郑氏还说:"予尝客其家,事得于目击者",所言并非虚妄。但是伯璿再往上推,则祖源模糊:

"若以上,堆阜林薄,但知其为祖宗墟垄,然莫究其几世几年也。"

而且到明代正德癸酉(1513年)春,鸿山杨氏子孙再修族谱时,依然认为本支杨氏是从杨璿开始才"肇祀梁鸿山下,为鸿山杨氏之始祖","华胄之所从来"则不可考。

一直到嘉靖十年(1531),鸿山杨氏第五次修谱时,方接上邦义公血脉,记入了"成忠郎伯璿"乃忠襄公之长子。至于如何接上的,则根据民国1922年鸿山杨氏裔孙杨楫为《盐城杨氏宗谱》写的序中所云:

"昔明正德中,如川公于杭州宗人处,获观宋谱及黄公黼所作《成忠公墓铭》,录之以归,而谱遂大备。"

这是说,"鸿山支"后人在明正德时期,从杭州(旧称钱塘)杨氏宗族所藏的宋谱中,看到宋代黄黼所作的《杨璿墓志铭》,方知本支鸿山杨氏所出,实是邦义公嫡传。这就是后来《鸿山谱》所录杨璿墓铭的由来,也是《鸿山谱》后来把本支始祖定为邦义公的由来。至于杭州的"钱塘支",实际上是杨璿长孙日明公杨炫分支,世居钱塘,并建有早期的宋谱。

墓铭中还较为详细地提到,忠襄公葬建康后,车舆违远,岁必两视,周旋吴越间,路途崎岖劳顿,于是杨璿兄弟便"卜别墅于无锡,以为中道憩息之所"。杨璿去世后,就葬于杭州凤凰山岭之原。又20多年后,他的次孙日晖公杨燧,在南宋嘉定年间(1208~1224)离开钱塘,迁入无锡鸿山,这就是"鸿山迁祖"。

墓铭中,关于杨璿及其子孙的记载,我们认为还是可信的。也就是说,无锡鸿山杨氏,是钱塘杨氏的一个分支,约南宋时从钱塘迁入,迁祖是杨燧,尊立祖父杨璿为鸿山支的始祖,这大体就是本支杨氏在迁徙之初的情形。所以我们也可以明白,到明代修谱时,杨氏子孙"埋怨"祖先,为何谱上连开支之祖杨璿父子的墓茔也不记确切。

三、鸿山杨氏　跟杨家将有关系吗

本地杨氏一直传言乃"杨家将"后裔。今杨氏《鸿山谱》的谱序，觉得依然有令人狐疑的地方。

首先，根据谱中记录的南宋黄黼所撰《宋成忠郎伯璿杨君墓志铭》，我们可以知道杨璿之母乃刘氏，并提到邦乂公与刘氏也有三子：长杨璿、次杨瑾、季杨再兴。问题之一是，《鸿山谱》言邦乂之父为杨庆，而《庐陵谱》所记却是叫杨同，两处明显不合。

根据杨万里《忠襄公行状》，杨同登进士第后，"初命长沙民掾，未终月而卒。后五月公始生，未冠而妣陈氏即世。兄弟三人更相为命。"可见，杨同在刚做了一个小小的地方署官民掾以后就去世了；去世五个月后，邦乂公才出生，也就是说，邦乂公实际上是个遗腹子。

问题之一，两谱不合，鸿山杨氏后人为了自圆其说，就解释说，杨庆应当是邦乂公的生父，杨同则是邦乂公养父，并把宋史中有传、浙江鄞县那个割股疗亲的孝子杨庆附会成邦乂公之生父，并说杨庆割肉自残为双亲治病，因而早卒。把两个风马牛不相及的人物拉扯上关系，这显然很不靠谱。

问题之二，黄黼所撰虽说是杨璿的墓志铭，但在文字中却也只是象征性地提到："庆生忠襄公邦乂，君实公长子"云云，既没有对邦乂公父子渊源关系作具体说明，也没有对邦乂公事迹略有陈述。且对杨万里所写《行状》中的邦乂公妻妾及"五子一女"更没有任何文字提及，这就很不像墓志铭通常的情形。当然，对邦乂公娶刘氏也没有说明。

问题之三，就是黄黼的《杨璿墓志铭》中，还有一个更令人狐疑的地方，那就是有一段有关杨再兴的文字记载：

"其季弟曰再兴，素好勇，绍兴庚申使从岳少保北伐，期以雪君父之耻，未几而再兴复战殁，君遂日欷歔，仇虏之心至死不暂息……每谓予言其父死时未尝不鸣咽流涕也。"

细看这段文字，除了说明杨再兴是杨璿最小的弟弟外，杨再兴的主要事迹与《宋史》中的那个杨再兴差别不大，很明显是从宋史里剥离出来的。而《宋史》里的那个杨再兴（1104～1140）早先是贼将曹成的部下，骁勇异常。在绍兴二年（1132）时被岳飞部将张宪俘获，归降岳飞。岳飞鼓励杨再兴"忠义报国"，遂跟随岳飞出生入死，最后战死小商桥，死时年仅36岁。

很显然，《宋史》里的杨再兴，与《杨璿墓志铭》中的杨再兴，不可能是同一个人。因为在墓铭中，明着写杨璿是"宣和甲辰（1124）五月始生"，而杨邦乂则是被金兀术杀害于建炎三年(1129)十一月底,这五年中,杨邦乂与刘氏还有两个儿子杨瑾和杨再兴,那么杨再兴的生年不会晚于1129年或1130年。这样的话,绍兴二年(1132)时,《鸿山谱》中的杨再兴最多只有两三岁,不会超出五岁,怎么可能会被岳飞部将张宪俘获呢?此其一。

墓铭中所述"绍兴庚申(绍兴十年,1140)使从岳少保北伐",未几而战死云云。则如果所言属实,那么此杨再兴战死时,还只是一个十三四岁的少年。而事实上,绍兴十年(1140)正是《宋史》中的杨再兴战死小商桥的时间。所以,由此基本可以断定,《杨璕墓志铭》中的杨再兴,断不是跟随岳飞抗金的那个杨再兴。甚至我们可以由此推论,谱中的杨再兴是附会了史书中的人物;再进一步,如果谱里的杨再兴是假的,那么所谓杨璕是邦乂公长子,也可能是子虚乌有的事。

试想,杨邦乂殉难之时,长子"振文才十岁"(杨万里《忠襄杨公行状》),振文之下还有鲁氏所生的郁文、昭文、蔚文、月卿四个儿子,如果再加上刘氏(假设真的有此妾)所生的璕、瑾、再兴三个儿子,在十年左右的时间里,杨邦乂将会有7个儿子诞生,这实在是令人叹为观止且是匪夷所思的事情。

四、杨再兴这事儿还有蹊跷

事情至此,似乎可以正本清源了吧?但是,事情还没完。

元诗四大家之一的虞集,在《跋宋高宗亲札赐岳飞》(《道园学古录》卷四十)中,也神乎其神地写道:

"飞之裨将杨再兴,则邦乂之子也。单骑入阵,几殪乌珠,身被数十创,犹杀数十人而还,一时声势可知矣。是以郾城之役,恢复之业系焉。"

虞集说到的"郾城之役",正是绍兴十年(1140),岳飞之子岳云与杨再兴等,与金兀术精锐正面交锋的血战。当时,金兀术亲率精兵突袭岳家军核心郾城,企图一举消灭岳家军。岳云、杨再兴等率部大破金兵的"铁浮图"和"拐子马",取得"郾城之役"的胜利。但很快,金兵又卷土重来,再犯郾城,杨再兴在带领三百骑兵出巡时,在小商桥突遇金兵,杀敌两千多人以及金兵一百多名将领后,终因寡不敌众,宋军全部壮烈牺牲,杨再兴也捐躯尽忠,身中箭镞两升之多。

虞集在200多年后,重新看到"郾城之役"前后高宗皇帝写给岳飞的亲札时,依旧内心激荡,觉得以当日岳家军之锋芒气势,只要君臣一心,合力戮敌,那么恢复之业指日可得。显然,虞集在重读高宗亲札,以及写跋语时,内心是很激动的,这种心情也是因元蒙灭宋的当下情境而生发的。由于虞集在跋语中明确提出了岳飞裨将杨再兴是邦乂之子,所以很多人深以为然,鸿山杨氏后人更坐实了自家家谱中的说法。

更凑巧的是,虞集跟邦乂公的五世孙杨拱辰还认识,还给人家写过文字。虞集在《送杨拱辰序》(虞集《道园学古录》卷33)中说,"庐陵杨拱辰自金陵归,到过临川之上,而告予曰"云云。杨拱辰告诉虞集,这次自己是在金陵拜祭了忠襄公后回庐陵经过临川;金陵父老听说自己是忠襄公后裔,都非常恭敬;金陵祠庙也有人守着,常有人拜祭。虞集因此想到自己的先祖虞允文,当年有"采石大捷"的奇功,也曾对国家有力挽狂澜之贡献,可当年的祠庙和碑碣都没有了,作为子孙,深以为歉。但是,在此序文中,虞集却并没有提及杨再兴;当然,前提是杨拱辰也没有告诉虞集有关杨再兴的事情。

所以,如果我们把虞集的两篇文字联系起来看,却并不能因为虞集跟杨拱辰认识,就可以推论出虞集所说的"飞之神将杨再兴,则邦乂之子也"就一定是杨邦乂的后裔杨拱辰告诉给虞集的事实。相反,可能的情形是,由于岳飞的屈死和杨邦乂、杨再兴等死得惨烈,所以在英烈们逝去200年左右的时间里,岳飞及其部下的抗金事迹在宋元时期已开始广为流传,民间或开始把同样是被金兀术部所杀的杨再兴跟杨邦乂连接起来,表现一种父子相继、满门忠烈的情结,这是后来岳飞故事、杨家将故事广为流传的历史语境。

综上所述,我们认为,无锡杨氏《鸿山谱》中,关于本支始祖杨璿与邦乂公及杨再兴的关系,基本不可靠。其次,谱中杨璿墓铭,或是明代嘉靖时期修谱时假托,可能是为了本支杨氏接上一个统系(如连谱)而写。

明清时期的江南世俗社会,盛行民间修谱,于是在谱系不明、递系不清的情形下,通过连谱等形式,把同姓氏族联系起来,希望"认祖归宗",寻求文化和心理上的归属感和依托感,这在明清时期是很流行的事情。除此之外,宋元以后,明清相继,在遭受异族侵凌的历史情境不断重复的过程中,那种父子相继、满门忠烈的情结,也体现了民间社会所崇奉的不屈不挠的精神。所以,在鸿山杨氏后人中,即有宋元之际的杨宗达、杨济良父子,在元兵犯江南时,率兵勇抗击,战死于常州(府)五牧的事迹。而在近代,杨宗濂、杨宗瀚兄弟组织团练保家护院,抵抗太平军对江南的屠杀。

第一章

平生贯华阁　大隐钓璜溪

——清末财政专家杨味云

无锡杨氏家族,在近代工商业发展中占有一席之地。

1895 年,杨宗濂、杨宗瀚兄弟在无锡东门外兴隆桥创办业勤纱厂,这是无锡第一家工厂,也是中国第一家民族资本的棉纱厂。从这时起,经过半个多世纪的发展,在近代无锡历史上,形成了杨氏、周氏、荣氏、薛氏等几大民族资本集团。杨味云正是杨氏集团的一员。杨味云半生从政,曾担任民国政府财政次长,同时也是个实业家,做过天津华新纱厂的经理,上任后添招商股、装置机器,北方始有纱厂。今日管社山杨氏墓园里,安睡着杨味云及一族八位亲人,是无锡长大弄杨氏一支。

第一节　只爱杨家管社山

杨紫渊(1674～1736),名维宁,字紫渊。筑别业于管社山,因自号"管社山人"。杨紫渊布衣一生,性爱山水,清代丁绍仪的《听秋声馆词话》提道:

"康熙中吾乡有两处士,均夫妇工诗,遁迹邱园,足不践城市。一为杨紫渊(维宁),筑室管社山,意不在诗文,所作随手散弃,存诗一卷而已。一为李懒仙(崧),居啸傲泾,有《夕阳村诗》、《浣香词》。"(卷二十)

可见,杨紫渊夫妇都是书香清雅之士,一枕山水,满眼烟霞,隐逸世外,赏心自得。乾隆时期的无锡秦氏后人秦瀛(1743～1821)在《梁溪竹枝词》中这样描述管社山的风景:

"大渲小渲水弯环,大雷小雷云往还。湖光三面翠声阁,只爱杨家管社山。"

这种喜爱,包蕴着对酝酿一气的山水和人文气息的欢喜。但是,在《锡金县志》的记载里,杨紫渊却是个"其性刚直,臂力过人"的奇人。在家族传闻中,杨紫渊也是个颇有传奇色彩的人物。

钱基博早年写过一本《击技余闻补》,书里有一篇《南杨北朱》,讲的就是杨紫渊的传奇故事。钱基博笔下的杨紫渊,原是大明十八武师之一,明亡以后,就隐居到管社山下，规湖为池，筑堤种柳，建层楼别馆、高亭曲榭于湖光山色之中，"每布袍草履，与渔樵为伍"，俨然是一个野逸隐士，实际上却是个武林高手：

"性刚直，臂力绝人，而杜口不言武事。辄喜挥毫作韵语，出言蕴藉，了不似人间武师也。"①（钱基博《武侠丛谈》）

钱基博书中，还讲述了一个杨紫渊凌空刀劈太湖匪首"大刀子"的故事，而且神乎其神地说，杨尤其擅长使双鞭，"疾舞，则水泼不入"。那是两条铁鞭，"犹藏管社山神庙中"，"不下五六十斤。去岁有人往访之，惜亡其一矣。"

钱基博所撰《击技余闻补》实际上是一部文言短篇小说集，所写武侠人物，乃真有其人，实无其事。篇中对杨紫渊传奇的描述，大体上是依据一些野史杂记和民间传闻写成。至于"铁鞭"的故事，又相传后来一条藏于鼋头渚广福寺内，另一条则为管社山杨氏后人所藏。杨氏后人尚有生活在今"东管社村"的，有杨氏十世孙者，证实光福寺内铁鞭乃寺僧重造，而自己所藏有一条铁鞭乃祖传，铁鞭实无五六十斤之巨，不过十来斤而已，鞭长 108 厘米，现仍家中珍藏云云。不知确切也否？但无锡杨氏在近代的发迹，确确实实肇端于武事。

咸丰十年（1860），太平军打到无锡时，城里城外杀人无算，杨紫渊的后代杨菊人夫妻被杀，杨氏族人逃到江阴河塘桥避难，杨宗濂（1832～1906）、杨宗瀚（1842～1910）兄弟就在河塘桥组织团练，以白布裹头，因称"白头局"；与华蘅芳之父华翼纶组织的荡口白头局一起，一南一北抵抗太平军，在无锡、锡山、江阴等地交锋，杀伤大量太平军。后来，杨宗濂兄弟的团练改编为"濂字营"，加入李鸿章的淮军，深得李鸿章信任。太平军败后，又随李鸿章北上镇压捻军，总理营务，与张树声、刘铭传等结为异性兄弟。

要说杨宗濂与李鸿章的渊源，除了自己英勇善战外，还来自于杨宗濂之父杨延俊与李鸿章的交情。那是道光二十七年（1847）丁未会试，杨延俊与李鸿章两人同一号舍，李第一场刚考完就病倒了，杨尽心尽力为之料理汤药，使李得以考完三场试。两人扶持着走出考棚，很快又相携着一同登第。考场上的这种交情，等同于战场上同担生死的兄弟，所以李鸿章对这个骁勇的故人之子特别信赖。镇压捻军后，杨宗濂便积功而升为道员，加布政使衔，赏戴花翎，这以后，杨宗濂作为李鸿章的亲信，在官场的沉沉浮浮，也基本都跟李鸿章有一定关系。无锡杨氏一门开始兴办民族工商业，也跟李鸿章兴办洋务的事业有关。

---

① 钱基博：《击技余闻补》，台湾广文出版社 1983 年版。这组故事最早发表于《申报》，1916 年恽铁樵将其与他人作品合集为《武侠丛谈》出版，上海书店 1989 年也影印出版。

第二节　清末财政专家

在子侄辈中,杨宗濂很看重四弟宗济的儿子杨味云。

杨寿枏(1868～1948),字味云,晚号苓泉居士。杨味云在 23 岁应顺天乡试中举后,便与科举无缘。在北京羁留的时间里,恰好中日甲午战争爆发,风声很紧,还传说要迁都西安,于是杨寿枢(宗濂长子)、杨寿枏堂兄弟俩私下商定,一旦有变,寿枢跟着朝廷一起迁都,寿枏则带领杨氏家眷避难回老家。最后的时局当然还没有坏到这个程度,但杨味云对科举已是灰心丧气,于是回到老家无锡安心治经史,尤其致力于研究财政一门,对历代有关钱币、赋税、盐法、漕运等精心研读,分门别类提要钩玄,累积了几十万字的研读笔记。后来杨味云能驾轻就熟胜任度支、财政工作,正是这个时候打下的知识基础。

一、五大臣随访参赞　沐浴欧风美雨

光绪二十三年(1897)的时候,杨宗濂先后任山西按察使、布政使,掌一省吏治、行政和财赋之出纳,"上阵父子兵",这时杨宗濂就把杨味云带在身边,在自己的幕府做文案。当时受光绪帝赏识的山西巡抚、洋务重臣胡聘之(1840～1912,字蕲生),也正在山西积极试行新政。胡聘之修铁路,设立机器局,创办太原火柴厂,办武备学堂等等,许多事情都交由有过经验的杨宗濂督办。如武备学堂,则早在十多年前,直隶总督李鸿章仿照外国办法在天津创设武备学堂时,即让杨宗濂任学堂总办,杨宗濂编订《学堂课程》八卷,为后来的军官学校所取法,到袁世凯天津小站练兵时,袁世凯请杨宗濂推荐军事人才,杨便将武备学堂高才生段祺瑞、冯国璋、王士珍等推荐给袁世凯的新建陆军。

在山西"两司"任上,杨宗濂协办洋务,而侄子杨味云则主稿所有的摺奏、函牍,深为胡聘之赏识,于是胡又将杨味云延聘入抚署,主内文案,所以山西时期的杨味云兼任了巡抚、布政使两幕的文案。这样,到光绪二十七年(1901)杨味云入京担任内阁中书,第二年就被大学士孙家鼐延入幕中,主章奏,直到两年后考入商务部。

光绪三十一年(1905),对杨味云来讲又一个机遇来到了。这年七月,清政府派载泽、端方等出洋考察各国宪政,史称"清末五大臣出洋考察"。八月份,选拔随从人员 40 名。随员的选拔很严格,端方曾经致电徐世昌,要求"须精于西文或谙交涉者方可入选"。按这个标准,杨味云没有入选资格,因为他既没有留学经历,也不懂外语，故他的入选可能跟他的上司、商部右丞绍英的推荐有关。奇怪的是当载泽力邀时，杨味云却不知何故又以病推辞。九月，革命党人吴樾的炸弹袭击事件，导致"五大臣出洋"的受阻，而"前之纷纷运动出洋者，今又纷纷运动告退"。绍英在爆炸案中受伤较重，无法成行，于是把杨味云召至医院，以"泽公奉使重洋，须得能员襄赞，再三劝驾，不能再辞，乃派充二等参赞"云云。有论者认为，当时杨味云只是作为随员身份前往，而非二等参赞。不管怎样，杨味云在炸弹事件后却参加了出洋考察团。

考察团成员分两路，一路由镇国公载泽带队，一路由湖南巡抚端方带队。端方考察团因为事后请梁启超做枪手撰写考察报告，很受批评和指责。载泽考察团则在出洋之前即成立了"文案组"，负责拟定各类奏稿，及编订考察书籍。在整个考察过程中，杨味云被委以"总办文案"之职，且越来越为载泽所倚重，这或者就是杨味云说自己是以二等参赞身份参加考察团的由来。

考察团按例要向朝廷汇报考察行程以及考政情形，杨味云的文案组，便要代为拟定章奏草稿。学者曾经比较《考察日本政治大略》《考察英国政治大略》《考察法国政治大略》的拟稿（杨味云《藏盦幸草》所收），以及最后上呈的章奏，发现上呈奏折文稿，有的只字未改，有的或稍改措辞语气，这就充分说明考察团随行人员的思想与考政大臣思想的切合程度，以及对考政成果体现的精确。如杨味云拟写的《考察日本政治大略》一文，概述日本立国之方，在于立宪制度的实行，而这个制度的核心就是：

"公议共之臣民，政柄操之君上，民无不通之隐，君有独尊之权"。

这种理念，基本上契合清末立宪派的思想。而在杨氏看来，国家富强的关键，则"尤在教育普及"，日本维新之初推行强制教育，使得人民得以广受教育，这也正是维新胜利的因素之一。这种思想，在今天已不足为奇，已成共识矣。

对于"清末五大臣"，人们往往以"颟顸无能"一言蔽之，我们姑且不论这种说法是否太过武断，但从随员的队伍来讲，其中不乏知识界和政治界的精英，他们对他国政治精理的阐发，从某种程度上，可说是如杨味云辈随员的思想与考政大臣思想相互激发的结果，这也正是学界开始注意随员思想及其地位的原因。

二、清末财政奇才　引入预决算法规

考察团回京后，杨味云被委以总纂之职，带人在法华寺整理编订出访所带回的各类书籍，共成书六十七种，一百四十六册。杨等撰写提要，备载各国政治、法理的纲领精髓上呈。特别一提的是，其中由杨味云编订的 10 种书，包括《日俄战时财政史》《日本关税制度》《日本中央银行制度》《日本国债制度》《法国司法制度》《英国财政史》《法国国债史》等，多有涉财政，一眼即可看出杨味云的专注方向。

出洋考察的经历对杨味云以后的人生影响是巨大的，这不仅使他在以后的仕途上一帆风顺，更重要的是开拓了他的眼界，唐文治先生称其在考察期间"于各国内政、外交、法律、财政、教育、实业、军备，靡不殚精研究"，这使得他以后的财政和理政思想体现出了中西融合的特征。我们不妨从以下几个方面来看看杨味云对清末那副烂摊子所做的努力。

一是对"外销财政"的建议。

光绪末年，法纪废弛。财政方面，主要体现在，始于"咸同"时期的地方督抚与领兵统帅，为军事解困计而推行的临时筹措财源的权宜做法，战后非但没有终止，而且愈来愈膨胀。国家财政不仅出现"财权下移"，而且出现由外省直接操控的财政格局，具体表现在原先"自为风气"下的非经制机构，又摇身一变，变为各种筹款局、善后局、报销局、支应局等，具有独立的筹饷、征榷、军需、支放等职能，最后，就集中在清代晚期特别突出的"外销之款"的矛盾上。

这其中缘故，固然有督抚欲坚守一隅之利来兴办一方新政的目的，以免在做事时受中央户部的掣肘；但另一方面又确实造成地方财政资源大量脱离中央经制框架的局面，更成为搜刮百姓和贪腐的渊源之薮。甚至有人认为，各省督抚把"外销之款"视为私财，用这个私自截留的款项来交接朝贵，收揽政客；而地方的军需、善后、支应各局，督抚又都任用私人，款项则任意支销。更有甚者，疆臣一旦离任，便有把案牍焚毁的，使得中央审计及后来者无从稽考。在当时中央集权的政体下，如果不根除这种顽疾，就有可能积久膨胀成毒瘤，最后一发不可收拾。

对此，当时担任度支部参议的杨味云，便奏请朝廷下决心裁撤各局，将财权统归于藩司稽核，重新回归由中央财政的控制和稽核制度。

二是建立财政预决算制度。

宣统初年，朝廷筹备立宪，设清理财政处，杨味云在度支部任上同时兼任财政处总办之职。杨以职权之便，采用西方的财会制度，并参照中国传统旧法，创立"预算决算章奏法规"，一应表册都是由杨自己手自草定。这项改革举措，使得清末及鼎革以后财政紊乱的状况得以改善，而且使得案牍账簿也能够按表册稽核。接着，财政处简派正副监理官分驻各省调查，实行预算提陋，核名实，裁冗滥，清除中饱私囊等贪腐行为。

但是地方财权一旦被收紧或剥夺，各省便又借新政之名目，诸如练兵、教育等，巧立名目列入预算册，看你度支部如何措置？若裁减费用，那么你就是阻格新政之罪，最后事情就不了了之。对此，杨味云一方面倡言裁减，另一方面建议在财政经费正册之外另编副册,把新政经费悉数归入副册,各自议决预算。

中国数千年来,财政向来没有预算决算之法,全国岁入岁出漫无统计。杨味云的"预算决算章奏法规",在清末至民国时期便奉为程式,成为一种财审制度而施行。杨味云缘此诸端所表现出的才能,也使之在民国时期被推为财政专家,于民国六年担任财政次长。当时的财政总长为李经义,长期因病不上班,杨味云实际上代理财政部事务,操守廉洁,声绩卓然。

第三节 平生贯华阁

杨味云50岁后便退出官场,开始经营实业,创办工厂。无锡杨氏一门在无锡、上海、天津等地创办的企业,在近代民族工商业史上占有一席之地,此不赘言。杨味云个人,也是出色的实业家,他与周学熙在天津创办天津华新纱厂,杨味云从招工,管理,到筹集资本,都是身体力行,投入生产的第一年即获巨利,后又在青岛、唐山、卫辉创办三地分厂,组建起雄踞北方的华新资本集团。可以说,杨味云跟周学熙一起,是华北纺织业的创始人。

除此之外,杨氏一门,跟无锡其他的资本集团相比,更具有书香气息。

一、别筑云篱园:五十适然而居之

杨味云虽说擅长财政,精通经理,但年轻时便博涉文史,才藻冠时。早年与唐文治等一起就读于著名的娄东书院。与之相交四十年的同乡顾恩瀚在《竹素园丛谈》中,称其"爰自绮岁,蜚声艺苑。"(为杨味云《云在山房文钞》所作序)顾恩瀚认为杨味云的诗文,诗歌第一,骈文第二。杨味云被公认为民国时期的骈文大家,但顾氏尤其赞赏杨味云的七绝,认为:

"神韵风格瓣香渔洋,正如初日芙蓉,晓风杨柳,绝句之正宗也。"

正是凭借着扎实的文史功底,杨味云能有机会给当时政坛的诸位大佬充任文案。

杨味云退休前后,即在长大弄别建宅邸,从旗杆下老宅中分支出去。杨味云给自己那座庭园式建筑取名"云篱别墅",诗情画意及文采,全都体现在建园的匠心之中。园中现存的一幢二层小洋楼,因外墙是白色的,所以被称为"小白楼"。楼前凿春水池塘,并叠石为峰,状若游龙,蜿蜒迤逦,亭子、水榭,掩映在秀林之中,深有江南私家园林的玲珑和雅致。"阶竹斜侵户,檐花倒入帘",主人自云:"适然而有之,适然而居之。"至今尚存的"云篱园",连同主人的风雅气息一并还保留着。

二、重建贯华阁:梦回依旧书岩下

在无锡惠山头茅峰章家坞的山腰,有一座僧寺叫"忍草庵",寺右的贯华阁,自清代以来,一直是为文人雅士所津津乐道的地方,因为这里曾是当年纳兰性德与顾梁汾"去梯玩月""竟夕长谈"的地方。

"容若曾亲书阁额,并留小像于此。嘉庆末年阁毁,额像均无存。"①

纳兰在与顾梁汾相见的第二年便离世,但他与顾梁汾的师友情谊,顾梁汾与吴兆骞的金兰情义,还有他们笔下的《金缕曲》词,把人世间那种一诺千金、同担生死的友情,诠释到空前绝后的境界。缘此,一百多年以来,贯华阁的情深和浪漫气息,让身处浮华世界、名利场中的人们始终悠然神往,围绕贯华阁的雅集和唱和也一直没有断绝过。

同治年间,忍草庵和贯华阁并毁于战火。民国十四年(1925)的冬天,杨味云开始在原址重建贯华阁,并对贯华阁逸事进行考稽。破土动工之时,杨味云一面请江南名画家吴观岱(1862~1929,号觚庐)绘制《贯华阁图》长卷,一面请孙揆均(1866~1941,号寒厓)和他的表弟廉泉(1868~1931,号南湖)联名为贯华阁落成征诗,向社会名流、同道中人征求题咏,孙寒厓有《重修贯华阁落成徵诗启》可证。让杨味云喜出望外的是,此举引起轰动,没过多久,"名流投赠已盈箧衍","盖贯华胜迹,日下名流传为雅谈"。当他收到无锡名士廉泉题赠的《题贯华阁》二律,感受诗中的古抱今情,芬芳悱恻,烟霞不老,于是不禁遐想,有朝一日也能像当年梁汾、纳兰二人一样,"把臂入林,当与阁下过草庵登高阁,煮茗清谈,续去梯玩月故事也。"(杨味云《云簖书札》之《复廉南湖书》)

贯华阁落成以后,杨味云写有《贯华香火记》,并勒石镶嵌于壁中,刻石今日尚存。据刻石所记,贯华阁建成后,杨味云等"于第三层设两龛,上龛祀梁汾、容若两居士,下龛附祀乡先生若干人。"

在当年的那些题赠中,汪衮甫(1878~1933)的《题杨味云重修锡山贯华阁图》有句云:

"卅年京国走缁尘,梦回依旧书岩下。"

"书岩"指的是惠山白石坞下顾梁汾所筑读书处。汪氏诗里说的是顾梁汾,诗外指的是杨味云。在中国读书人心里,"京国"是事业理想所在,也是事功名利所系;人当满面"缁尘"时,乡国的梨花院落、柳絮池塘,永远是千百次梦回的地方,是心灵最后的栖居之所。所以,章士钊先生为杨味云诗冢所题词云:

---

① 陈声聪:《兼于阁诗话》,上海古籍出版社1985年版。

"平生贯华阁,大隐钓璜溪"。

三、贯华阁雅韵:画里精魂梦暂依

杨味云在民国时重建贯华阁,重又掀起了一股围绕纳兰与梁汾故事纷纷题咏的热潮。这股热潮,总而言之有两端表现:

一是纷纷图画贯华阁。

吴观岱应杨味云之邀而绘《贯华阁图》,历三年而始成。吴观岱为了表现贯华阁的气象,或驾小舟出没于山水间,或竹杖芒鞋踏遍山径,遍历湖滨山麓、风月烟云之趣,然后伸纸落笔,一展惠山全景。

无锡名画家胡汀鹭(1884~1943,字瘖公),当年不仅写有《重修贯华阁记》,且也绘有《贯华阁图》,因款识"乙丑(1925年)冬",这当是在重建动工时所画,且早于吴观岱长卷。另外,胡汀鹭还藏有顾梁汾书寄吴汉槎《金缕曲》词扇和纳兰性德《水调歌头·题岳阳楼图》词扇墨迹,贯华阁落成时,胡汀鹭携之在阁上展出,引起不小的轰动。胡氏后来并将《贯华阁图》与所藏顾梁汾词扇、纳兰容若词扇,以及友人诗词题跋等,一起影印行世,这就是《贯华阁图集》,系1926年珂罗版影印本。词学大家夏承焘先生,后来看到朋友寄来的《贯华阁图集》,犹惊叹顾贞观与纳兰二人之墨宝真迹:"小楷工秀,皆稀世之宝"。而从题记可知,此两幅胡氏所藏词扇,得之于清代汪静山处,汪是金石大家,锡山安镇人,而原藏者当是汪的同乡安璿。安璿是"东林八子"安我素的后人,清初与顾贞观、严绳孙、秦松龄等交好,为"云门十子"之一。夏承焘先生受胡氏之请,也题有《金缕曲》一阕(夏承焘《天风阁学词日记》)。

宜兴籍画家钱松嵒,19岁时就读于设在无锡的江苏省立第三师范学校,胡汀鹭是他的美术老师。钱松嵒从师学画,刻苦研习名家书画,21岁时画有惠山、鼋头渚等风景胜迹的山水写生画12幅,其中就有《贯华阁图》,深受吴观岱的赞赏。

除此之外,红学大家冯其庸先生也绘有《贯华阁图》。冯其庸是无锡前洲人。

二是争相赋咏贯华阁。

当日到底有多少名家为吴观岱所绘《贯华阁图》题咏?据后来章士钊补题《贯华阁图》诗作,其中一诗有"光宣耆旧尽于斯,把臂推心各有期"之句,诗后有自注曰:"题图者近百家,同时贤豪长者皆争执笔。"可见,杨味云重建贯华阁,引得耆老时贤心动技痒,争相新翻商声著辞章,造成不小的声势。

章士钊的题咏,是在当日盛事过去近40年后的1962年,那时杨味云已过世十四年了。味云之子杨通谊在整理父亲旧札时,发现了章士钊当年曾答应题咏但未践约,于是把《贯华阁图》带至北京,请章士钊补题,章欣然践诺,为题三绝。其中之一云：

"旧梦重温祇惘然，贯华高阁蠹孤烟。死生师友无穷恨，寄与梁汾一线缘。"

章士钊诗里所写的"死生师友"，既是指纳兰与顾贞观贯华阁夜谈之后不久阴阳两隔，也暗指自己跟杨昧云的死生异路。

有趣的是，杨昧云在章士钊笔下其实已经"死"过一回。原来，当日杨昧云重建贯华阁时，曾诚邀在天津的章士钊写题记，但章当时没有动笔，致"此诺久悬"。抗战期间，章氏避难重庆，"闻昧云下世，无可再缓，友情国难，落笔泫然。"于是，就写了一首《玉楼春》词，既作践诺，又兼悼友。此词写作的时间不会晚于1945年春，则杨昧云是1948年去世的，哀悼之词写早了三年。而到了1962年杨通谊再请题写时，连章士钊自己都忘了曾经填词祭悼过故人了："先尊君在时屡促题识，卒以人事差池未就"（补题题记），所以又一气补题了三首诗，重又祭悼一番；而且还帮着杨通谊联络沈尹默、汪旭初两位先生一并题咏。

杨通谊则因章氏等的补题，便心生仿效乃父再为《贯华阁图》征题之念，于是遍邀当时"吟坛耆宿，博雅君子"（《贯华阁图补题征诗启》）参与盛会，竟得叶恭绰、潘伯鹰、夏承焘、周炼霞等数十家雅题（杨通谊《双松翠鼯馆诗词稿》）。这次的再题，也算是子续父愿，同时也为"贯华阁题咏"曲终奏雅。

特别要提一下的是，民国沪上美女画师周炼霞的题词中有句曰：

"清才杨妹续，重写生绡幅。满院散天香，披图诗梦凉。"

诗中杨妹即杨昧云之妹杨令茀。周炼霞与杨令茀是画友，可知杨昧云在《贯华阁香火记》中所云，阁之三楼"祀梁汾、容若两居士"，画像当是杨妹所画。杨令茀乃摹写禹之鼎《天香满院图》中的纳兰形象，悬于阁上。

第二章

杨令茀:杨家小妹有风华

——兼及民国女性的独身主义

杨令茀(1887～1978),字清如,是杨味云的小妹。父亲杨宗济排行老四,共有"子一女七人",杨令茀是最小的女儿。

杨令茀有一首记述早年生活的五言诗《古槐并记》,诗里写了兄妹几人跟随父亲在溧阳时的生活。那时,父亲杨宗济在溧阳做教谕,家就安在学宫的旁边;长兄杨味云在娄东书院读书,中午还要给他送饭;父亲续娶的妻子还不敢接近:"一之日疏隔,二之日渐亲,既过三之日,爱敬出以诚。衣履母亲制,饷学膳自烹。"(《水远山长集》"童话")杨味云从12岁跟随父亲到溧阳读书,17岁返里应试,所以,溧阳的这段生活场景中,应该还没有杨令茀,因为杨味云比幺妹杨令茀大了整整19岁。但长兄对幺妹,则充满了无比的深爱。

一、心清恰似在山泉

杨令茀才高名大,在当时京津的精英知识分子圈子里,拥有很高的声誉,但是,杨令茀却孑然一人,终身未嫁。今天的人在说起这点时,喜欢冠以"革命思潮影响"的大帽子,或者搬出秋瑾"英雄亦有雌"之句,来塑造一个民国"女汉子"形象。想其中缘故,应该是比较复杂的,影响最大的,当是跟她早年的生活环境有关。

杨令茀有一首写于民国丙寅年(1926)的诗歌《宝刀歌》,在小序里,她叙述了这年夏天,她的幼梅叔父来看她,婶母送给她一柄百年前的古朴刀,让她驱邪用。杨令茀很开心,所以写诗为记。她在诗里写道:

"京洛十五年,回溯少小时。挽弓索栖鹊,挟弹城南隅。"

句下还有一段自注,讲述自己小时候常常跟这个幼梅叔父一起玩,叔父每每跟自己比打弹弓。悬想清末民初的大家闺秀,挟弹射鸟,这可真有点不可思议。下面还有一段自注:

"茀与叔父同时举百斤铁哑铃,皆能十六举,诸昆弟不能也。"

清末民初,一个书香门第的闺阁千金,竟然能举起百斤哑铃。实际上,杨令茀

或真是"练家子"出身。在《水远山长集》的附录中,收有一篇"姪孙女世芬谨记"的文字。这段文字或可以解开杨令茀独身之谜:

"我也爱独身主义,写信问八祖姑。她说自己是五岁起带铅条练功夫,若结婚则功夫中断,变成大胖体弱。你从小没有练功夫,不必抱独身主义。"

这个"八祖姑"就是杨令茀。从这段文字可知,杨令茀五岁起就练"童子功",所以怕结婚有损功夫。这种经历,可能既跟她从小耳濡目染"志同道合"的小叔父练功有关,也或跟杨家的大伯父杨宗濂、三伯父杨宗瀚组织团练、带兵打仗杀长毛有关。此外,身处乱世,长毛血洗无锡城、杨氏族人被杀的事就近在眼前。而且被长毛所杀的杨菊人夫妇,是杨令茀的族祖。杨宗济在给自己所写的诗集的序言里,提到杨菊人夫妻很喜欢宗济,视为己出,即便没有正式过继为嗣子,但感情好于一般。

小时候的这种经历,使得杨令茀在言行举止和趣味爱好上很不同于一般人。豆蔻年华,别的大家闺秀正调脂弄粉,杨令茀却在家里举哑铃傲视昆弟们,且在无锡城里"挟弹南门行"。后来在上海务本女子中学读书的时候,就曾在上海中学生联合运动会上夺得跨栏冠军。所以,我们就不难想象,叔父婶母迢迢千里去看她,不送她凤钗钿盒,却送她宝刀了。并且,早年的学习,使她具有"新知识",不同于寻常闺阁。

但严格来讲,杨令茀是有过一段婚姻的。杨令茀中学毕业后,就先后到江苏如皋小学和南京女子师范学校做老师。正是"桃之夭夭,宜其室家"的年龄,母亲便私自在老家为她订了一门亲事,对方是无锡李金镛的嫡孙李涤云。李金镛也是清末赫赫有名的人物,被李鸿章举荐到漠河老金沟筹建金矿,是漠河金矿的开拓者。杨李二家联姻,可谓门当户对。杨令茀迫于母命,舟船嫁到李郎家,在跟新郎拜了天地后,却拒绝圆房,花烛之夜,坐了整整一宵。等到天一亮,就悄悄逃回无锡。

"留一字条给新郎,请他别娶侍妾,一切费用,归她负担云云。"(郑逸梅《谈谈巧制大观园模型的杨令茀》)

所以,在李氏宗谱中,明媒正娶的杨令茀,作为李涤云的妻子,是端端正正写在李家的族谱里的。

杨令茀以后就没有再回到李家,不久就离开无锡到北京。杨味云在给妹妹的诗集所作序言里提道:

"癸丑(1913年),庶母殁于惠山别墅,妹来京师依予夫妇同居。"(杨味云《蓺怨室吟草序一》)

但上举杨令茀写于1926年的《宝刀歌》有"京洛十五年"字句,则杨令茀在

1912 时已在北京。杨令茀《水远山长集》中有一首词《兰陵王·玄武湖花神庙题壁用北宋周美成韵》，此词后有个注，也说到自己当时在项城处，请假归侍母病，经过南京时所作。具体而言，或从 1912 年春天到 1913 年，杨令茀即在袁世凯府中担任其女儿们的家庭教师；母亲病重的消息传来，即回家省视。母亲在那年就去世了，料理完母亲的丧事，就彻底搬家到京师，依长兄夫妇而居。

补充说一下的是，杨味云跟杨妹是异母兄妹。在父亲杨宗济两次丧妻后，祖母侯太夫人看中了秀美善良的贫家女儿马氏，给杨宗济做了侧室。杨宗济去世后，马氏将几个未成年的孩子抚养成人，甚为艰辛。杨令茀是马氏所生，母女感情极深。

而杨妹的挂名丈夫李涤云，其实也是一个正直善良且开明的人。后来他先后娶了两房侧室。李涤云在武进经营药铺，积极公益慈善，是当地的一个良绅，而且也能诗，是当时"心社"成员。只是杨令茀心高意远，不愿意拘于一隅，做一个乡绅的妻子，浑浑噩噩过一生罢了。

杨妹在北京期间，在北洋政府财政部任职的潘复，曾为之颠倒神魂，写诗填词，"一时投赠许谁先？"无奈佳人无意。潘复不甘心，并欲请为秘书，杨家小妹回信说：

"宁为白头翁焚香涤砚，不为黑头宰相掌书记。"

潘复还不死心，继续写诗言志，声称"哀乐中年人未老，愿天速作白头翁。"男女之间，贵在有礼有节，你情我愿，话说到强人所难的这个份上，就有点没品了。

潘复（1883～1936）山东济宁人，清末举人，豪门子弟。1914 年，曾任财政部参事，后来一直在山东任职。直到 1920 年，潘复当上了财政次长兼盐务署长。如果要追求杨令茀的话，定是在他当上财政次长后，这时的潘复正是官运亨通之时。但此时的潘复，也早已经有了两房妻室，大太太是天津名妓，二太太是北京名妓。潘复是当时的名士，但基本上是个俗吏，颇擅长接纳钻营，聚敛无厌。

在杨令茀的画作中，有一幅"仕女图"，画一绾发素裙的女子在树下展卷读书，画上题句有"心清恰似在山泉"。这幅画好比杨妹的自画像，自题则恰似她自己的心声。

二、巧手模制大观园

杨令茀日后以书画闻名，这个话题暂且搁下不表。但她曾经这样声称："余好建筑，尤甚于丹青"。这种说法，不禁让人想起章太炎的故事。有人问章，你是诗写得好还是文章写得好？章太炎回答："我最好的是医术。"但章太炎开的方子是没人敢吃的，因为都是古方，但杨令茀的"建筑"，却颇有造就，这就是她精心构筑

的建筑模型,集大成者就是"大观园模型"。杨令茀从幼年时起便痴迷于手制模型:

"虽乱离之时,仓皇出走,刀锯绳墨,不去手也。"(杨令茀《大观园模型记》)

读书之余,用竹头木屑构筑小屋,孜孜不倦。到 1919 年时,就把自己历年的小制作全搬出来,检视还有五六座亭榭尚完好无损,于是就想构思制作一座规模较大的园亭建筑模型。当时苦于找不到图样,忽记起幼年时所摹的《大观园图》,于是拿来仿照其大略,以作制作的蓝图。但当时的杨令茀已经在北京多年,所以制作大观园时,"仿禁苑规模,幻空中楼阁。"

"人物有斗草者,弄桨者,逗鹦鹉者,听琴者,醉眠者,扑蝶者,扫花者,课童者,戏秋千者,一一取法画中。"

"大观园模型"建成后,杨令茀因为去北京,就把模型锁在无锡老宅中。直到癸亥(1923 年)南还时,重新取出,修缮删改,制成后陈列展出。根据郑友梅、徐恭时、周绍良诸老所记述的掌故,可知模型先在无锡、江阴展出,后来又受邀到沪上展出,抗战前还附展于北京图书馆"样子(式)雷模型"展览。

郑友梅老记述了他在沪上看展时,就在沪南蓬莱路无锡匡氏所经营的蓬莱市场。展出的整个园亭"占地十六方尺,并案十四陈之。"(杨令茀记)园内的怡红院、潇湘馆、秋爽斋、藕花榭、蓼风轩、栊翠庵等一应俱全:

"都按着比例作为差距,真是鬼斧神工,为之叹绝。"(郑逸梅《谈谈巧制大观园模型的杨令茀》)

杨令茀在《记》中还提到,模型舶送美国参展后,即藏入美洲博物院,所以"摄影以留记念,并为之记"云云。1926 年,杨妹曾携作品参加美国费城博览会,这或是模型的最后归宿之地。

当年展览之时,无锡名画师胡汀鹭有咏《大观园模型》诗四首,其中有句云:

"人人不读《红楼梦》,多想《红楼梦》里游。"(其二)

"世界三千藏芥子,名园偌大尽盘桓"(其三)

如此评价,可谓褒誉有加。有意思的是,杨令茀却很后悔给自己的模型取了"大观园"的名字。因为自己在制作之初,真是没读过《红楼梦》,只是照着家里挂的大观园图画设计而已。模型完工,不免要去找原书考究一下出处,"既读,则大悔":宝玉、黛玉一辈,原本是自己日常习见的戚党弟子、闺门小女子;其余诸人,势利忘本,是自己避之不惶的俗物,"余何为经之营之,为若辈经营宫室,若是其用心哉?余园既误用'大观'之名,人必谓余深于'红学'而崇拜其书者。故叙其缘起如此。"(杨令茀《大观园模型记》)

杨令茀的这段话,令人失笑之际,也可窥见其胸腑。故其"逃婚",其"独身主义"的思想根源于此可见。

杨令莆制作的园亭模型,除了"大观园"之外,还有"颐和园"。为了便于揣摩营构,曾向内务府请准,迁居园中,潜心冥造,历八年之久。

三、能写丹青补畏庐

杨令莆自夸喜爱"有甚于丹青"的建筑,除了颇为自得的"大观园模型",和很少谈及的"颐和园模型"外,别无他物存世。其实,杨令莆一辈子真正苦心孤诣的,还是丹青,制作模型是杨妹当行之外的喜好,所以闲来游心于此,便很开心,有所得,则更心花怒放。这是一般之大众心理。

杨令莆曾经说起自己,幼年时喜好"六法"(即国画),但苦无师承,听别人讲学画"宜从界划入手",于是就取案头的《大观园图》旦夕临摹。据载,她八岁时即正式拜无锡名家吴观岱为师,是吴氏晚年的及门弟子。吴观岱(1862~1929,号觚庐,晚号江南布衣)山水人物兼妙,壮年时由同乡名士廉泉荐入清宫如意馆供奉,得以临摹历代名人手笔,后来因给光绪皇帝绘制图画故事本,声誉鹊起,也曾在北京大学教过课。杨令莆在无锡期间,当一直跟随这个"江南老画师"学画。十多年后,当杨令莆回乡拜见老师时,观岱老人也惊讶于这个女弟子的画技精进,张罗着在无锡的公花园内为其办画展,一些文章中甚至提到吴观岱有"出蓝之慨"。私下以为,这多半乃场面上的逊词,一个老画师的笔力,无论如何也完胜于一个三十出头的女子。只一点是可以肯定的,那就是杨妹绘画题材的取径要宽,不似老画师谨守传统山水人物的门径,举凡卉木翎毛,皆可融汇入画,再加以女性幽约的视角和杨妹独特的禀赋气质,所以画风开始走向成熟,一种既不同于女性的纤细狭小,又异于男子阔大洒落的独特风格正逐渐形成。这我们从杨妹存世的画作之中,可以感受到这种俊逸的气质。

当然,那种一别十年,令人刮目相看的情形,也与杨妹随兄进京的经历有关。杨妹"逃婚"到京城后,有机会把长兄杨味云所藏名人画册,旦夕临摹,眼界大开。其次是也有机会遍访京城名家学习。民国初期的京城,前清耆旧与新学先锋,国学泰斗与西学才俊,集聚一域,加之杨氏家族在京津地区业已广有根基,所以杨妹到京后,先后拜文坛耆宿樊樊山等为师。樊樊山即樊增祥(1846~1931),道光年出生,光绪年的进士,人称官做得好、字写得妙、诗写得多,是当时文坛的大佬。樊樊山还是齐白石命中的"贵人",齐白石有"老年涕泪哭樊山"篆刻,以记录两人之间的友谊。而齐白石在1919年定居北京之初,已经五十多岁了,尚声名不显,闲居北京的樊樊山亲自为他书写润格在樊樊山不遗余力的鼓吹揄扬下,齐白石方声誉日隆。杨妹曾经跟齐白石一起办画展,齐白石有一幅留世的山水画作,是当年齐画杨题的联袂之作,今人一说起这便深为杨妹引以为傲,其实以当时京城圈子里的名气,齐白石未必超得过杨妹。

杨妹更求深造于金拱北、陈师曾之门,又得丁闇公、廉南湖等的亲自指点,在这些民国大牛的指导下,诗书画技艺日进一日。特别是金北楼,也是当时的巨擘,擅长山水花鸟,师法宋元,笔墨谨严,以工带写,这应当对杨妹技法影响较大,以致观岱老人在十多年后再见弟子时便有"出蓝之慨"。

1922 年的秋天,为纪念苏东坡诞辰 885 年,京城名流效东坡"西园雅集",举办了一场声势颇盛的"壬戌罗园雅集",由罗园主人罗雁峰主持,陈师曾召集,一时群贤毕至,如金北楼、陈半丁、溥心畬、王梦白、齐白石等等都到场。众人泼墨挥毫,合作有多帧图画。与会其盛的杨令茀,不仅与陈师曾与萧谦中合绘"雪堂图",以记念东坡居士壬戌春所建之雪堂,还与凌淑华等有多幅合作。

杨妹临摹陈师曾的画则几可乱真。齐白石曾在杨妹的临摹之作上挥毫题字:"开图足可乱师曾,夺得安阳石室神,地下有知应一笑,倾心浊世有传人。"

此外,杨妹后来也被荐入故宫——民国前的宫廷,在故宫古物陈列所当画师,这使她不仅有机会遍观皇家珍藏,还临摹历代帝王、帝后画像。

在"入宫"前,杨妹曾经给袁世凯画过一幅"沧江垂钓图",并赋长歌纪之,一时名流,题咏殆遍。这图当画于杨妹给袁家公主当"家教"的时候。此图现存,据袁氏后人所说,当时此图挂于安阳洹上府中"文革"时为避免麻烦原款识被割掉,故原作者已不可考云云。私下认为,现存此图如果是真迹的话,则当是杨令茀当年所画的那幅"沧江垂钓图"。这以后,黎元洪也嘱请杨妹"为制油画大像,酬以千金"(《杨令茀女士小传》),这笔钱正是后来杨妹用于制作"颐和园模型"的经费。

杨令茀住颐和园期间,即开始入宫临摹故宫名画,并为临摹帝后画像,著名的有"慈禧太后画像"、"宣统皇后画像"等。1926 年,其画作曾在美国费城博览会参展。这年,"东三省博物馆"准备成立,地址就设在沈阳故宫,也就是日后的"沈阳故宫博物馆"。当时成立了"筹办处",负责筹建工作。因既要修缮已经面目全非的沈阳故宫,还要征集藏品,所以资金短缺,藏品更是奇缺,因为民国成立之后,原沈阳故宫的藏品于 1913 年几乎全部转运北京。当时便请来刚参加费城博览会归国的杨令茀参与,1927 年杨令茀便接受邀请,在北京故宫临摹历代帝王帝后之像。1928 年 4 月完成 72 幅,总画成 96 幅,以济陈列之需。1928 年 5 月,"东三省博物馆"开展日,展出杨令茀所复制历代帝王像,展出 6 天,观众达 10 余万人次,在沈阳引起轰动。杨令茀绘制这些画像的时候,据说每幅润格为 80 大洋,这跟她给黎元洪画像的千金相比,真是微乎其微了。

杨令茀画技日精,声誉日隆。书法也具功力。冒鹤亭曾有诗赞之:

"杨家小妹风华甚，能写丹青补畏庐。"

关于"杨家小妹"的称呼，或以为出自冒鹤亭老的此赞。但杨味云去世后，其后人从遗物中整理出一个署有"杨家小妹"的物件，那正是杨令茀在故宫博物院作画时的一张签名片子。可见，此称或在冒鹤亭之前便已经有了。

四、我在海外作隐伦

杨令茀在东北时，还担任了哈尔滨美术专门学校校长，并襄助沈阳故宫刊印四库全书，留在东北好几年。在那时"满洲国"的地域内，日本人颇奉承这位"天才女画家"。这又与她在民国十二年（1923）关东大地震时，曾随艺术代表团赴日本慰问之事有关（杨令茀《翠薇嶂》）。

1931年九一八事变爆发，东三省沦陷，杨令茀南归不成被困于沈阳。在《西比利亚道中》一诗中，她描写自己在沦陷之城，当别人围炉笑语、大荐辛盘时："我独驰驱边塞外，雪深数仞不知寒。""旁人问我来何方，家在天南滞天北。"而抬眼看隔座，却是"醉舞狂歌杂裙屐，生割牛羊匕带血"。诗里表现出少有的凄楚、孤独和无奈、愤懑。后来日本人拉拢杨令茀，想要让她出来担任伪职，被她断然拒绝了，并慨然写下："关东轻弃千钟禄，义不降日气节坚"的诗句。

杨妹早年就读于法国天主教士主持的上海启明女塾，法文很好，又钻研英俄文学，故通数门外语。民国二十三年（1934）时，杨妹通过德国驻哈尔滨领事馆的介引，离开沈阳赴德举办个人画展。行前，她将在沈阳皇姑屯购置的600亩田产捐赠给当地女青年会。她一路旅行，一路作画，卖画所得，大部分捐赠给了上海救国会。1934年秋，杨令茀在柏林举办了个人画展，这就有了希特勒看展并与谈的特别经历，希特勒还看中了杨令茀画的一幅花鸟画，杨令茀用中文题"致战争贩子"，暗中斥骂希特勒。

让人唏嘘的是，杨令茀这一走，便再也没有踏上故土。虽然年轻的时候立志"吾将寻养生之道于古人书画中，消遣世虑，人以为劳，吾以为乐也。"（前引杨味云序）但独身一人，孤悬海外，纵然謷声中外，怕的是心事只共清风知。

杨妹此生，与孤桐友善。二十世纪六十年代，孤桐有诗赠杨妹，似乎理解杨妹在归国与否时的彷徨。至七十年代初，"我亦飘零久"，耄耋之年的杨妹，分别托孤桐和基辛格博士带信给周总理，希望能叶落归根。信中附诗曰：

我在海外作隐伦，每见落叶思归根。

小箕山下先茔在，归去长依父母灵。

可惜蹉跎五年未果，此时的杨妹，在晚辈眼里已经憔悴不堪了："令茀八祖姑母耳目失聪，伛偻苦憔，老境堪怜"，不久便下世。

　　1982 年,杨妹侄儿、长兄味云之子杨通谊,遵照其生前遗嘱,将她一生留意收藏的故宫原物:宋代玉瓶、明代翡翠镂空花鸟花瓶、乾隆御用的翡翠水盂等 8 件宫廷珍品,全部捐献给北京故宫博物院,为此国家文物管理局特在故宫漱芳斋举行了"杨令莤女士捐献文物仪式"。她早年临摹的 15 幅历代帝后像及诗文书画,则捐献给家乡无锡市博物馆。其遗骨也终于"长依父母灵",被安放于管社山杨氏墓园中。墓墙上,有刘海粟为题之"爱国女俦"。

　　杨令莤一生著有诗歌集《水远山长集》,回忆录《翠微嶂》等。孤桐,即章士钊先生。杨妹曾将《水远山长集》诗集相赠,题曰:"敬呈孤桐国师教正杨令莤"。

第三章

津门名票近云馆主

那日去管社山庄,拜谒完杨味云、杨令茀兄妹的墓后,看到墓园中还竖着一方碑碣,上书"近云馆主杨慕兰小传"几个字。我不知道杨慕兰是谁,也不知道近云馆主是干什么的,石碑上刻的字,很不易辨认,再加上翁翁郁郁的树影的投照,字迹影影绰绰的,只看到"杨景晖""杨味云之女"几行字。心想,富贵人家的女儿,父母视若掌上明珠,去世了令相伴父母身边,也是常有的事情,于是匆匆瞥一眼就离开了。回家一查资料,吓了一跳,原来那就是民国时期大名鼎鼎且成就卓著的名票"近云馆主"。

"近云馆主"的名号,在民国初期的京津戏迷中,是贯耳如雷的。爱戏如痴的女子,不仅艺精戏好,还组建了家班,成立私人剧社,是当时的名票。

杨景晖(1903～1986),字慕兰,是杨味云的二女儿,"近云馆主"则是她登台票戏时的名号,但后来,人们就只知道近云馆主,很少知道她的本名了。

杨慕兰生于光绪二十九年。在他父亲杨味云任职度支部时,与大姐景昭一起跟随母亲离开无锡到北京生活,那时的杨慕兰大约七八岁。不久,辛亥革命爆发,清朝灭亡,由于杨味云直至"逊位"诏下方始离开京城移居天津,所以杨慕兰大约又在北京生活了两三年的时间后,于1912年的年初,跟随父亲到天津定居,并一直生活于津门。30年代初,一度又移居北京,到七七卢沟桥事变后返回天津居住。

一、"船过梁溪莫唱曲"

由于杨慕兰日后是在京津地方成名,所以一般都认为她是出嫁后因情感寂寞,方沉溺寄情于戏里的风花雪月。实际上,杨慕兰学戏在后,听戏在前,爱戏则在她幼年生活的熏陶里。

明清时期的江南无锡,文人士大夫精通音律、雅好昆腔者,比比皆是。明清时便有"船过梁溪莫唱曲"的说法,道的是此间行家里手颇多。清代初期的无锡秦氏寄畅园里,也像《红楼梦》里的贾府那样,蓄着昆伶家班,所以常来无锡访友研曲的"莆田老人"余怀在《寄畅园闻歌记》里记载秦园内:"转喉押调,度为新声"的清雅

159

景况。甚至到了清乾隆年间,秦氏后人秦瀛(1743~1821),追忆起先人秦松龄在自家园子里搬演苏州才子袁于令的传奇《西楼记》,并跟袁氏一起观看的情境时,依然津津乐道:

缕衣零乱感萧娘,深巷花阴隔短墙。

一曲西楼人尽醉,白头肠断有袁郎。(《梁溪杂咏》)

这个秦家,就是杨慕兰的外祖父家。杨慕兰的母亲,是秦邦宪(博古)的亲姑姑,是无锡"西关秦"一支,这一支是寄畅园主人秦金的后裔。当秦家的寄畅园里"转喉押调"唱新声时,杨氏家族中,编诗词曲文像清泉流淌一样顺畅轻快的,也大有人在。其父杨味云也是一位昆曲爱好者。

杨慕兰出生时,作为雅部代表的昆曲已经很落寞了,外祖父家的秦园(寄畅园)也已经分割成了几份,但无锡人爱曲、唱曲的习惯还保留着。当原本属于花部的"皮黄戏"在京津风头正盛、名家辈出的时候,在无锡如痴如醉的人也多如江鲫,杨慕兰的叔叔杨寿彬的太太和儿子杨景炜,都是戏迷。杨慕兰四岁被抱在手时,就跟着大人听戏了。艺术的喜好,往往就在这不经意的耳濡目染中在心里生根的。

风华绝代的著名坤伶孟小冬(1907~1977)12岁出道,首次登台挂牌就是在无锡工运桥南桥堍的新世界屋顶花园剧场。杨寿彬的太太喜欢孟小冬。1922年时,杨氏太太还邀了孟小冬、孟幼东姐妹同游梅园,儿子杨景炜为孟氏姐妹拍照留念。孟小冬1919年3月在锡首演后,同年7月又一次到无锡演出,那次还在无锡薛观澜宅的堂会演出《黄鹤楼》,薛观澜是袁世凯的女婿。这以后孟小冬就一直在上海等地登台,直到1924年六七月间,又应邀三赴无锡,在新开张的庆升园主演《四郎探母》、《失空斩》等戏。这样算来,孟小冬1922年到无锡,或是因私人关系,或她跟无锡的杨家一直保持着联系。

清末民初的菊苑,京门派一向以名门正宗自居,除此之外的南派京剧一概被视为"外江派",属于旁门野路子。一直在江南各地跑外码头的孟小冬,于是在1924年下半年,在师傅仇月祥、琴师孙佐臣的辅佐之下,跟著名武生白玉昆组班北上。一路唱过去,在1925年春季到达天津。有说在天津,孟小冬得杨家相助,而结识孙佐臣、陈彦衡等,学艺益精。此说疑非。孟小冬得孙佐臣为琴师,此事早在1923~1924年小冬到汉口怡园演出时,海报上就标明了琴师"孙佐臣"。孙佐臣是须生宗师、伶界大王谭鑫培的琴师,谭鑫培1917年去世,孙佐臣流落到上海,孟小冬向孙佐臣学习须生,当在1923年前,小冬得窥余派唱法之堂奥,则全得力于孙佐臣的倾力相授。孟小冬北上投师学艺,到天津后,或因与无锡杨家的渊源,拜会杨家在天津的亲戚,这倒是极有可能的。因为,近云馆主杨慕兰的父亲杨味云,与梨园界颇为熟稔。

杨味云成为戏迷的时间很早。杨氏在他的笔记《觉花寮杂记》中，记述了跟京城梨园界的交往，他特别记到民国初期，京津名伶的出场费和高级粉丝团：

"红氍毹上清歌一曲，缠头辄费千金；宴会一次，动需巨万。梅兰芳、程砚秋、尚小云等，皆有名士捧场，为之编排新戏，如易石甫、罗瘿公诸君，金荃制曲，玉茗填词，不失为才人本色。"

杨味云还回忆自己在光绪末年初到京都时，则"梨园老辈如莲芬、紫云、小福等，犹见其登场奏艺，谭鑫培名誉甫著，瑶卿、筱朵，年仅垂髫耳。"俨然一副老听客见多识广的派头。不过杨味云确实是该有老资格的，他跟菊坛老伶公王瑶卿（1881～1954）有着不止四十年的交情，所以，杨慕兰以后能够受教于王瑶卿等众多名师，这与其父亲杨味云与梨园界的渊源有很大的关系。

二、嫁入周公馆 旋作荡子妇

杨慕兰在 21 岁嫁给了津门豪族周学熙的四子周明思，成为周家少奶奶。

周学熙是袁世凯当民国大总统时的内阁财政总长，并兼税务处督办。后又以天津为据点，在整个华北地区建立起了庞大的企业集团，与张謇并称"南张北周"。"北周"在天津的基业很雄厚。张中行先生描述自己跟谦逊老派的周叔迦先生的交往时说：

周先生的出身，说是"世家"还不够确切，应该说是"富家"。他父亲周学熙，北洋政府时期是财阀，并经营新时代的实业，最出名的是唐山启新洋灰公司。①

周叔迦（原名明夑）是周学熙的三子，因为私自投资银号煤矿，三个月巨亏几十万大洋，被父亲罚去青岛"闭关"三年。周家泼天的富贵，从这也约略可见一斑。杨慕兰嫁进周家，做了周学熙家的"豪门媳妇"。但其实杨家的门户地位也不低，杨味云本来就是周学熙的亲信，也做过天津长芦盐运使、民国政府的财政次长，也跟周学熙一起办实业，只是这种强强家族的联姻，显然没有给杨慕兰带来幸福。杨慕兰刚结婚时夫妻燕好，但好景不长，据说在她丈夫分得一笔巨额家产后，二人之间便出现裂痕。周学熙是在 1925 年分析家产的，这样算来，杨慕兰只度过了燕尔新婚期，便渐渐被丈夫冷落一边了。

周学熙有四个儿子，除了次子周志俊（名明焯）从事实业外，其他的都没有子承父业。三子周叔迦经商失败后，一心向佛，成为中国佛教史研究专家，学界以与汤用彤齐名，是一位真正造诣精深的学者。长子周明泰则痴迷京剧，花钱听戏，花

---

① 张中行：《负暄琐话》"一八 周叔迦"，中华书局 2012 年版。

钱买唱片,收藏戏单,是有名的"戏单大王";解放前夕到美国,坐下来写写梨园掌故、戏曲的历史,也足当一个有所成就的戏曲史家。他曾花大价钱收购的清代南府和升平署的抄本,后归北图。周一良先生八十年代末赴美探亲,见到这位耄耋的堂叔时,老人家还惦记着升平署的档案,说那光绪三十四年一份落在齐如山手里,现在可能落在谁家,希望早日替北图配齐。做戏迷到这个份上,也算是格调高的。周学熙的小儿子周志厚(名明思)也是个戏迷,但格调要比老大低好多,有钱、迷戏,被称为"花大少",或非空穴来风。那么,杨慕兰嫁给这样的一个"荡子",可惜了天生成百媚娇,"进退无门,恰便似汤浇雪、风卷云。"(《玉梳记》)

曹禺先生的《雷雨》写了一个"周公馆"里发生的怪诞故事。因为剧中的周朴园老爷有一句:"无锡是个好地方。"于是无锡人很愿意把这个周老爷跟无锡的民族资本家周舜卿拉上关系,其实是八竿子打不着的。

曹禺的父亲跟周学熙的弟弟"九爷"周学辉是好朋友。曹父抽鸦片中毒,临终时把老婆孩子和所剩无几的家业托付给了好朋友周学辉。曹禺小时候常常会走进周学辉的"周公馆"去领学费,于是周家那座巨大豪华的房子,便高高矗立在曹禺的心里,令人生敬畏之心。1935年《雷雨》在天津公演时,有人曾问"周公馆"是否暗指周家?曹禺一口否认,说只是借用了周家的大房子而已。周家后人周骥良就曾说过,那写的就是我们周家的事。人和事,自然是向壁虚构的,但周家林林总总的人物故事,总有影子在剧情里晃动,比如,那个大家小姐杨慕兰,嫁入周家后,便像繁漪一样寂寞而幽怨着。

三、周家太太的"票房"

周学熙晚年写有一首诗,是临终诫训子孙之作:

"祖宗积德远功名,我被功名误一生。但愿子孙还积德,闭门耕读继家声。"

周氏子弟闭门读书、能继家声的一流学者很多,有人不无夸张地说,出自周家的专家学者,足可以办一所大学。但在做官办实业最出色的周学熙家里,还独多"戏痴"。大儿志辅、小儿志厚外,小儿媳杨慕兰,都沉迷于戏里人生。

在民国时代,当戏迷"票戏",不是一般人能玩得起的,这至少得具备三个条件:一是"不痴迷不成活",二是天生异禀一条好嗓,三是生就一个富贵闲人。那个时候的顶级名票如红豆馆主、张伯驹、袁寒云等等,莫不如此。从小听戏爱戏的杨慕兰,遍请名师教戏。先后向前辈王瑶卿、律佩芳和梅兰芳的大弟子魏莲芳等学戏,专攻青衣。杨慕兰还跟老一辈的名演员朱桂芳、闫岚秋学刀马旦。朱桂芳是清末著名武旦朱文英之子,是武技精湛的名家,跟梅兰芳、余叔岩等搭班演出,是梅兰芳倚为左右手的。闫岚秋则是朱文英之婿。杨慕兰另外还师从姜妙香学小生,而姜妙香则是跟梅兰芳在台上珠联璧合近半个世纪的黄金搭档。从师从关系中,我们可以看出杨慕兰跟梅派的渊源。事实上,杨慕兰跟梅兰芳等四大名旦关系密切,彼此是亦师亦友。杨慕兰的妹妹杨景昉(1916~2009)也是天津名票,梅兰芳之子梅葆玖,在题赠的剧照背面,恭恭敬敬地尊称一声"师姐"。

杨慕兰工青衣,兼刀马旦,会小生,唱念做打兼善,这在票友中算得上是少见的全才了。而且她还专门向票界耆宿、人称"包大爷"的包丹庭学昆曲,能演昆曲正旦、闺门旦的戏。杨慕兰学戏其实并不特别讲究门派流别,不是行内的人,学适合自己的戏,做自己的人,这种个性让她因此创造出一套独特的戏路。凭着天资和勤奋,杨慕兰会唱几十出戏,"文武昆乱不挡",造诣之深,加上书画兼通,在行内行外都深受人敬爱。

1931年九一八事变以后,杨慕云曾到北京参演了两次"义务戏",一次是在北京"哈尔飞大剧院",她唱《贺后骂殿》;另一次是在北京开明戏院的演出,跟德国籍女票友雍竹君同台合演《玉堂春》,她的"起解"。这两场"义务戏"使杨慕兰一下子声名鹊起,"近云馆主"的名号就响开了。

过去,权贵和豪富之家,常常会把艺人、戏班请到家里、会馆唱戏,这就是旧时的"堂会",这种堂会可以凭借主人的显赫地位,云集名角,荟萃名段。1936年春,天津市长萧振瀛的秦老胡同的私宅内,就曾办过一场盛况空前的堂会。名净郝寿臣、名丑郭春山主演的昆曲《虎囊弹·醉打山门》开场;坤伶陆素娟的《廉锦枫》是中轴;接下来是近云馆主、程继贤的《坐宫》,程砚秋的《红拂传》,余叔岩的《盗宗卷》;大轴是尚小云和谭富英的全本《四郎探母》;压轴是杨小楼的《落马湖》。从这份"奢华"的戏单,也可以看出近云馆主在票界的地位。在老戏迷的眼里,近云馆主有天分、有才气,"台风好,有眼神儿",做戏细腻传神,声情并发。"舞罢霓裳天一笑,万枝绛、笙歌拥。"(杨昧云《满江红》,为王瑶卿五十寿题)

据说,杨慕兰每次登台"票戏"时,排场大得吓人。不仅有值勤的巡捕、手枪队替"四少奶奶"开路,剧院的大门口还有持枪的人站岗。如果说旧时艺人登台,为的是赚银子,那么有钱人"票戏",则不仅要自掏腰包请名角配戏,而且演出结束时,还要向粉丝、观众派发红包。杨慕兰唱罢派完红包,台上台下便一片"谢谢周太太"的欢呼声。据载,袁世凯的二儿子袁寒云登台票戏,一场下来可以花费四五千大洋。

或许因为这份"招摇",周家不准杨慕兰登台,据说由此而被夫家所黜。如是这般,那么大家族的脸面和名誉,似乎比一个被丈夫冷落的女子的快乐和幸福更重要,这倒真有点《雷雨》里面周公馆的气息了。

杨慕兰在1941年自办票房,这就是有名的"云吟国剧社",民间俗称"周家票房",由杨慕兰自己主持,请前辈名票刘叔度担任名誉社长,可惜刘叔度在建社不久即去世了。据小时候也随父亲去剧社"玩票"的徐大同先生所述,当时在册的"云吟"票友有四五十人之多,如著名小生兼鼓佬青云主人袁文斌,后来转入专业剧团的赵汉章,荀慧生的司鼓刘耀曾和张学津的琴师王鹤云,都是社友(徐大同《文踪史迹》)。剧社不仅成了票界习艺的地方,也是津门菊苑名流和名票切磋演技的沙龙。甚至各地名家来津演出时,也多会到这里拜会近云馆主的"山头"。

　　"文革"后,人们再见到杨慕兰时,看到历劫过后的"杨先生派头十足,无论酷暑,着长衫,罗质。"一袭罗衫的杨慕兰常倒背双手,款款踱步,一如舞台上儒雅洒落的巾生。可是很少有人知道,那衣袂飘飘,为的是掩盖双臂的累累伤痕。更令人想不到的是:"又清声、听到桐花小凤。"(杨味云《满江红》)倔强的老太太,竟然恢复票房,又把"云吟国剧社"给树立起来了!

06

第六篇

无锡张氏：洋务麾下的
新旧选择

　　张氏是天下大姓,俗话说"张王李赵刘,走遍天下稠"。古代吴郡早就有"顾陆朱张"四大姓,也就是说,历史上的江浙地区就是张姓聚居的主要区域之一。

　　无锡地区的张氏支裔很多,仅在惠山祠堂群中立祠的就有横街的张明公(载)祠、直街的张中丞(巡)祠,上河塘的张义庄祠和下河塘的张文贞公(束之)祠。这些宗祠分祠不同的先祖,人才出众者众多。在清末民初那个新旧交替的时代,无锡张姓后裔与清末洋务运动领袖多有联系,在他们身上,可以看到在急剧转型社会里新旧蜕变所留下的印记,如张之洞幕府的张曾畴,李鸿章麾下的张叔和。

引　言

张氏溯源

一、张氏得姓

天下张氏虽然人口众多、支系无数，但其来源则相对简单，除去汉唐时期部分少数民族赐姓外，如诸葛亮赐姓世居云南的南蛮酋长龙佑那以张为氏（《读史方兴纪要》），张氏的基本来源主要有两个：

第一个来源是出自黄帝之后挥。欧阳修《新唐书·宰相世系表》记载：

"张氏出自姬姓，黄帝子少昊青阳氏第五子挥为弓正，始制弓矢，子孙赐姓张氏。"

"弓正"是古代官名，执掌弓箭的制作。传说在黄帝与蚩尤的争霸战中，黄帝始终处于被动的局面，蚩尤不仅有八十一个铜头铁额的兄弟帮忙，还请来风伯、雨师兴风作浪，又升起弥天大雾使对手方向难辨。幸亏黄帝团队有见招拆招的本领，不断发明铜鼓、指南车、弓箭等等，最后打败了蚩尤。而其中弓箭的发明者就是挥。

挥在作战中，看到流星划过天际，坠落地平线的样子，受到启发，发明了弓箭，使得黄帝在逐鹿中原时最后胜出。挥因为这天大的功劳，被封为"弓正"。"主祀孤星，世掌其职，赐姓张氏。"（宋邓名世《古今姓氏书辩证》）在冷兵器时代，弓矢的发明，对于战争的意义无异于后代的枪炮。挥凭着一技之长而封官，因官职而赐姓"张"氏。

第二个来源也是出自赐姓。就是春秋时晋国大夫解张，字张侯，因功而被赐姓，子孙以字为氏。

解张是春秋时期著名的战役齐晋"鞌之战"中的英雄，虽然当时他还只是主将战车上的一名"御者"，但其英勇、智慧，显然胜过主将郤克，是决定晋国在"鞌之战"中胜利的关键性人物。当然，解张也曾经办过一件很无厘头的事情，那就是替没有被晋文公重耳封赏的介子推打抱不平，结果反使介子推被烧死。

张氏在三家分晋后，除去部分留在晋国原居住地外，大部分随着韩赵魏三国的迁都而迁徙到他处,但他们都是张侯的后裔,汉留侯张良即出自此支。由于解张本姬姓,所以如果把生活于中原地区的张氏都看作姬姓的后裔,这在先秦两汉之前,基本上是符合实情的。

二、江南张氏:南北分流 其源则一

江南地区的张氏,笼统地讲可以分为南北两支。南支,即吴郡张氏;北支,即宋元以后迁来的北方张氏。

吴郡张氏,传为张良后裔在西汉末年从北方迁来吴地,到三国孙吴时期,张氏已成为著名的世家大族,是东吴政权主要仰仗的世族力量之一。吴郡四姓的门风有"张文朱武陆忠顾厚"的说法,"张文"主要是指吴郡张氏子弟从东吴到晋代,都以才藻议论著称,如在孙策创业和孙权继位之初都位列文臣之首的张昭,西晋以"莼鲈之思"著称的张翰等等。吴郡张氏在南朝时达到鼎盛,整个家族成员中,官居三品以上的有 25 人,是仅次于"王谢"的显赫大族。

北方系张氏,是指宋元以后陆续从北方迁徙来的张氏支系,主要有两支,一支是以宋代名臣张浚张栻为先祖,另一支是以横渠张载为先祖。两类谱牒在追远时,中则言唐代张九龄、张九皋;远则言西晋司空张华,更远则追溯至张良。

南宋朱熹在《张公(浚)行状》中也是这样来叙述的。他说,绵竹张浚为唐朝宰相张九龄之弟张九皋之后,郡望是范阳方城,是西晋司空张华的后裔。家族几经迁徙,在张九皋居官京都时迁往长安。唐末黄巢乱起,当起义军"冲天香阵透长安,满城尽带黄金甲"(黄巢《不第后赋菊》)时,九皋后裔跟随唐僖宗凄惶的幸蜀之路也进入四川,在成都、绵竹定居下来。绵竹张氏都出自此支系。

张浚是南宋名相,抗金主战派领袖,被誉为"中兴社稷之宗臣"。其实,江浙张氏中,还有一支是跪在岳飞像前的奸佞张俊的后代,但张俊后裔往往讳言祖宗,愿意把自己归到张浚名下,这同"人逢宋后耻姓秦"是类似的。

张俊的墓就在无锡华藏山,华藏寺本是方便子孙祭祀张俊的家祠。

三、无锡张氏:横渠后裔 世传耕读

在无锡名胜惠山脚下,古老的梁溪河汩汩滔滔,流向无际广翰的太湖。在锡山、惠山的东北坡麓,山色溪光之中,掩藏有一罕见的民间祠堂群,在不足一平方公里的范围内,先后建有 118 座祠堂,不啻是一座天然的祠堂博物馆。在"惠山祠堂群"中,有一座庄肃凝重的祠堂,——张明公祠,是祭奠横渠张载的祠堂。

无锡的张氏支谱,张载世系传承及迁徙情形是记录最清楚的,族谱从横渠张明公开始,往后三十一代均承续有序。惠山张明公祠建于道光年间,主祠张载,裔

孙配享东西两堂。故无锡张氏,多尊横渠公为始祖。

张载是宋代理学的先驱。宋代理学濂、洛、关、闽四大流派,其中的关学就是陕西眉县横渠的张载创立,可以说是宋明新儒学的开山鼻祖。张载的理论,与高调的"性理"思辨比,更注重经世致用的精神。他反对空疏的思想,务以涉虚为戒,尤其是著名的"横渠四句",体现了珍贵的民胞物与的人性辉光:

"为天地立心,为生民立命,为往圣继绝学,为万世开太平。"

这是封建时代知识分子的理想所在,也是横渠后裔继承的家族精神。

在近代社会里,张载家族的无锡后裔,在风云变幻的晚清社会里,趋新务实的行动取向是较为明显的,那就是投身到洋务运动领袖麾下效力。较为有名的有两个人,一个是张曾畴,另一个就是张叔和。在这两个人物身上,可以看到社会和个人在新旧交替中留下的痕迹和刻下的印记。

第一章

张曾畴：洋务麾下的旧式师爷

张曾畴，也作张曾寿，字望岊，号潜园，室名"师友堂"。光绪十二年（1886）庠生，担任过湖北布政司照磨、布政司库大使、盐道库大使等职，都是属于品阶较低的文职外官。张曾畴效力于张之洞幕府，跟外甥许同莘一起在张幕做文案，是张幕中做文案最久的一个人，一直奉事到张之洞离世，并料理完张之洞后事。

晚清的四大幕府中，各种"新式"人物济济一堂，但张曾畴却是一个标准的旧式"师爷"，做事做人都恪守一个"师爷"的本分。

一、张之洞的"枪手"

张之洞的幕府很庞大，成员大体上可划分为两大部分。一部分是在总督衙署内任事的幕员，包括文案、参事委员等，围绕在张之洞身边工作，与张的交往比较密切，甚至充当顾问并为之出谋划策。另一部分是在督署外设立的各局、厂、书院、军队等地方担责具体的专职工作的人。张曾畴属于第一类人，入幕辟为记室，长期在张之洞身边处理日常文书及事务，深受张之洞的信赖。当时张幕的文案之首，就是被称为"民国产婆"的赵凤昌，张曾畴的同事中还有梁鼎芬、辜鸿铭等。

张曾畴入张幕的时间大体在张之洞湖广总督任上。由于张曾畴工书法，"以书迹似总督张之洞，为之洞所赏，充文案有年。"①因为写得一手好字，而受到赏识，这跟张之洞"不拘一格用人才"的纳才原则有关。张之洞跟曾幕、李幕多用乡党充当幕僚有很大的不同，用人时具有更大的包容性，"奇杰之士，不拘文武；艰巨之任，不限疏戚。"有一技之长便善用之。故民国时期刘成禺在其笔记《世载堂杂忆》中有一段生动的记载，描述了张幕中多用各有专长的常州府人：

"无锡张曾畴擅苏体字，为之洞代笔，几乱真。赵凤昌以通达政事文章名，之洞倚之如左右手。金匮华蘅芳以算术独步，两湖奉华氏为泰斗，在鄂十余年。

---

① 《清史稿》卷 496 列传 283 "忠义传"，中华书局 1998 年版。

……其他如杨模等,皆幕府才也。"①

刘成禺(1876~1953),也是清末民初的风云人物,因面皮略麻,人称"麻哥"。民国初年,刘成禺等同游苏州,当时同行的还有一位人称"李麻子"的。一行人恰好遇见章太炎,便相约到一家照相馆去照相。排座位时,章太炎自己居中而坐,让李居右、刘居左。刘就满脸不高兴,说:"我是麻哥,他是麻子,子焉能居哥之上?"章太炎只得让两人互换位子。这个非常性情的"麻哥",曾在张之洞所办的两湖书院学习,后来也充任张幕文案。《世载堂杂忆》是刘成禺在晚年根据自己的亲身经历写成的,他的说法应该是可信的。此外,还有一个叫刘声木的,也提到张之洞的许多手迹,其实是由张曾畴代笔的:"世所称张文襄公墨迹,多出其手。"②张曾畴是书法名家,生平嗜书籍碑版,精鉴别。

二、张之洞的"送终人"

张曾畴在张幕中算不上显赫人物,没法与赵凤昌、梁鼎芬、辜鸿铭等同日而语,但他相随张之洞的时间前后约有十七八年之久,"随侍知遇之感,实逾寻常",故任劳任怨,奉事张之洞左右,一直到张文襄公离世,并负责料理其后事。

在国家图书馆善本特藏部的名家手稿库,有一组珍贵的近代史料——《赵凤昌藏札》,主要是赵凤昌在做张之洞幕僚时,各家致赵凤昌父子及张之洞的书札,共三十六函,一百零九册。内中有一通墨迹手札《张文襄公辞世日记》显得很特别。因为,这通书札无收信人名字,落款人也只有"弟名心顿首"五字。其次,这通书札的内容,是记录张之洞辞世前十数日的起居、病况、延医及辞世详情的,从宣统元年(1909)"八月初一、二"记起,一直记到"廿一日早",非身边近侍不能如此详细知其本末。幸亏书札中有这样一些文字记录:

"(廿日)是晚,畴与徐医进视,问安,亦能辨认。"

"廿一日早,医云,今脉已沉。畴与亲友三人,即至东、西城,前门外,遍视良材,考选十余家,始定。"

书札作者自称"畴",并此札与另一通张曾畴写给赵凤昌的短札放在一起,且笔迹相同,故可以推断这篇《张文襄公辞世日记》的作者就是张曾畴无疑。张曾畴是给张之洞最后"送终"的人之一,亲眼目睹了张离世时渐行渐远的身影。最难能可贵的是,这些文字,真实直观、生动细腻地记录下了张之洞在生命最后的日子里的所思所想。这里有几端颇令人感慨的。

---

① 刘成禺:《世载堂杂忆》,中华书局1997年版。
② 刘声木:《苌楚斋随笔》卷八,中华书局1998年版。

一是张之洞虽然是权倾一时的风云人物,可是周旋官场,也多有无可奈何、身心疲惫处。张曾畴日记中有一段记录八月十七日晚"妖梦"连连,呓语不断的情形,大致言,路过正定府时,有多人申冤"山西某官吞赈一案"。张之洞在梦中呓语,吞赈的事,发生在放赈之前还是在放赈后,此中先后,大有区别。且此案是发生在光绪八年,迄今已二十五年,相隔太久,何能申冤? 我是路过此地,不能越俎。如果实在不得已,我再想一个调停之策。

又云:"路过汉口,官吏太繁,不能见,拟择一幽静地方小憩。"

张之洞八月初病重躺倒床上,但病情基本稳定,到 17 日自感身体不错,恰好东院新厅落成,所以兴致很高,"乘椅轿亲视一周"。可是,当日晚便不断做噩梦,时而清醒,时而呓语,并产生幻觉,到 21 日晚就去世。而在呓语中,张之洞依然不断纠葛于官场的复杂繁难之中,试图调停,又左右为难。并深深厌烦"官吏太繁"。只是他欲"拟择一幽静地方小憩",却不料是生命的终结之所,令人唏嘘!

其次,关于张之洞是不是真的很清廉。

辜鸿铭是张之洞幕中的"海归"文案,深受张之洞的宽容和庇护。他曾声称张之洞"及其身殁后,债累累不能偿,一家八十余口几无以为生。"张担任封疆大吏长达二十余年,办实业无数,要说张清廉无私,似乎很难让人相信。而且跟张之洞私交甚好的刘坤一都说,张之洞在代理两江总督仅仅年余,竟然"搜刮如此之空,负累如此之重",并说他"用钱如泥沙"。这两种截然相反的评价,到底孰是孰非?

其实,刘坤一跟辜鸿铭所说的都是实情。所谓张之洞"搜刮"也非虚言,只是其所聚之财,并没有中饱私囊,而是全用于办新政的各项事业中。张曾畴的记录中,正提供了一份张之洞去世后各家所送的奠礼,而除去归还欠款外,银子"尚不敷丧礼"。

张曾畴是谋办张之洞丧事的人,所记文字是据情实录。还有一条材料也可以佐证辜、张等的说法。据日本外务省档案记载,日本驻汉口领事濑川浅之进,在向外务大臣的报告中称:

"张总督乃该国罕见廉洁之士,其虽历任高官,但两袖清风,囊中常常空乏。"而且濑川还报告了一个传闻:债主上门逼债,张不得已借钱还债。

如果把"清廉"界定为不谋私利、不饱私囊,张之洞应当是个令人肃然起敬的濯清涟而不污的人。所以,张之洞在生命终结的时候,能够自信地为自己盖棺论定:

"我一生做人,志在正字、忠字,公忠体国,廉正无私,我可自信,此我之心术也。"

"平生不树党,不殖产,自幼不争财产。"

张之洞一生，既权倾一时，但也有依违两难之处，在清末那个烂泥塘里不断挣扎。既显赫一世，但也有在"清贵"的掣肘和"清流"的挤压下，不免"怵惕梦成魇"悲凉。不管怎样，张曾畴记录下的这段文字，为我们提供了一段极为珍贵的史料，让我们有机会去接近张之洞的内心，去了解他的心路历程。

三、激情投江　生死两茫茫

张之洞逝去两年后，他所缔造的新军打响了"辛亥革命"的第一枪。战事起时，当时正掌管汉阳车站货捐的张曾畴就避难逃到了上海。"货捐"是负责对商户货运征税的部门。民国时期的黑幕小说《二十年目睹之怪现状》四十四回中，描写那位苟才，恰是因为又兼了筹防局、货捐局两个差使，就格外阔绰起来。可见那是个令人眼红的肥差。张曾畴的仇家就借此诬陷他携款潜逃，胁迫他从上海返回汉口，接受审查。可是，最后的审计结果却证明张曾畴是清白的，于是不得不把他释放回家。

张曾畴侥幸捡回条命后就坐船返归故里，不料恰好与某革命党人同船而行。那人当面羞辱他，并将他的帽子打落地上。张曾畴不堪受辱，愤激之下，竟然选择"遽投江死"。

张曾畴为自己所选择的生命归路，令人愕然。但张曾畴的一首诗，或许可以约略探知他的内心世界。这是一首题画诗，是题写在吴观岱（1862～1929）所作的一幅《乞食图》上的。吴观岱，号觚庐，晚号江南布衣，也是无锡人，曾经以绘事进入清宫如意馆当供奉，因为给光绪帝绘写课本故事而声名鹊起。吴的《乞食图》上有冒广生、宋育仁等八个名流的题跋，其中署名潜园张曾寿的题诗曰：

"丈夫可饿死，达人贱襟裾。吾身本有真，形骸乃其余。

裴休披毳衲，熙载敞衣袪。萧然此二子，世法心法与。"

诗里颈联用了两个典故。上句中"毳衲"，是指和尚穿的衣服，用鸟兽的细毛织成，用来代称和尚，出典在《因话录》中，说的是散发着山野气息的和尚衣服，比炫目的朱紫朝服要高洁得多。后来，唐代居士裴休在晚年时也常常身披毳衲，"于歌姬院捧钵乞食"，可是全然不为门里乾坤和熏天艳情所影响，这种淡然一切的定力，简直"可以为人说法"。

"熙载敞衣袪"一句，出典在南唐顾闳中所画的《韩熙载夜宴图》。此图是顾奉李后主之命侦查韩熙载生活而画的，描绘了韩熙载彻夜宴饮的景象。全卷一共有五个场面："听乐""观舞""歇息""清吹"和"散宴"五个段落。第四段中，描绘韩熙载盘坐在椅上，敞衣坦腹，听诸女伎合奏管乐。当然，韩熙载的声伎之乐放纵的背后，不过是为了掩饰内心、求得一个全身之策而已。

题画诗的结尾,张曾畴把裴休、韩熙载这两个故事,归结为"世法心法"的并存。在佛教看来,出世的高人,自有最上乘的出世之法;而世法转身,其实全在各自心法。表现出一种形骸与内心的对立。

虽然诗歌是因画题"乞食"而引发的,但作为幕僚的张曾畴、吴观岱等,纵然受到恩遇,仍不免有"尾后随人易取怜"(宋育仁之题画诗)的尴尬,有"渊明亦为饥驱走"的无奈。所以,从诗歌中流露的情感,就不难理解张曾畴缘何会"激情投江"了。而据侯学愈《续梁溪诗钞》张曾畴小传,入张幕前,张已捐了一个湖北候补知府。游张幕多年,又积资保知府。①

张曾畴在兴办"新政"最出色的张幕中随侍服务,可思想上依然保持着旧式"师爷"的理念:忠诚、尽责、克勤克己,知恩图报。但同时,张的内心深处也依然保持着读书人的傲气和清高。这两样东西不巧碰在一起,又遇到一种特别的情形,于是就产生一个令人匪夷所思的结局。

在《清史稿》中,把张曾畴列入《忠义传》。

---

① 侯学愈:《续梁溪诗钞》卷二十,无锡文库第四辑,江苏凤凰出版社 2012 年版。

第二章

张叔和："海上名园"张园的建造者

晚清时期的上海，新旧杂陈的都市模样，已经为"十里洋场"拉开了帷幕。那种在各种元素之间游移的暧昧情态，颇有点像身掩青琐后偷窥世界的怀春女子，既有身掩重门中的种种传统禁锢，又掩不住冲破禁锢、一飞冲天的强烈欲望，最后忍不住纵情一跃，有"须作一生拼，尽君一夕欢"的奋不顾身。可以说，清末民初的上海，是一个新旧急剧交替并转型的中国社会的缩影，不管是思想意识还是行为方式，抑或生活习惯，都发生着翻天覆地的变化。这里既有满清的遗老遗少们承续着皇清美梦，又同时"潜伏"着的维新派、革命党，正夜以继日地密谋终结一个没落的朝代。既有醉生梦死的陈腐气息游荡空间，又有清新鲜活的春风破窗而入。

一百年前，曾经被誉为"海上第一名园"的张园，就像是一个万花筒一样，照见了这个纷繁多姿的花花世界。

这个曾经盛极一时的海上名园的建造者，就是无锡商人张叔和。

一、轮船招商局的帮办

张叔和（1850～1919），名鸿禄，字叔和，无锡东门含秀桥人。早年入上海洋行买办，从他以后被李鸿章委派到上海轮船招商局帮办的人生经历看，当早年即与李鸿章有着较为密切的关系。

轮船招商局是李鸿章在1872年建立的中国第一家"官督商办"的公司。1873年夏天，以唐廷枢、徐润为首的广帮买办临危受命，从沙船商人朱其昂手里接办奄奄一息的轮船招商局，这样具备近代企业经营管理能力及财力的广帮买办开始了一段颇为风生水起的事业。

唐廷枢入主轮船招商局后，使出浑身解数，动用一切力量来使自己掌舵的"轮船"开动起来。面对外国洋轮公司的恶性竞争，他既恳请江湖上广帮乡友、各埠华商鼎力相助，又利用"官督"关系，呈请李鸿章说服朝廷给予特殊的扶持政策，让轮船招商局来独家承运国家战略储备粮——漕米。张叔和大致在这个时候进入轮船招商局，先是负责海运和漕运，后来专门管理漕米事务。1879年，李鸿章曾委派张叔和在南洋招股 65200 两,在暹罗招股 5 万两,这对于扩大轮船招商局在南洋一带的轮运业有重要作用。到 1881 年春天,经唐廷枢、徐润的禀请,李鸿章正式委派广东候选道张叔和担任招商局帮办。在招商局的发展史上,张叔和的作用虽然比不上唐、徐、郑三人,但从 1882 年到 1885 年之间,张叔和是轮船招商局的四个主要负责人之一,他的人生轨迹也同轮船招商局有着千丝万缕的联系。

张鸿禄本是李鸿章的亲信,据说在进入招商局不久,即被徐润所收买,实际上应该是相互利用。徐润委之管理财务,张鸿禄则鼓动徐润挪用公款,在吴淞口江两岸购买地皮数块,建房出售,赚钱后则还掉公款,红利分给大家,当然自家也中饱私囊。徐张二人一拍即合,瞒着唐廷枢挪用巨款投资房地产,直到东窗事发。

平心而论,唐廷枢确实是晚清洋务运动史上坚韧卓绝、又具有非凡魄力和能力的经理人才。当唐廷枢如巨大的章鱼一般,把触角伸向铁路、采矿、水泥、电报等多个领域,干得有声有色时,便想让督管上司李鸿章真正放权,要求完全商办,这就使李鸿章大为起疑,因为此时朝中早已风议四起,清流派连续奏本,揭发轮船招商局贪腐亏损情状。李鸿章于是在外压内疑的情形下,迅速将亲信盛宣怀派回招商局清查。这一查,果然查出了唐廷枢、徐润、张鸿禄等挪用公款二十余万两用于炒股、炒房。光绪十一年(1885)一月,李鸿章将唐廷枢、徐润和张鸿禄彻底逐出招商局,托委亲信盛宣怀任督办。

张叔和在这场反腐运动中从轮船招商局被清出,至于张离开时到底贪墨了多少银子,则不得而知。当时,盛宣怀正专注对付的是唐廷枢和徐润。事实上,唐廷枢和徐润等都作为投资方,均拥有一定比例的局股,这包括张鸿禄;挪用部分公款用于地产开发的事情暴露后,又分别以房地产作了抵押退赔①。

其实,轮船招商局的腐败事件不是个案。在"官督商办"这种大清特色的公司制下,"商办"犹如"妾身未分明"的女子,既无正室的地位和权益,好坏由己,又受到种种猜疑,于是"各牟其利,各怀其私"便顺理成章地成为一种自保方式,腐败几乎如同瘟疫一般如影相随。《剑桥中国晚清史》分析道:

"只要公司和经理把公司资金挪作私用而不出问题,这类行为就可以作为商业投资的风险的一部分而加以容忍。这和中国官吏之以私人名义利用或滥用财政收入颇相类似。"(第八章"官方对现代工业的赞助"节)

当然,如果再深究下去,像招商局这种反腐案例,其实不过是大清朝廷上官场争斗的延伸罢了,是将国有公司作为权力斗争的武器而已。所以,当 1894 年中日甲午战争失败后,有人弹劾李鸿章通敌,其侄子李经方则通过商人张鸿禄出售大

---

① 李时岳、胡滨:《论李鸿章的洋务思想》,载《历史研究》,1982 年第 4 期。

米三千石给日人,李鸿章说,我尚且受到攻击,更何况你们?

二、"万年清"号海难的幸存者

张鸿禄离开轮船招商局后,很快就到了台湾巡抚刘铭传手下。因为刘铭传属于李鸿章的淮军系统,深受李鸿章青睐,所以张是否是通过李鸿章的关系异地安排工作,似乎很容易令人作类似的猜想。

话说光绪十二年(1886)四月,刘铭传单独用密片奏请,任用已被革职的李彤恩负责全台商务总局的筹设,决定用"招商引资"的办法来募集资金。但在上海登报招商了一段时间,却收效甚微。这时候,革职道员张鸿禄,却在上海募集到一笔约10万两的海外华人资金,于是渡台与李彤恩商议招商事宜。张叔和渡台后,跟李洪恩一起研究制定了一个《振兴台湾商务章程六条》。刘铭传在看过《章程》后,很赞赏,决定由李彤恩和张鸿禄负责成立招商总局,时间大约在1886年底。所以,不妨作如此猜想:张叔和大致在1886年下半年,在上海募集到一笔数额巨大的资金后,就渡海来台,顺理成章地加入到刘铭传麾下,并因工作出色,很快得到刘的信任。

这里要插一句,刘铭传为了吸引才能卓异的文官到台湾服务,在1886年上奏时,希望朝廷能准许:凡到台湾服官积功满三年以上者,准其回大陆后优先擢升。这跟新疆政策一样。

在李鸿恩和张鸿禄的禀请和总负责下,刘铭传的台湾招商局开始运作承修台湾铁路和轮船运输。根据"台湾巡抚刘铭传咨呈奏请改派杨宗瀚总办台省铁路商务林维源专办抚垦片稿"(光绪十三年)记载,因事务繁忙,李张二人向刘铭传建议:

"工程浩大,必须二、三年后方能完工。并请派道员杨宗瀚总办铁路商务,以便商情。"(《光绪朝实录》)

刘铭传与杨宗濂同是李鸿章北洋麾下的亲信和干将,二人也是兄弟交,杨宗瀚则是杨宗濂之弟,故不揣推测,张鸿禄或是通过杨宗濂的关系,进入李鸿章幕府,成为李的亲信。

为修建台湾铁路,李彤恩和张鸿禄被刘铭传派往南洋考察商务,并在新加坡设招商局(后改为通商局),主要招募侨资。张叔和有过在南洋募资招商方面的经验。在不到两个月的时间内,便从南洋招股70万两,募集现金30万两。当时侨居新加坡、西贡等国的福建籍侨商陈新泰、王广余等人热情尤高,纷纷投资入股。而在聘请专家方面,刘铭传又特派李彤恩、张鸿禄到南洋各国招聘确有专长的华侨专家,并予以政策扶持。

　　张鸿禄在台湾招商局的作为表明，在离开上海轮船招商局后，台海的天空似乎更适合发挥他的经济之才。作为一个商人（帮办），他跟徐润这些大佬一样，在广大股东中具有影响力和号召力。

　　但是，祸福相依，谁也没有料到，一场灭顶之灾正离他越来越近。

　　1887 年 1 月 18 日，台湾船政的"万年清"号，载运着台湾巡抚刘铭传的公文、军饷等，经过上海时锚泊在吴淞口锚地，等待次日乘潮进入黄浦江。张鸿禄恰好在船上。19 日清晨 6 时左右，江面大雾弥漫，船上水手们突然听到浓雾中传来隆隆的轮机声。"万年清"号随即鸣笛提醒。但是，一艘英国洋轮快速出现在"万年清"面前，由于航速过快，根本无法躲避，来船的铁甲船头以 16 节的速度猛烈撞上了"万年清"的右舷，"万年清"木制的船体在高速撞击下，迅速进水下沉，15 分钟后即没入汪洋大海中。

　　看起来不堪一击的"万年清"号，其实大有来头。这艘建成于 1868 年的木质兵舰，当年是由主持福建船政的沈葆桢亲自监制的，不仅是福建船政的第一号轮船，而且是中国近代自造的第一艘蒸汽轮机战舰，在中国船政史上具有极其崇高的地位。当年，"万年清"号首航之日，沈葆桢看着自己亲手缔造的船舰乘风破浪前进，无比激动地描绘眼前场景：

　　"星月在天，一望无际，银涛万迭，起落如山"。

　　没想到的是，这艘元老级的舰艇（后改制成练习舰加商船），在躲过了中日、中法战争的历次劫难后，却在十八年后被一艘英国铁甲商船撞沉，永远隐没在一望无际的万迭银涛之中。

　　由于事发突然，这次海难仅救起 181 人，其余 114 人不幸葬身海底。至于搭载的军饷、公文，则都淹没殆尽。而在这次空前的海难中，随船的张鸿禄却奇迹般地活了下来。撞击发生后，张鸿禄没有跳海，而是迅速爬上"万年清"号的桅杆，因此获救，侥幸躲过了一劫。

　　劫后余生的张鸿禄，似乎不再愿意跟轮船、海运有任何的瓜葛，从此永远地离开官方的招商局，因为这以后，很少有张鸿禄与招商局相关的文字记载了。

三、上岸后的张叔和"下海"了

　　海难中侥幸捡得一命的张叔和，在上岸后不久就脱离官方，彻底"下海"做了一个纯粹的商人。至于张何时脱离官方的，则不得而知。从刘铭传在光绪十三年（1887）三月上奏"拟修铁路创办商务折"，中尚有"窃据商务委员已革道员张鸿禄、候补知府李彤恩等禀称"字样，则张叔和离开台湾招商局的时间最早在此年的上半年。光绪十五年（1889），又有盛宣怀禀请李鸿章核奏开复张鸿禄原职，则张叔和在这年或还在轮船招商局。但估计没有等到官复原职,张叔和便离开了招商局。

张叔和下海后就专心经营实业。除了经营早些年在上海买下的花园"张园"外,还成为《新闻报》的股东。1915 年任振新纱厂经理,并投资 6 万元,帮助荣氏兄弟在上海创办申新一厂。而对张叔和而言,一生最杰出的作品无过于营造被誉为"海上第一名园"的张园。

1. "味莼园"与袁祖志

张园旧址在今上海泰兴路南端,原为大片农田。1872 年至 1878 年间,英商"和记洋行"经理格龙,先后向农户租得土地 20 来亩农田,辟为花园住宅,建有洋房一所,池沼一塘,种植荷花。四围则沙路曲折,花木葱茏。1879 年至 1881 年间,此处房产先后转租给英商丰泰洋行及和记洋行,直到 1882 年 8 月,张叔和花了一万多银子,从和记洋行手里购得,营造成自己的花园别业,以为自己母亲的颐养之所。

民国"八卦王"包天笑《钏影楼回忆录》曾经声称,张叔和是"以其宦囊,在上海造了那座张园"①("记上海晶报"条)。聊备一说。又据光绪实录记载,光绪十九年(1893)"以缴清局款。复已革广东候补道张鸿禄官。"

张园原名"张氏味莼园",名字典出于晋代张翰的"鲈鱼莼菜"之思。这是《世说新语》上记载的故事,写吴郡张翰在洛阳见秋风起,因思吴中菰菜、莼羹、鲈鱼脍,认为:"人生贵得适意尔,何能羁宦数千里,以要名爵!"于是坐着马车就回江南老家了。为张叔和花园题名的,是当时沪上鼎鼎有名的袁祖志。袁祖志别号"仓山旧主",是清朝大才子袁枚之孙,曾经做过上海县丞,后来也做过张叔和《新闻报》的主编。袁在上海福州路建有住宅,取名"杨柳楼台",为上海滩文人的聚会觞咏之所。袁氏此题,一是将张叔和与张翰攀上了亲戚关系,二是代表旧时文人的隐逸趣味。

张叔和跟袁祖志关系甚好。袁颇为潦倒之时,张叔和曾在自己的"味莼园"为袁庆办六十岁寿宴。

2. 中西合璧的私人名园

张园在易手张叔和后,规模逐渐扩大,极盛时达到 60 余亩。在园林营造的理念上,张氏将中国古典园林及欧式园林的元素相融合,既有欧式园林整体格局上的开阔疏朗,又在局部建筑上体现江南园林的趣味。园门一堵柴扉,题曰"烟波小筑",取唐代"烟波钓徒"张志和浮家泛宅之意;园内则置建洋楼亭台,修剪花圃草

---

① 包天笑:《钏影楼回忆录》"记上海晶报"条,中国大百科全书出版社 2009 年版。

坪,栽培名树异花。浚通园外小河,引一溪活水潆回环绕;淙淙流水之上,修筑江南小桥盈盈数座,诸如纳履、卧柳、龙钓之名,引得张叔和母亲因之常起故园之思。民国陈诗所撰《尊瓠室诗话》卷二,提到当年所见之张园的景致:

"渎西郊张园,为锡山张叔和建,庭宇高旷,长廊曲环,古木夹道,小有四时杂花,为士夫品茗游憩地,消夏之胜境也。林暾谷解元有《张园梅花》诗云:'张家园里数株梅,岁岁相逢总盛开。花上盈盈歌一阕,风前滟滟酒千杯。澄波照影知谁见,斜日攀条却独来。眼底风光浑不是,一回思念一回灰。'"①

陈诗所提到的林暾谷即"戊戌六君子"之一的林旭。林旭有多首诗歌写及张园,此诗中所写,是旖旎爱情及对心爱之人的不尽思念。似乎,林旭与沈孟雅夫人的爱情与张园大有关系。

除了中式古典园林外,园内还有如"海天胜处",却是演戏的场所,百戏杂陈:有昆曲,也有滩簧,还有髦儿戏。

所以到十九世纪八十年代后期,张园已被公认是上海私家园林之最,是沪上唯一的一处中西合璧的新式花园。

1892年,张叔和在园内兴建恢宏的两层大洋楼一座,工程师是英国的,名字以英文"Arcadia Hall"命名,中文音译为"安垲第",意思却是最中国化的"世外桃源",这又与"味莼园"相谐,功能上却如现代的宴会大厅,可容千人盛会。致东都浪子、北里名姬,觥筹相递,流眄送情。大致在"安垲第"建成之后,张园就开始进入它的鼎盛时期。

民国小说家陆士谔的《十尾龟》,写浙江金华富商费春泉赴上海滩猎艳遭骗的故事,小说第二回借费春泉的一双眼睛,写其初到上海逛张园"安垲第"时所看到的景象:

"春泉向四下瞧时,见一大间洋房里,无数的桌子,没一只是空的,都坐着时髦倌人,浮华浪子。五光十色,耀眼欲花。"

李伯元《官场现形记》里也写到阁二先生借赈捐敛财,中饱私囊后替母亲捐了一个二品夫人,打算在又去山西赈捐之前,在张园预办宴席庆贺一番:

"过了几天,便是阁二先生替他老太太预祝的日子。到了几天头里,先把张园大洋房定下,隔夜带了家人前去铺设一新。又定了一班髦儿戏,发了一张知单,总共请了三百多客,都是上海有名的大人先生。"

同时宴请三百多人的大厅,可见规模之大。《十尾龟》里写贾春泉对上海人热衷"白相"张园的莫名其妙:

---

① 陈诗:《尊瓠室诗话》卷二,民国诗话丛编第二册,上海书店出版社2002年版。

"春泉道："为甚都要到张园来？"静斋道："那也莫名其妙，大约你来来我来来，各人自然而然就不能不到这里来了。""

追求时髦的上海人，各色人等都"莫名其妙"地喜欢坐上西洋马车，有事没事往张园逛一圈，喝茶、聊天、会友，俨然是最时尚的生活。所以，大凡民国小说以上海为背景者，无不把"张园"作为故事发生的主要场景，雅的情事，俗的私会，都在这个自由开放的环境里滋长生发。

3. 市民狂欢的游乐场

1868 年，由租界工部局所建的"上海外滩公园"落成，这是近代上海第一个公共花园。但公园在建成开放之始，就存在限制华人游览的问题，这就是"华人与狗不得入内"公案的来由。当时有人写诗云："燕子不知巡警例，随风犹得自由飞。"正是在这种租界西人歧视华人游园的背景下，张叔和的张园在 1885 年建成后，就免费对外开放，成为公众市民趋之若鹜的游乐场所。对此，熊月之先生的长文《张园与晚清社会》，叙之甚详。

当年张园游乐设施之全，概为全国之最。诸如抛球场、弹子房、照相馆、剧场等等，各种娱乐设施一应齐全。游园一日，尽可满足吃喝玩乐的所有需求。1903 年，园中更添置了冒险娱乐项目"游艺车"，类似今天的"过山车"，人出小银圆二枚即可乘坐。当时寓沪文人孙宝瑄曾与友人放胆乘坐了一次，心有余悸地称"此戏可以练胆"。

张叔和还在 1903 年专门成立"花园有限公司"，用来经营管理花园。公司成立后，就经常举办各种体育竞技活动来吸引游人，如 1903 年秋举行的脚踏车大赛，规定赛程一英里，设有重奖；参加者不限条件，只需交 5 角报名费；进场学习骑车者则分文不取。还举行"斗力新法"竞赛，就是现在电影里常看到的西洋拳师的拳术比赛。推翻洋人"东亚病夫"诬言、几被民间誉为民族英雄的霍元甲，就曾于 1909 年、1910 年在张园设擂比武。

民国小说家平江不肖生的《侠义英雄传》中，描述了霍元甲在张园的打擂比武的情景：

盛绍先道："老哥哪里知道，上海人最好新奇，凡是新奇的玩意儿，看的总是人山人海。我昨日听得张园帮着布置擂台的人说，前天报上一登出今日开擂的广告来，就有许多的人跑到张园去，要买票预定座位。

（霍元甲）道："这打擂台也是很粗鲁的事，古人说得好：'来者不善，善者不来'，这种事，不能不有个规矩，我特地请了这张园的园主张叔和先生来，做一个见证人，要打时请他摇铃。"（62 回）

这个平江不肖生（1889～1957），就是近代著名的武侠小说奠基人向恺然，被称为二十世纪 20 年代的侠坛首座。

以乡居为主的传统中国社会里,民间社会的游乐节目,多是以"庙会"节场为主的"借佛游春",延伸至都市,几乎是原封不动地将各种"庙会"从乡村搬进城里。在近代中国,张园的西式"游乐场"节目和意义,就具有了市民"狂欢节"的意味,亦即具有开放、民间、平等等新理念。

4. 赏花和品鉴的时髦地

张园是当时沪上赏花的热闹去处。园中四时花事不断,春赏梅花秋赏菊,夏日荷花别样红,这是中国人传统的欣赏自然的对象和习惯。但园内花木栽培,又体现出中西合璧的趣味。作为西式园林的格局,以茵茵草坪为载体,精心栽培布置花木,以体现人工匠心之美,所以张叔和专门请了日本园艺师来莳弄鲜花。不仅引进外国佳品异种,而且精心修剪成各种动物形状,令传统中国人耳目一新。花事盛时,园中常常举行"花会",还吸引租界西人举行"花展",一时争奇斗艳,游人如织。

而另类意义上的"花会",就是世俗社会里指称青楼中人的麇集。那些衣着光鲜的青楼妓女,每每盛装出行,聚集园中赏花,一则争奇斗艳,二则如时装发布会,引领着上海滩的"时尚"。有人做过研究,"时髦"一词,就本于沪上妓女在衣着、发式等方面的引领风骚。据熊月之所记,在 1890 年代的张园,日必一至的,有名妓陆兰芬、林黛玉、金小宝、张书玉四人①。那"人面桃花相映红"的场景,是足以令男人心旌摇荡的。陆士谔《十尾龟》中也描绘了当时上海市俗流行的趋势:

静斋道:"那总是堂子里行出来得多。堂子里几个红倌人,都出奇制胜地想那新花样,不论是衣裳,是首饰,是发髻,想出了新花样就到张园来比赛。样子好看的,大家就争着模仿。先前光是堂子里倌人,弄到后来连良家人都学样了。"

当时有一份娱乐小报《游戏报》,创办人即是李伯元,以登载"花国"逸事吸引眼球。1896 年,《游戏报》举办"花国选举"活动,用各类名花来品评比拟名妓,也就是中国旧文人品题戏子、妓女的节目。李伯元因此而赢得"花国提调"的"美誉"。而 1897 年以后的几年中,《游戏报》每逢周日必加印四五百份,在张园免费赠阅,有时还附赠妓女小照。

李伯元以写《官场现形记》而在中国文学史上著名,据包天笑的《钏影楼回忆录》所载,李伯元与张叔和关系极好,李伯元的黑幕故事,大半是由张叔和提供的素材,官场许多龌龊的事情正是发生在张园的,当然,也有张叔和早年在官场的目睹亲历。胡适曾说《官场现形记》是一部社会史料,陈子展先生赞同胡适的观点,

----

① 熊月之、张园:《晚清上海一个公共室间研究》,载《档案春秋》,1996 年第 6 期。

称小说写了最为下流的上流社会:官场,满清亡国前的官场——作为制度和势力的丑陋腐败之处①。

5. 文人雅集与公民集会地

如果说下层民众的集体娱乐活动,是赛神庙会一类,那么旧时以文人为代表的精英社会的集会,就是各种层次的诗画"雅集"。但这些都与近现代意义上的公众集会有着天壤之别。

在张园里,世家子弟、文人雅士时常徜徉其中。在郑孝胥等人的日记里,常常不是今天我遇见你,就是明天你遇见我。三五成群,隔三岔五就往张园跑,就因为"这里的世界很精彩"! 除此之外,还有各种文人的雅集,如 1910 年 8 月,"南社"文人的第三次雅集就在张园举行。或者是留洋回来的新式男女"或于张园择一净室,延同志数人为婚证。"(林纾《金陵秋》27 章 28 章)举行一场浪漫而时髦的新式婚礼。

但张园"公共空间"的意义,不止这类旧式雅集、新式婚礼,而是成为上海各界精英演讲、集会的场所。凡遇大事,诸如民族危亡、边境安全、学界风潮、地方自治等等,张园必有演讲,所以有人把张园拟之为中国的"海德公园"。

1897 年 12 月 6 日,中外妇女 122 人在安垲第讨论设立上海女学问题。这是张园第一次百人以上的大型集会。此后,集会、演说便成为张园一大特色。

1900 年 7 月 26 日,严复、容闳、唐才常等以挽救时局为名,约集上海维新人士 80 余人,在张园召开"中国国会",不承认以慈禧为首的清廷。这是中国近代政治史和思想上第一次具有反对清朝政府性质的民间集会。

1901 年 3 月,为抗议沙俄侵占东三省并签订不平等条约,上海各界及市民近两千人集会张园,汪康年、吴趼人等十多人相继发表演说,声泪俱下地向民众晓以大义,号召出死力相争,并要求朝廷"力拒俄约,以保全局"。这就是被称为上海历史上第一次反对帝国主义的集会——"张园拒俄大会"。在这次集会中,一位年仅16 岁的少女薛锦琴从容地登台,慷慨陈说,这是有史以来中国女子在公众集会中演讲的第一人。日本的女权运动的创导人福田英子甚至致函薛锦琴,把她比作"中华之贞德"。而中国赤十字会创始人张竹君(1876 ~ 1964)女士,在亲历"辛亥革命"之后,也在张园演说,讲述其在武汉身历目击武昌起义两军开战的情形,并指出:"(有人)或以十字会为发财之媒介物,或以十字会为奸细之传舍居,则大失其宗旨也。"②(《朝野新谭》甲编之"红十字会之缘起")

---

① 陈子展:《中国近代文学之变迁》,中华书局 1929 年版。
② 姜泣群:《朝野新谭》,光华编辑社印行 1914 年版。

据著名学者马叙伦先生回忆，他常常去听张园演说，见得最多的是章炳麟、吴稚晖、蔡元培的演说，年轻的只有马君武。据马叙伦所记，"清末光绪二十八九年间"，俄法兴战事，"上海爱国之士日聚张园，召号民众，以谋救止，太炎与蔡孑民、吴稚晖无会不与。"在台上，吴稚晖演讲一如演剧，东奔西走，为诸异状。而章太炎则登台时不从后面循阶拾级而上，而是由前台攀缘而上；到演说时不过数语，然后就高呼："必须革命，不可不革命，不可不革命。"喊完就下台。当时，章太炎断发仍着旧装，夏季穿浅绿纱的短袖，裤带则用两根接在一起的绑腿带。裤带系得不紧，不得不时时以手提一提裤子，生怕一不当心掉下来①（《石屋余沈》"章太炎"）。令人发噱。章太炎生性诙谐，在张园的这类发噱故事也最多。

易宗夔《新世说》卷一"言语第二"则记载：

"民国五年，孙中山在张园演说五权宪法，各畅论至数小时，众皆叹服。"

海说梦人（朱瘦菊先生的笔名）的《歇浦潮》，虽然是小说，但描绘革命军在张园，为遇刺身亡的宋教仁开追悼会，栩栩如在目前：

"一天他们在张园为宋先生开追悼会，席棚中所挂的挽联不下千余副，倒有一大半是痛骂总统之作。就是登台演说之人，也带着几分骂意。这天所开的会，那里算得追悼会，简直算得是大骂会。"（《歇浦潮》第四十四回）

令人深思的是，章太炎、吴稚晖等总是在演说中肆无忌惮地攻击清政府，却总能安然无恙，这似乎是匪夷所思的事。事实上，这与"租界"这个特殊区域有关，这是大清政府统治体系中的一道裂隙，反政府力量正是利用这道政治裂隙来存身。比如两江总督曾责令上海地方政府查办章、吴等，上海地方政府要求租界工部局协查，工部局巡捕房将吴稚晖等人传去讯问，巡捕说："没有兵器，你们说话好了，我们能保护你们。"工部局网开一面，有意无意加以庇护，这自然与西人不满慈禧统治有关，也与西人支持"言论自由"的信仰有关。这是张园在近代社会里得以形成"公共空间"的深层原因。所以熊月之认为："由于上海特殊的社会结构，由于租界的缝隙效应，由于东西文化的差异，地处租界的张园，便逐渐演变成上海华人能够自由发表意见的公共场所。"

四、结语

在清末民初那个特殊的时间空间里，中国传统知识分子的人生出路已经难以为继，旧时代的伦理和价值观，也随着那个日暮途穷的王朝而渐渐淹没在"烟柳断肠处"，一个新的时代则如月魂初魄，尚未分明。在这样一个新旧更迭、社会裂变

---

① 马叙伦：《石屋余沈》，上海建文书店1984年版。

的时代,像张曾畴和张叔和辈,比之于那些时代的风云人物,似乎更具有普通人生的典范意义。如果说张曾畴辈身上还具有封建时代传统知识分子的思想烙印和行为惯性的话,张叔和辈则似乎在亦官亦商的沉浮中显得更融通精明。守旧的,或失去许多机遇和独立;趋新的,失去的东西可能更应当引起人们的自省和深思。

07

第七篇

吴县张氏：古红梅阁主的
立命安身

  苏州金太史巷旁的庆元坊，有一座小巧的"听枫园"，曾是清代同光时期的苏州知府吴云的宅园。吴云住在这个"小有花木之胜"的园子里，与附近的曲园主人俞樾，还有寓居在鹤园的朱疆村左右为邻，往来者都是些鸿儒硕学。关于园林之胜，俞樾说"听枫园"在"精"，自家的曲园在"微"。实"精微"二字，恰可以概括江南园林的特征。清幽恬静的精致院落，有历史，也总是有故事的。

  "听枫园"的故事，也与一位徘徊在月桥花院、琐窗朱户间的美丽女子有关。院落的前身，原是宋代词人吴感的宅院，"红梅阁"是吴感的书房。吴感爱梅花，所作《折红梅》词曾盛极吴中："化工别与、一种风情，似匀点胭脂，染成香雪。重吟细阅。比繁杏夭桃，品格真别。"以人喻花，花与人之间的相似和隐约，使得人们更愿意相信吴感是因人爱梅，因爱而赋词。相传吴感有家姬"红梅"，能歌善舞，与主人之间有"我赋新辞，小红低唱"的默契，所以吴感因"红梅"而命之书房。

  从吴感的"红梅阁"，到吴云的"听枫园"，从时序讲，已是从早春走到了秋冬。四时更替，小园易主，到民国时，"听枫园"又不知几易其主了。这年，与袁世凯渊源极深的张一麐晚年退居苏州，在听枫园西端的吴殿直巷东头，建宅居之。所以张一麐把自己的斋馆称为"古红梅阁"，自号"古红梅阁主人"，甚至把自己今世里的遭际和心情写成一本书，名字就叫：《古红梅阁笔记》。

引　言

横渠后裔:愿为生民立命

　　吴县张一麐家族,据张一麐(1867～1943,字仲仁,号公绂,民佣等)在民国十七年所写的《张氏族谱序》中说:"吾家系出横渠,世传耕读。明季兵燹,宗谱散佚无存,故今谱以在吴祖让四公为始。"横渠即北宋理学家、关学创始人张载(1020～1077)。张载寄寓于陕西郿县横渠镇,故称。

　　张载一族从渊源讲,是出自清河郡张氏,这是唐初官定张氏郡望之一。清河张氏在魏晋时期便是著姓士族,入唐以后更是显赫,如张文瓘一支,《旧唐书》称"父子兄弟五人皆至三品官,时人谓之'万石张家'。"有人做过统计,清河一望在唐代入仕的有192人,其中三品、五品以上居高位的有67人,官居宰相的有两人;六七品79人;八九品46人。清河张氏唐末时开始式微,其中一支的北宋张载家族即数辈不显,张载父亲死于涪州任上,归葬途中,因川资用尽,加以战乱阻隔,只能就地安葬,这样子孙方徙居横渠,后来才逐渐成为地方望族。据族谱记载,张载后裔中一支在南渡后先居浙西,大致在明朝前期迁居吴江,成为这支始祖。

　　作为宋代理学的先驱者,张载留给后人及其子孙的,精神财富居多,这就是著名的"横渠四句":

　　"为天地立心,为生民立命,为往圣继绝学,为万世开太平。"

　　这四句话,放在"往圣"的学术和思想背景下,放在宋代儒学复兴的环境下,其内涵离不开传统儒学的范畴,或者确切地说是古儒精神的体现。用现代的理念和精神去理解,大体上是说:

　　要为当下社会建立一套以"仁孝"为伦理核心的积极向上的精神价值体系。

　　要为民众指明一条可以通过努力而把握命运方向和生命意义的道路。

　　要恢复前圣所提倡的思想精神和人格典范和学术传统。

　　要开拓"太平""大同"的社会政治理想基业。

　　对于处在乱云飞渡的清末、民国时期的张一麐来讲,先祖的"横渠四句",足以成为自己在乱世中安身立命的根本和持守。

第一章

张一麐（上）：与袁世凯的因缘际会

张一麐家族,在明清的很长一段时间里一直保持着寒门素族的状态。从张一麐往上的十数代里,总共出过一个举人,一个进士,外加几个秀才。祖祖辈辈仰仗着世传的少量薄田勉强过着"耕读传家"的日子。先辈中有个叫张嘉起的,是备受乾隆恩宠的大学士沈德潜的学生,文章很受沈的赞赏,但是张嘉起做了三十年的老秀才,依然跟功名没半点缘分。直到张一麐的父亲张是彝(1834～1889,字秉之,号韶笙),在家族沉寂了十数百年之后,总算进士及第,但这并没有替张家转运,相反地,在河北保定"即用"(就是候补)了八年后,才授了个正定县令。要说这个县令,还是张是彝借送儿子张一麐谒见李鸿章,得见李相一面时"求来"的。儿子19岁应乙酉顺天乡试时得第十名,受到李鸿章关注,命谒见。第二天按例向李鸿章辞行,李鸿章调侃张是彝:"汝子跨灶,汝须好培养之。"①(张一麐《丙戌会试至癸巳超等》)张是彝趁机诉苦:"某庚辰至省已七年,举债度日",又有海防捐、河工捐两次压班,结果一贫如洗不说,更是"'即用'实成'不用'"。李鸿章表示会过问下。

那么这七年里,张是彝在做些什么呢?

原来,光绪八年(1882)朝鲜发生兵变,乱军占领王宫,杀国王,伤王妃闵氏,并袭击日本使馆。清廷派张树声领兵前往,敕命直隶总督兼北洋大臣李鸿章处理外交事宜。当时便诱捕了内乱祸首大院君李罡应。李罡应被捕后,便拘禁在保定省垣(保定府旧清河道署),上谕:"着直隶总督优给廪饩,严其防闲"云云。张是彝在及第后授了个候补知县,第二年(光绪七年辛巳,1881年)便"到保定需次"(即按资历依次补缺),故便在这时被委差监守朝鲜大院君李罡应。大院君是清廷杀不得又放不得的"要犯",张是彝作为监守之一,当在彼时受过李鸿章面训。因此这次面见时,李鸿章先是跟张是彝开玩笑,调侃张是彝不如儿子出息。

---

① 张一麐:《古红梅阁笔记》,文中所引张一麐文字,不特别标注者均出自此笔记。上海书店出版社1998年版。

这样，在李鸿章过问下，给张是彝酌补了一个正定知县。只是才做了20个月的县太爷，就劳瘁而忘，身后负债甚巨。

不过，张是彝一辈子却娶了两个好妻子，元配和继配是吴氏姊妹，据说都是吴本善(1868~1921，字讷士)的女儿。吴本善是晚清吴大澂(1835~1902，字止敬，又字清卿，号恒轩)的侄子，吴大澂的独子早卒，吴本善就把自己的儿子翼燕(即吴湖帆)过继给吴大澂做了嗣孙。吴氏一门均是晚清至民国时期著名的金石书画鉴藏大家。张是彝元配生下大儿子张一爕而卒，继配历尽艰辛，把姐姐的孩子及自己的子女抚育长成。但是，观吴本善《墓志铭》，未言及吴本善有女嫁张是彝。

一、寒门学子：何日囊锥欣脱颖

张一麐少称神童，十二岁应童子试，就取中了秀才。扳着手指头算算那个时代，在这个年纪中秀才的，还真有不少豪杰之士：张之洞、梁启超、蔡锷、徐树铮等等。所以张一麐在晚年提起"当年勇"时，依然颇有几分自得。

张一麐自述考试当天，看到题目："天与贤"(《孟子》)三字，不及细想就稀里糊涂下笔。由于进考场前贪嘴多吃了一些饼饵零食，肚子发胀难受，着急欲如厕。草稿还没写完，就匆促交卷，只等大门一开就溜。可不一会儿，训导先生就赶脚追过来，在门口一把逮住张一麐，命令回去补完试卷。张一麐不愿意，训导先生就指着自己头上的铜顶说："尔不补草稿，此物不能载也。"于是被强拉入席补写，完成时等着终场启门的也就三两个而已：

"门启后，先君领至候考处，大泄泻方归。榜发有名。"(张一麐《应童试得褒》)

据说，喜报到家时，这位新相公秀才正跟弟弟张一鹏趴在天井里玩搭房子的游戏。

跟祖辈在科举之途上孜孜矻矻仍一无所获不同，张一麐的登荣榜好像是易如探囊的事。接下来，十六岁(1882年)赴乡试，又是因为审题未清，从初定的第六名降为副榜第二名。虽然这是很令人沮丧的事情，但是却得到本次考试的监临大人、两江总督左宗棠的赏识。原来，当榜发拆弥封时，见考生"官年"只有十三岁，现场一片哗然。左宗棠即令调出三场墨卷，查看有无枪替痕迹。检查完毕，实无可疑，乃叹曰："此小子将来当有出息！"

终于，在十九岁以副贡得应乙酉顺天乡试时，张一麐以第十名中举，主考是同乡潘祖荫、翁同龢。前十名卷子进呈御览时，慈禧不认识名单上的那个"麐"字，大臣奏称，此与麒麟之"麟"同字。但是，这个被老佛爷垂询的人中"麒麟子"，却并没有因此时来运转，不仅复试完毕后连回保定的川资都没有，饭钱还是向车夫借的,而且在以后连续三次科考中,都因为回避,而无法入场考试。真个是进身无门(张一麟《乙酉顺天乡试》)。

原来,张一麟的姐夫夏孙桐是科考的考官之一,按照清代的考试制度,例当回避。但连续三次回避,这对张一麟来讲实在是件很悲摧的事情,让他一度几乎绝望。

夏孙桐(1857～1941 字闰枝,一字悔生,晚号闰庵)江阴人,是清末民初著名的词人、学者。

二、不谙吏事:与张香帅失之交臂

科举不第,父亲去世,生活艰窘,张一麟经父亲故旧沈旭初的汲引,各处坐馆,谋取稻粱。先在盘门汪氏(即青浦知县汪南陔)家坐馆,并挈弟张一鹏伴读,一边教课生徒,一边卖文为生。又馆于苏州凤凰街陆氏,这是唐相陆贽后裔,著名望族。后来又到悬桥巷洪氏家坐馆,教导洪钧侍郎的孙子。

在凤凰街陆氏坐馆时,还发生一件事。一个学生的叔叔陆晋笙(字锦燧),乡试时将张一麟在书院考试时的两篇文章夹带进考场,号舍又与张一麟弟弟张一鹏相近,于是两人各用一篇,榜发时竟然两人皆中举。张一麟感慨自己平生从未做过枪手,但是这场外之文却在场中入彀,乡里之人因此盛传张一麟一个人考了"三个半举人","这"半个"当然是指十六岁中副榜事。张批评此乃科举时代腐败之掌故,但言语间亦不无自得。这个陆锦燧,后来成为苏州、上海一带的名医。

光绪癸卯(1903 年),是张一麟时来运转的一年。这年,在科考第三次回避后,抱着背水一战的心理入京应"经济特科"庭试,所谓"揭债入都,姑妄一试"。当时天津三等火车是无棚的,张一麟"一肩行李,火伞(烈日)张天",火车驶近永定门时,一场瓢泼大雨倾盆而至。到北京后,张一麟即腹泻不止。姐夫夏闰枝请来王聘三诊治方痊愈。

"经济特科",是仿照历史上"博学宏词"科体式而举行的朝廷最高级别人才的选拔考试。考试由三品以上京官及各省督抚学政举荐,再由总理各国事务衙门会同吏部奏请考试。这种特别考试是在"戊戌"时由严修向朝廷奏请建议的,但随后在"戊戌政变"后便被搁置,接着又八国联军进京,两宫西狩,痛定思痛后方旧事重提。张一麟参加的这次特科考试是在保和殿举行的。特科两场考试,均由张之洞担任总校。张之洞本欲录取百名特科生,结果内廷担心革命党人混入京僚,严令录取人数不得超过三十人,所录之人也一律发往外省。张一麟本录为第一,拆封时却因"学历"太低,小小举人本无功名、官阶,配不上煌煌大典之特科,于是改录第十名的新科庶吉士袁某为第一。

在按惯例接见各门生时,张之洞特别问张一麐:"你愿从余往湖北乎?"张一麐鬼使神差地回答道:

"书生不谙吏事,湖北人才所萃,从师学习案牍(公文)固所愿也。"

出来跟老乡邓孝先谈及此事,邓孝先(1868~1939名邦述,字孝先,号应斋,又号沤梦老人)给他讲了一件事,说香帅门生中有个四川人夏某,入幕十余年,最后以咯血而终。邓的意思是,能让手下呕心沥血为之尽职的领导,是人生可遇不可求的,所以责备他:

"子精神不能随老帅,余为君不取。"

张一麐有些后悔,但话已然说出口,不能出尔反尔。

算来,张一麐这辈子错过了两个文襄公。第一个是左文襄公左宗棠。十六岁乡试那年,为左宗棠品题,友人就劝其到金陵见左公,但张以"稚嫩畏见生客"而没敢前往。不久,左公因法越战事离开江南他往,机会永失。张一麐到晚年时追念哲人,自伤老大,用李白的一句诗来表达自己的心情:"但愿一识韩荆州",而这句诗的上一句是:"生不用封万户侯。"

二十年后,张又错过了一个文襄公,那是张文襄公张之洞。张一麐当时回复香帅所说的"不谙吏事",显然是借口;"人才所萃",倒是实情;而"从师学习案牍",那简直就是编谎了。揣测当时情形,张一麐可能担心的还是自己年已老大(36周岁),怕一入张幕,光芒为群英所掩,难有出头之日。更深层次里,张一麐骨子里自视英才,或许是不愿作幕宾,还是希望自己堂皇做朝廷命官,走上仕途。张有诗曰:

"何日囊锥欣脱颖,伊谁宦海悟迷津。"

可见,读书人的自尊自傲,虽然不见得渴慕"万户封侯",但"一鹤飞冲天"在他心里大概不过是时日早晚而已。不过,张之洞终究还是张一麐命里遇到的贵人。

"经济特科"考试后,由于老佛爷的干涉,考试第二名的张一麐却仍只是以知县发往直隶补用,又走了其父张是彝的老路。但是,张一麐人未到直隶,张之洞已电调长芦盐运司的汪瑞高,请其向直隶总督袁世凯替张一麐推荐,张瑞高本是袁世凯破格录用的人,是袁世凯的"钱袋子",所以袁世凯一见张一麐即令其入幕,不三日而委札下;又恰好分管学务的人南归,张旋即继任。这大概就是冥冥之中上帝所安排的一场因缘际会吧?从此以后,张一麐的"幕宾"人生,就纠葛在袁世凯的世界里。

三、初入袁幕：因"呆气"得袁世凯青睐

张一麐刚入袁幕时，袁幕的学务总办是人品学术中外推崇、人称"经师兼人师，二百年无此文宗"的严修（1860～1929，字范孙，号梦扶）。张一麐应该感谢这个如今的顶头上司，因为正是他奏请光绪帝开设"经济特科"考试，以此改革科举制度、为国家选拔有实际才干的人才，这样也才有了张一麐的囊锥脱颖。严修后来离开袁世凯后，就专心办学，是南开大学的缔造者之一。

作为新进幕僚，张一麐秉承"少说话，多干事"的古训，惴惴于公事。除了处理日常公牍外，业余时间就是买书自学，以弥补学力的不足。

无钱买书而读之，这似乎是张一麐年轻时心头的长痛。十六岁乡试时，把"离经辨志"的"志"，作"史志"理解，故在是否录取为第六名时，正副主考意见不合，于是调取《通志堂经解·皇清经解》，令十八房师遍审全书，也没找到这种解释的先例，于是只好抑为副榜第二名，也就是中了"半个举人"。后来张一麐到江阴拜见学政黄漱兰体芳，黄体芳就教导他要多读书，张以"寒士无力买书为苦"回禀。黄告诉他，南菁书院成立在即，到时可入书院来读书，但张一麐后来因为北上保定陪侍父亲，加以家中负债累累，最后还是失去了入书院读书的机会。黄体芳身不满四尺，而须眉甚伟，是当时有名的"四矮子"之一，（张之洞也是其中之一），创建了江南人才渊薮之地——江阴"南菁书院"。

入袁幕一年，张一麐有四端谨慎拘守：一不私谒府主；二不汲汲求进官阶；三不求加薪一文；四不推诿工作。这种"新员工"的姿态，放到现在也属于低调之列，更何况张是通过朝廷"经济特科"考试选拔出来的高级人才？所以对张一麐的这种做派，当时就有人背后议论。有心机的说张是"呆子"，心术正的则赞张是"清正"。张一麐则一如既往，我行我素。渐渐地，在天津学界慢慢赢得了清誉。不久，袁世凯即命张兼办奏牍，开始从外围进入内层圈子。未几，袁世凯一并把警察、地方自治、交涉、法律等等办差，全交给张处理，老张"无役不从"，渐渐进入了袁世凯的核心层。

张一麐突然"走运"的因由，首要一个还是老张对业务的熟稔，因为老派的旧幕友对新政诸事不熟悉不能办，张就有机会脱颖而出。其次是老张写文章能倚马可待，有枚乘之才。比如有一次袁世凯深夜办公，指名要某个幕客做事，遍找不着，当时只有老张还深更半夜仍端坐在自己办公室，于是顺手把张召来办事，稍作交谈，就让张起草文件。老张就坐在袁世凯对面，一个口授，一个奋笔疾书，十几篇文稿转眼写就。从那以后，老张就常常参与机密文件的起草。这就再次印证了那句很俗的话："机会总是为有准备的人准备的。"

还有一点,那就是老张一如既往的勤勉不怠:"每一问题必研究三五日,博咨而后下笔。"遇到跟自己思想不合的问题,必定要争个清清楚楚,弄个明明白白,这是"书呆子"的执拗。袁世凯是武人出身,做事精明干练,曾经讲过这样的话:"宁用不通之学生,不用虚名之文士。"张一麐出色的办事能力,以及做事务实干练的作风,让袁世凯很是赏识。据常熟孙雄《诗史阁诗话》所载,张一麐"为今总统袁公司笔札最久,颇荷倚重。府中秘书二十余人,咸推为祭酒,不敢与抗颜行焉。"所言非虚。

袁世凯是个城府极深的人,心思又密,所以他欣赏张一麐的单纯坦直。从小站时代一直到大总统时期,老张随着袁世凯一道起起落落,从一个普通幕僚一直做到专任政事堂的机要局长、教育总长,成为袁世凯倚重的心腹。在其他幕僚的眼里,袁世凯极其尊敬这个老秘书。而老张对袁世凯,除了崇拜,还有一种异乎寻常的、衔环以报知遇之恩的感情。所以,有人说张一麐对袁世凯的真心诚意,甚至超过了儿子袁克定。

但张一麐归根到底是个"文士",而且书生气十足。他的身上虽然没有酸腐之气,但固执起来也让人头疼。袁世凯称帝时,自始至终反对最强烈的,就数老张。可袁世凯不知出于什么心理,称帝时又极想让老张来写昭告天下的诏书,老张的"呆子"气顿时发作:"我历来对横行霸道者恨之入骨。袁诡谲窃政,我决不屈从。若要杀我,我是因不做帮凶而死的,有何惧哉!"更令人匪夷所思的是,袁世凯最后宣布取消帝制,想要发一个官方的撤销帝制电令,竟又想起了早回老家的老秘书张一麐。

从交朋友的角度来讲,"道义相砥,过失相规,畏友也;缓急可共,生死可托,密友也。"(东晋苏浚《鸡鸣偶记》)再霸道、再能干的一个人,一辈子也想有一两个口对心、心对口的朋友。

张一麐评价袁世凯:"不用私人,不有私财,非当世贵人所能望其项背。"

袁世凯在临死前对着张一麐说:"你对得起我,我对不起你。"

第二章

张一麐(下):请君红白外,"张眼"看世界

南宋杨万里有一首哲理诗《杏花》:

道白非真白,言红不若红。

请君红白外,别眼看天工。

杏花在宋代时的名气,是远远不如梅花的。从杨万里的诗歌里,就可以看出在世俗的欣赏习惯里,似乎不甚喜欢杏花那种不白不红的色泽,只有杨万里独具只眼,提醒人们应当着意欣赏杏花那种非白非红、天工造就的色彩。

清末民初的社会,正处于历史的剧变之中,怎一个"乱"字了得。在这部恢宏的历史大剧的演出舞台上,各路英雄各举锦旆亮相,端的是"你方唱摆我登场"。在那个乱象丛生的时代里,历史人物的色彩,很难用某种单一色彩来加以形容。"道白非真白,言红不若红",看待袁世凯的视角,从红白之外去看或许更客观些。关于袁世凯,黄炎培先生当年在袁世凯死后说过这样一段话,这也可以用来作为我们今天的态度:

"彼一生之所为,在政治上自有所以判定之者。余不善谈政治,此笔此口,愿以让诸当世政治家……"(《吾教育界袁世凯观》)

评价袁世凯的功过是非,是政治家和历史学家的事。这里,我们暂且借袁世凯的"老秘书"张一麐的一双眼睛,去"张眼"看看那个旧世界的过眼烟云。

张一麐进入北洋幕府,就跟袁世凯建立了一种共呼吸的命运。袁世凯一生毁誉参半,尤其是后半辈子里"自毁长城"的几个桥段,都是落在张一麐眼里的。"张眼"看世界,有的看过去了,有的实在看不过去。但无论如何,张一麐的内心里,充满着对袁世凯的敬仰,也掺杂着些许无奈。

一、"张眼"看项城之一:"戊戌变法"的叛徒

关于"戊戌变法"的失败,和随之而来的"戊戌六君子"的被杀,几乎所有人都归罪于袁世凯的告密,认为袁世凯为了保全自己而向荣禄、慈禧告密,导致接着下来的大屠杀和大清洗,而袁世凯自己则以此"告密之功"为政治资本,顺利地接掌

了李鸿章之后北洋政府的大印。这种说法，不仅后来的历史教科书众口一词，而且当时如白蕉（原名何治法，字旭如）写于 1934～1935 年间的《袁世凯与中华民国》一类书，也言之凿凿。在白蕉书中的本事记载之后，恰有一段张一麐的眉批：

"戊戌之变、癸卯之役，余在幕府时始终未敢诘问，直至宣统元年将归河南之际，乃面问颠末。袁氏有手书一帙……总之，君子恶居下流，天下之恶皆归焉，此论世之难也。"

袁世凯到底写了什么？张一麐没说。从张一麐的角度看，袁世凯做过一些非君子之事，是自居于下流，那么"天下之恶皆归焉"，最终导致任何坏事全都往他身上推，也就是顺理成章的事情了。

张一麐对袁世凯很忠心，但不愚忠，言语之间的无奈和隐约的维护，恐怕也是出于实情。张在《古红梅阁笔记》（《心太平室集》卷八）里把自己在北洋幕府时听闻的一切记录下来，所记甚是细腻。袁世凯的"手书一帙"，后来张骞"翰墨林"排印出版。

关于"戊戌政变"，有两个关键的问题搞清楚了，也许能比较客观地来看待袁世凯的罪过。

第一个问题，"慈禧训政"与袁世凯告密有无关系？

按照通常的理解，"戊戌政变"的爆发，是由于康梁预谋兵围颐和园事发，激怒慈禧，导致皇帝被囚、太后重新听政。以一种"激情事件"来理解一场政变，这似乎既不符合逻辑，也不符合事实。

首先，当时能操控朝臣和全局的人，不是急于改革的光绪皇帝，而依然是西太后。事实上，光绪帝正是由于急于求成，在戊戌"维新"的七月，就与朝臣闹翻了，这就是一下子罢黜礼部六堂官、超擢军机四卿等事件的发生。那些被罢黜的守旧官僚，固然如李鸿章所说的"因循衰惫"，才力"不足襄赞"，但操之过急的大面积人事变更，直接导致朝野上下的人心浮动。所以，据荣禄的亲信陈夔龙后来分析说：

"戊戌变政，首在裁官。京师闲散衙门被裁者，不下十余处，连带关系，因之失职失业者将及万人。朝野震骇，颇有民不聊生之戚。"[1]（《梦蕉亭杂记》卷二）

张一麐《古红梅阁笔记》也认为："那拉后之垂帘，实由斥去礼部怀塔布等六堂官。怀之妻入内哭诉，后于是借回宫名，实行训政。"可见，当时情形下，光绪帝的非理性行为，导致被罢黜的旧官僚形成一股势力，并联合天津的荣禄等，在以杨崇伊为首的一群言官的幕前鼓噪之下，有序地一步步推进"训政"运动，而这个幕后

---

[1] 陈夔龙：《蕉园亭杂记》卷二，中华书局 2007 年版。

的总监制就是慈禧。梁启超在《戊戌政变记》中也说:"废立之议即定于此时矣。"所以,从上个世纪七十年代,历史学家就从宏观的角度提出一种历史判断,那就是:在袁世凯应诏来京之前,以推动慈禧太后出来"训政"为形式的政变,就已经进入了秘密策划阶段,此后制约和影响局势发展的力量,既不是光绪皇帝和康梁等新党人物,也不是拥有一定兵权的袁世凯,而是一直有能力控制全局的慈禧及其亲信①。这样的说法,当年曾是康梁核心集团人物之一的王照(1859～1935,字小航,号水东)也曾说过:

"世人或议世凯负心,殊不知即召聂召董,亦无不败。"②

马忠文《戊戌变法研究三题》也论析甚详。

第二个问题,袁世凯是在什么情况下告的密?

被叶昌炽称为"沉深阴鸷"的同乡杨崇伊,是为"训政"摇旗呐喊的急先锋,深得荣禄的信任又深知荣禄的旨意。于是,在戊戌年(光绪二十四年,1898)的八月初三日,杨崇伊不顾"一身之私",到圆明园独冲入告,上折子吁请太后训政,这成为慈禧离开颐和园的契机。茅海建先生根据清宫档案,甚至精确地考证出慈禧作出离开颐和园的决定是八月初三戌时(晚上八点半至九点钟之间)③(《戊戌变法史事考》),这是"后党"开始行动的信号。故接下来,慈禧初四日回宫,初五日待光绪帝召见伊藤博文的活动一结束,初六日慈禧便宣布训政,并下密令逮捕康有为、康广仁兄弟等。对于慈禧的突然回宫,张一麐记曰:

"此突如其来,德宗跪起,问:'老佛爷何以不先传谕?'那拉后云:'我偶想起去年所种葫芦耳,汝可随我观之。'"

母子二人看过葫芦,跨过殿门,母亲即令儿子下跪,宣谕逮捕二康。如此周密而不动声色的操作过程,史家推断:这是一次有预谋有计划的政变,而训政上谕与逮捕康有为兄弟的密旨,也绝不会是到八月初六日才仓促起草的。

再回过头来看袁世凯的动静。

八月初一日,光绪皇帝召见袁世凯后,发布上谕,直接就给袁世凯封了个侍郎的官。这里有康有为的建议的成分。此前,袁世凯实际上一直是个边缘人物。

八月初三,就在杨崇伊上折子恳请慈禧训政的那天,据张一麐《古红梅阁集》

---

① 黄彰健:《戊戌变法史研究》,台北中央研究院历史语言研究所专刊之54,1970年版。黄彰健先生对戊戌变法有深入的研究。大陆马忠文《戊戌变法研究三题》也论析甚详,载《福建论坛》,2005年第9期。

② 王照:《方家园杂咏二十首并纪事》,《戊戌变法》资料丛刊第4册,上海人民出版社1957年版。

③ 茅海建:《戊戌变法史事考》,生活·读书·新知三联书店2005年版。

记载，夜里谭嗣同入袁下榻的海淀旅店，拿出光绪帝的墨谕，嘱咐其杀荣禄，兵围颐和园，并说：今日之事，如果不答应，就用手枪打死你，然后我自杀。袁大吃一惊，一面应付着：皇帝之命，岂敢不从，一面又质疑这个手谕的真实性，因为皇帝常用的是硃谕。总之，袁在想方设法敷衍推辞。据王照后来所云，此墨谕云云实是康有为伪作①。

可见，康有为决定劝说袁世凯兵围颐和园，是非常情形下铤而走险的临时决策，此前他与袁世凯的联系并不密切，甚至与袁未谋一面。

八月初四日，袁世凯没有动静。既没有向慈禧直接告密邀功，也没有向其他人如训政主谋之一的庆亲王奕劻等告密。

八月初五，袁世凯回到天津。依然在犹豫不决中。

八月初六，杨崇伊到天津，向荣禄报告太后训政及捕拿康有为兄弟之事。袁世凯侦知消息，非常害怕牵连到自己，所以挨到最后，才惶惶谒见荣禄。陈夔龙《梦蕉亭杂记》记录当时情景，历历如在目：

"八月初三，袁探知朝局将变，惘惘回津。文忠（荣禄）佯作不知，迨其来谒，但言他事，绝不询及朝政。袁请屏退左右，跪而言曰：今日奉命而来，有一事万不敢办，亦不忍办，惟有自请死……。"

袁世凯于是拿出袖中密旨，向荣禄和盘托出，"大哭失声，长跪不起"。荣禄派杨崇伊"黄夜乘火车，入京晤庆邸，请见慈圣"云云。八月初九下旨抓捕一干人等，到八月十三日未经审讯就处决"六君子"。

由此，我们从中可以大致判断三点：

第一，"戊戌政变"不是由于袁世凯的告密所造成的"应急"事件。袁告不告密，不会影响"训政"事件的发生与否。但袁的进京和伊藤博文的觐见，加快了事件的进程。

第二，袁世凯逡巡犹豫，说明他在最后关头还在不断权衡中。最后，事已至此，不得不和盘托出以求自保。由于袁世凯的告密，导致"戊戌政变"的扩大化和后果的严重性。后人指责袁世凯用"六君子"的鲜血，染红自己的顶戴，这么说也不为过。

第三，康有为、谭嗣同等，在情急之中把袁世凯拉入伙，把关乎成败和性命交

---

① 王照：《关于戊戌政变之新史料》，《戊戌变法》资料丛刊第 4 册，上海人民出版社 1957 年版。
马忠文：《维新志士王照的"自首"问题》一文，对王照也有深入研究，载《近代史研究》，2014 年第 3 期。

关的大事,交到一个此前未曾谋面、此时也不甚知其底里的人身上,这种决策实在太过轻率,无怪当时已经下野的李鸿章冷眼里看康梁等人所为,"无一事能实做者"。

二、"张眼"看项城之二:你究竟卖了多少国?

在袁世凯的一生中,有两件事情几乎是被众口一词认定为十恶不赦的,第一件事,就是"洪宪称帝",背叛共和,这可以说是袁世凯永远抹不去的秽迹。还有一件事就是签订丧权辱国的《二十一条》,那也是被定为"铁案"的"卖国"行径。

关于签订《二十一条》的是非功过,早有定论,我们不去作是非判断。但如果从历史考察的角度,有些不为人知的事实,纵然不能帮助我们还原历史真相,但至少也可以提供给我们一个观察历史的角度,比如"密约"的传闻。

袁世凯称帝,幕僚张一麐是反对最坚决,也最敢直谏的一个人,所以章太炎曾经将其与蔡锷、梁启超列为反对帝制最强烈的三个人。张一麐对袁氏称帝的经过情形最为清楚。他说:

"帝制创议,始于德,而阴喉于英。当时英、德争外交上之活动,日本愤妒,乃以二十一条提出,谋独揽东亚之外交。"(《世载堂笔记》记张氏语)

而当时坊间传闻的所谓"密约",就是指袁世凯为了达到称帝的目的,跟日本人私下订立的秘密约定,主要是作为支持称帝的交换条件。但是对于"密约"的有无,一直众说纷纭,因为没有任何有关"密约"内容的文本记载。

对"密约"之说信之不疑的,有刘成禺的《世载堂笔记》,堪称代表。据刘氏所云,"密约"的具体内容就是《二十一条》第五款的七条,是出卖中国主权的最厉害的部分。但是刘氏所云密约真实存在的可能性,很多也只是揣测之词。刘在笔记中还特别提到,当《二十一条》双方提修正案进行旷日持久的谈判时:

袁世凯早密派顾问有贺长雄,携秘密条件往日本,与大隈首相及元老商谈。所谓密件,即以第五号各条款为帝制之交换品也。故北京会议,为公开之仪式,佯示紧张,掩世人耳目,所争事件,皆可告人。而其暗中交涉重心,实在东京。据驻日使馆档案,四月六日,有贺电总统府曾葬进曰:"松方意欲履行'秘密一事',而以谈判未结,有所不便,极盼适当机会发生。"又四月十日前,"日本若欲加以强制手段,元老必制止之。"观电中"秘密一事",可知有贺运动元老,系有条件,是何秘密,尚未暴露①。(《世载堂杂忆》)

而关于这一段幕后运作的过程,另外一个人的记述来得更为清晰细致,这个

---

① 刘成禺:《世载堂杂忆》卷三《清代史料笔记丛刊》,中华书局1960年版。

人就是上文中刘氏提到的曾彝进叔度(1877～?,本名仪进,字叔度)。曾叔度是袁世凯任大总统时曾任国务院参议兼大总统府秘书,他受命于袁世凯,跟有贺长雄周旋,他把这段经历全记录在所写的《我所经手二十一条的内幕》①。有曾叔度此书,我们可以了解事件不为人知的另一面:

第一是袁世凯对"二十一条"的态度。

1915年1月,日本驻华公使日置益受内阁总理大隈重信的授意,向袁世凯提出"二十一条",袁世凯觉得"所要求太无理,令人愤恨"。为了抵制"二十一条"的无理要求,袁世凯官方一面在谈判桌上拖延时间,私下一面就派曾叔度联络总统府日籍顾问有贺长雄,说动有贺回国,走访元老派松方正义,以探听消息,主要是了解元老派对大隈内阁的态度和他们的对华胃口,探听大隈内阁是否可能在拒绝签约的情形下悍然出兵。有贺是个法学博士,有点书呆子气,跟大隈等政客不一样。曾叔度有意探听日本国内政治情形,有贺就和盘托出:日本国内政治由元老当家,大隈虽是内阁总理,但是外交、军事大权由天皇掌握,而实权又操纵在松方、山县等几个元老手中。袁世凯听到曾的汇报后很开心:"听他的宪法论,我已略得要领矣。"

第二是袁世凯化解"二十条"的招术。

有贺回国后,就将大隈重信的"二十一条"向松方元老提出,并把"大总统似已决心全部驳回,一字不能答应"的意思也报告给松方。松方听后很生气,他一是恼怒大隈不经御前会议,擅作主张的行为。二是担心如果袁世凯真的来硬的,兵戎相见,会失去其在满洲的既得利益。于是松方对有贺说:

"你快回华告诉袁世凯,满洲系我帝国臣民以血肉性命向俄国人手里夺过来的,应当予帝国以发展的机会。至于满洲以外中国领土上的主权及一切,帝国毫无侵犯的意思。"

袁世凯得到这样的消息,欢天喜地:"得要领矣,得要领矣。满洲以外的要求,当然半个字也不能答应他。就是满洲,俄国所抢去的,他日本都拿去了。他还要想发展? 你发展了,我却瘪了。"

可见,袁世凯利用元老派与大隈内阁在侵华政策和方法上的分歧,"让他们自己先吵起来",试图以此抵抗胃口更大、态度更强硬、气焰更嚣张的大隈一派对华利益的蛮横侵犯。

接下来,袁世凯做的第二步,就是挑起列强跟日本人争吵。

---

① 曾叔度:《我所经手二十一条的内幕》《近代稗海》第三辑,四川人民出版社1985年版。
学者已指出其重要性,可与北大藏"袁世凯密档"参看。

他把日本公使日置益在提交"二十一条"时要求"彼此须守秘密之约"的嘱咐弃之脑后,故意把消息透露给列强:"东交民巷各国使馆乃至各报馆,均传遍二十一条。"这是利用列强的势力,阻止日本人"独吞"中国的野心。另外,从曾叔度的文章中,我们可以推测,坊间所谓的"密约",其实就是日本人想趁列强忙于欧战,试图秘密操作并胁迫袁世凯签订的"二十一条"。

所以,最终签订的条约,达成的结果是:满洲以外不提,满洲以内较原案略有让步。——在当时的外交条件下,能取得这样的结果,最大可能保住国家的主权,也算是不易了。加以接着下来国内的轰轰烈烈的爱国运动,"二十一条"最终也没有实际落实。

袁世凯的第三步,就是所谓"回打一棍"的办法。

"满洲外的要求,我尽量全数驳回。满洲内的要求,多少答应几点,而这几点纵答应了,我有办法要他等于不答应。不但如此,我还回打他一棍。"

这个所谓"回打一棍"的办法,就是破坏日本人在满洲问题上提出的权益。袁世凯不同意用文绉绉的法律条文来限制其权益,他说:

"我已筹划好了:(1)购地、租地,我叫他一寸地都买不到手;(2)杂居,我叫他一走出附属地,就遇到生命危险;至于(3)警察顾问用日本人,用虽用他,月间给他几个钱便了,顾不顾,问不问,权却在我。我看用行政手段,可以破坏条约,用法律破坏不了。又其他各条,我都有破坏之法。"

袁世凯作为泱泱大国的大总统,用这种不上台面的"城管"办法,来对付日本人的流氓行径,或许有成效,但确实有点不厚道,所以曾叔度书中提到袁世凯极敬重的一个老秘书,本来就反对签订条约,而在知道了这种"破坏之法"后大不以为然。这个老秘书就是张一麐。张一麐认为:

首先,既然签了条约,就应当忠实履行。表面答应要求,暗中又破坏,必定成为祸根。

其次,本就应当推诚布公,向对方说明不能应允的原因。如果对方不听,兵戎相见,那么彼曲我直,不定谁胜谁败。何况我方理直气壮,虽败犹荣。

再次,今天既然应允(条约),好比壮士断腕,白山黑水,暂同弃地,这样痛定思痛,也可激励关内励精图治,然后待机而动,收复失地。

——以我们今天的眼光来看,这个老秘书的想法"得理不得法",实在太过迂腐,所以袁世凯当时就斥之为"书生之见",并且说:"推诚布公果能成事,世界早太平了。"

袁世凯读过书,但不是科举出身,算不上那个时代里完全意义上的读书人,这正造成了他在思想上没有传统士大夫的因袭和负荷,但同时也缺乏传统士大夫的情怀和理想,又一向看不上张之洞一类"书生气"重的前辈同事,所以做事重结果超过重方法。这种功利主义的世故做派,在那种乱世里强盗横行的境况下,颇能解决一些具体问题,但也很容易导致行事的没底线,如告密、暗杀等等。

对于中国近代史上中日之间的关系,有人认为正是日本人在《二十一条》上没有达到他们的目的,也由于在满洲土地上所得到的实际利益完全没有达到日本人的预期,所以,才会有"皇姑屯事件"、"九一八事变"的发生。

终于有一天,中日战争全面爆发了,这时袁世凯已经去世二十来年了。而"淞沪抗战"打得天崩地裂的时候,袁世凯当年的老秘书张一麐早已回到了苏州老家,"历历思潮百感生,红羊劫尽喜消兵。年来悟到忘机妙,心与华胥共太平。"军阀混战结束之后,本想着在余生里尽享悠闲时,日本人的炸弹却悍然打断了老张在"红梅阁"的静修和颐养,从甲午战败时就郁积心中愤懑,异乎寻常地爆发出来,异乎寻常的激越:

"唯有照人肝胆在,中宵剑气作长虹。"

他跟同乡李根源组织"老子军",激励政府积极抗战的决心;组织"红十字会"到淞沪前线劳军;组织"救护队"、组建临时医院,救助受伤将士;还组织"掩埋队"救助难民、掩埋遗体。这些经历,都记录在《八一三倭寇淞沪后杂诗》里,收在《心太平室集》卷十。这一组诗约有一百四十首之多,而孙雄《诗史阁诗话》则言张一麐是"诗不多作"的人。

后来,张一麐与李根源等人在离苏州城二十多公里外的藏书镇马岗山善人桥买下坟地,安葬抗日牺牲的烈士,命名为"英雄冢"。

三、结语

当一切尘埃落定、烟云散去之时,不由得想起张一麐评议前清历史与政治时的一段看法。张氏认为,中国文化之衰,乱机之伏,乃至清室之亡,皆根植于乾隆时:"盖其时卿相,惟以词藻结知遇,以功名为光宠,以引用门生故吏为得计,以摧残士节民德为快心。其弊也,贪黩成风,民艰不恤。"①老张认为这种弊政如梦魇般不断重复,到晚清李鸿章、袁世凯时一如既往:"尚功名,植己党,亦乾隆时卿相之故智再传。"淮军取代湘军,而又为北洋系所取代,竟委穷源,可知中国衰弱乱亡之胎,皆蕴结于乾隆时也(《柏岩感旧诗话》卷二)。——若跳出前清的圈子,纵观整个封建专制时代的历史,诸如卿相"贪黩成风,民艰不恤",而上则昏昏,几乎是朝政颓败的共性。

---

① 赵炳麟:《柏岩感旧诗话》,民国诗话丛编第二册,上海书店出版社2002年版。

第三章

张一鹏和民国"恶讼师"

张一麐、张一鹏两兄弟,虽然一母所生,但两人的品格及人生目标显然很不一样。一麐自号"公绂""民佣",是传统士大夫的情怀操守;一鹏字云博,个性中更飞扬激动,有时不免躁进。一个自重自律,另一个则精明事功。一个小事糊涂,大关节处分明;而另一个则小事精明,大关节处却糊涂,所以两兄弟身后毁誉,大相径庭。尤其张一鹏的"晚节不保",让其后代子孙羞愧提起。

张一鹏(1873～1944),字云博,是张一麐的弟弟。张一麐还有个异母大哥一夔,但身体不好,后来也早早去世了,所以一麐一鹏兄弟俩感情最好。张一麐13岁考中秀才时,喜报到家,一麐一鹏还趴在天井的地上玩游戏,那时的一鹏还只有7岁。父亲去世后,张一麐四处坐馆时,就把一鹏带在身边,而且"课督甚严"。可以说,张一鹏的课业,完全是由兄长张一麐给培养出来的。张一鹏21岁乡试,陆锦燧夹带一麐书院考试的文章两篇进场,两人各抄一篇中举,这种出格的事情,在张一鹏以后的人生中还不止出现一次,足见兄弟俩在性格和人品上有云泥之别。但兄长如父,一鹏一生敬畏一麐。

一、兴办苏州新学的第一人

张一鹏轻而易举地拿了个举人,虽然不是凭的真本事,但其实他的聪明也不在其兄之下。光绪二十三年(1897),张一鹏报考南洋师范学堂(上海交大前身),最终仅40名考生正式录取,一鹏即其中之一。同学中有无锡的侯鸿鉴,后来成为著名的教育家。而后来成为国民党元老的吴稚晖,则是低一级的学弟。张一鹏在入校后第一次考试,即越级取得第二等级绿格等级。后来,在学校"因事罢学回里",先在苏州观前街醋坊桥开设了新式书店"开智书室"。王薇伯、包天笑、吴梅一干人办《吴郡白话报》,就把总发行所设在了张一鹏的这个书室,并由书室代售。这是一份向苏城百姓宣扬革命思想的报纸。可见,早年的张一鹏思想要比乃兄活跃。

不久,康梁在京城提倡新学,张一鹏就在苏州办起一所新式学堂"唐家巷小学堂",又把先前所办的"苏学会"也搬到小学堂,兄弟俩一起鼓吹新学,慷慨激昂。特别是张一鹏,办学堂热情极高,自行编订课本,到上海购买最新出版图籍,学堂校舍不够,就借资建造,甚至连上京会试也因校务耽误。这一切不由人感慨:也曾年少意气,也曾挥斥方遒。

二、法政界的先锋

如果我们了解一下中国法政发展早期的历史,就会发现,其中也留有张一鹏的足迹。

清末法制制度的改革,始于"戊戌变法",具体则落实在袁世凯的"北洋新政"前后的直隶地区,而法制制度的模式,则直接学习和模仿明治维新后近代日本的法制制度。从1904年开始,袁世凯曾选派大量留学生赴日,进入法政大学速成科学习,为期两年。除此之外,还不间断委派一些直隶省官员和青年进入法政大学速成科和其他大学学习法律。张一鹏正是在这个时候留学日本学习法政的,同学中有汪精卫和胡汉民等。

说起来,张一鹏的留学生涯,还是被兄长张一麐一烟杆儿打出来的。起因是张一鹏不学好,竟然背着老兄偷偷出入红楼绮园,彻夜不归,张一麐气得浑身发抖,狠狠地一烟杆儿打过去,铜烟嘴磕破了额头,流血满面。兄弟俩不禁抱头大哭。哭声惊动了袁世凯,袁世凯后来就设法争取了一个留日名额,张一鹏就这样踏上了东瀛。

留学期间的张一鹏,依然是个活跃分子。1906年创刊的《法政杂志》,发起人大多是清末立宪派中的风云人物,如沈钧儒、林长民等,张一鹏则是日本东京法政杂志社的主编。这本刊物是宣扬北洋法政精神的主要刊物,旨在研究法律和政治现象,并寄托一种以法政之学拯救时局的深切情怀,所以成为清末立宪派的重要思想舆论阵地。张一鹏曾在杂志发表《法政杂志之趣旨》一文,针对当时"国粹论"和"欧化论"两种观点的弊端,提出"中外融通"以达到昌明法学的目的。努力在"中西"之外形成一种独立的"法的精神",可以说这是近代中国法政学人最有价值的见识与眼光,所以后人很赞赏张一鹏文章中所提倡的法政精神。

张一鹏回国后担任京师地方检察厅厅长。这期间,由日本冈田朝太郎口授,张一鹏笔述的《检察讲义》在《北洋法政学报》连载。《北洋法政学报》是由原张一鹏主编的《法政杂志》合并另一本杂志而成。后来,《检察讲义》又加入其他三人的著述,就以此为书名正式出版。这部《检察讲义》至今被认为是我国最早的检察专著。

从云南回来后,张一鹏还做过一阵上海《时事新报》的主编。包天笑《钏影楼回忆录》曾提到苏州的"吴苑三痴子",第一个是喜欢"骂"的冯痴子,原是个账房先生;第二是"怪形怪状的"朱痴子,号梁任,是一位深思好学的人;第三个是张痴子,名一澧(号沉圃),是张一鹏的族兄弟。苏州茶馆中的老规矩是:泡一壶茶有两个茶杯,意示一壶茶可以供两人。张一澧自己不泡茶,好与友人共一壶,时人称之为"共和"先生,因为苏州话里"壶"与"和"是同音的。张一鹏做《时事新报》主编时,"朱痴子"和"张痴子"都在报馆做编辑,两人都有好文采,张一澧还写过小说,但两个"痴子"碰在一起,也常为一些小问题几至大打出手。

三、"恶讼师"三先生

有人统计过,清末民初到日本学习法政的留学生大约有 4000 人左右,但后来从事法学研究或实践,真正成为法学家、法律专家的却为数不多,大部分人则成了革命家。张一鹏则既没有成为职业革命家,也没有成为职业法学家,一生在"岸上"跟"海里"来回游弋。从政时,做过北洋政府的司法部次长,也担任任萨镇冰临时内阁代理司法总长,还曾做过蔡锷的秘书。下海时,曾到上海开业做律师。总之,无论如何张一鹏也算得上是司法界的前辈,加上张氏兄弟在政界的影响力,所以合肥李氏、毗陵盛氏都曾请他做法律顾问。据说在盛宣怀子女遗产案中,张一鹏顾问一下,就拿到 30 万大洋。盛宣怀的留园,在民国时因招商局李国杰(李鸿章侄孙)经济违法案而收归国有,后来也是经张一鹏出面周旋,仍归还给盛氏后人手中。"留园"原是盛宣怀父亲盛康所购旧园,盛宣怀死后灵柩曾停此年余。

所以,在上海、苏州一带,张一鹏打官司挺有名气。1927 年,曾经轰动上海滩的"陆小曼打官司"一案,所聘请的上海滩名律师就是张一鹏。官司本末,源自小报《福尔摩斯》刊出的一篇《伍大姐按摩得腻友》的文章,影射陆小曼跟翁瑞午之间的暧昧关系,文章很恶趣。徐志摩、陆小曼、翁瑞午等为了自己的名声计,怒告小报主编及作者平襟亚等"妨害名誉罪"。开审当日,法院刑庭被挤得水泄不通,从原告、原告律师,到被告、被告律师,再到证人、观众,几乎都是名噪上海滩的人物,社会闻人、电影明星、戏剧名伶、交际花等等济济一堂。而那个被告平襟亚,就是琼瑶的丈夫平鑫涛的堂伯,也是以写小说闻名的"洋场才子"。

三十年代初,张一鹏还代理过著名的"彭国彦邳县案"。彭国彦是民国时期江苏首届县长考试的第一名,人称"状元县长"。彭在邳州做县长时被捕,罪名是"贪污渎职"。彭其实是个书生县长,顶头上司就是贪腐无度、后来被蒋介石枪毙的缪斌。缪斌时任江苏民政厅长,私下规定上中下三等县每年例当进贡的银子。彭颇不懂官场规则,加上小人播弄,终致牢狱之灾,缧绁数年不解。彭国彦被判刑,不服上诉,被发往在苏州的高等法院审理,这时彭的苏州妻子就聘请张一鹏做律师。

后来，彭还是经民权保障同盟宋庆龄等声援，张一麐兄弟为首的地方士绅仗义集资，始得保释出狱。

抗战前期的"七君子事件"，张一鹏也是著名的律师团成员之一。

张一鹏做律师，有急公好义的一面，也有争强好胜的一面，加上熟络官场，为人不免高张强势，苏州的《大光明》报就曾讥讽他是"代表吴县全部民众之张一鹏"，而苏州民间则暗骂他"恶讼师"三先生，因为他常要强行"顾问"别人，商户不愿意的，他就用阴招损人。

四、特派禁烟专员

中国近代曾出现过三次规模较大的禁烟运动。第一次是在道光年间，由道光皇帝亲自主持，林则徐"虎门销烟"，成就了一世英名。第二次禁烟运动发生在光绪末年至宣统年间，是清政府灭亡前的最后一次大规模禁烟运动。第三次禁烟是在民国时期。特别北洋政府时期，曾采取了一些积极措施，诸如颁布禁烟令，禁止种植罂粟，成立禁烟督察处等等，颇有声势。1919 年 1 月 17 日，万国禁烟会议将在上海公共租界内举行，作为会议主办国，北洋政府很重视上海滩的这块烟土集散地。上任不久的"中华民国"大总统徐世昌，便特派张一鹏，以中华民国司法部次长、禁烟特派专员的身份，前往上海指导禁烟工作。按照设想，准备把上海市面上的烟土统统收缴入库，待到万国禁烟会议时，集中统一焚毁，以彰显政府禁烟的决心与成绩。只是特派专员张一鹏一到上海滩就被杜月笙收买，最后两人上下其手，玩弄障眼法，焚烧了少量鸦片掩人耳目，杜、张二人则各得其所。张一鹏如愿完成任务，并得到杜月笙奉送的银圆和美女，杜月笙则借张专员之手除掉了自己在上海滩的竞争对手。所以，张一鹏到上海禁烟的结果，是成就了杜月笙以后独霸上海滩的地位。

无独有偶，后来张一鹏做吴县禁烟专员时，故伎重演，伙同县长、委员一干人，知法犯法，勾结膏土行，高抬烟价从中渔利，结果被老兄张一麐弹劾，撤了职，后来因为抗战爆发，没再深究查办。

五、结语

纵观张一鹏的一生，也曾是热血青年，还曾是法政先锋，但是性格里的张扬躁进、精明事功，也形成他做事做人的肆无忌惮。晚年出任汪伪政府法政部长，踏踏实实做定了汉奸。张一鹏这时已经 70 出头了，抗战局面也已经明朗了，实在想象不出在这个时候出任伪职的心理动机。

附录一：

满涛：一生痴情为译书

满涛(1916～1978)，张氏十八世，是张一鹏嫡孙。原名万杰，更名逸侯，满涛是笔名。满涛的父亲张为儒，是张一鹏的长子，南洋公学毕业后留学美国，是斯坦福大学化学工程硕士。张为儒人如其名，回国后大部分时间在大学里教书，拿着每月400大洋的薪水，安安稳稳做教授，平平淡淡过人生，全然没有其父张一鹏的张扬。满涛出生在这样的一个优裕富足的家庭里，家里还有一个弟弟，三个妹妹，在每人一个奶妈、一个佣人的服侍下过着锦衣玉食的生活。

一、大少爷的读书生涯

满涛小时候读过三年私塾，以后就在新式学堂里念书。公子少爷的读书生涯，很容易让我们联想到《红楼梦》里的贾宝玉。满涛少爷没有贾宝玉那么胡闹，但赖学、旷考一样不少；上课也不正经念书，喜欢看杂书。

不过，满涛少爷比宝二爷幸福的地方，是有一个接受西式教育并思想开明的父亲。在西方那种"自由发展个性"的理念下，满涛少爷充分享受到了"自由"的读书时光，且并不用像宝二爷那样被打烂屁股。他差不多半年换个学校，从11岁到16岁一共换了8个地方。到高一时，终于因为不参加考试就被除名了。

高中没毕业的满涛少爷很憋气，就借了一张文凭去考复旦大学，没想到竟然金榜题名。但骄傲的满涛少爷还没等到心花怒放的季节，就在半年后被发现，又一次除名了。

除名之后的满涛少爷老老实实又去投考了"私立持志大学"法科，似乎走上了爷爷的法政之路，但课余却又读恩格斯《自然辩证法》读到痴迷。学着学着，自己也觉得数理化知识不够用，就要求进上海大同大学中学部"回炉"。学了半年，又发现课程太浅了，再进立达学院。总算读满了三年书，毕业后再一次考进了复旦大学，这是1935年的事了。

这种"自助"式读书生涯，最大的好处就是让自己的兴趣主宰自己的心灵，养成一种天然自在的个性。这是现在的孩子不敢奢望的。

二、大少爷的"红色革命"经历

在后来介绍满涛兄妹的文字中，一般很少提及他们的爷爷张一鹏，许是晚节不保的原因。但满涛进入大学以后的"红色"追求，却很像张一鹏年轻时办新学、宣传新思想时所表现出来的热情和激进，那是对马列思想的学习和实践。那种脱胎换骨，急欲成为无产阶级革命战士的狂热，激荡得满涛少爷去工厂学打铁，恨不能直接把自己锻炼成一块钢。

满涛还参加"抗日救国会",上街刷"拥护苏维埃"的标语。但是,书生上街闹革命,穿着打扮和满脸的书生气,就很容易把身份给暴露了。满涛少爷算是有点革命经验,出门时故意把熨得笔挺的长衫弄皱,或者穿上工裤装上街发传单,但还是被巡警一逮一个准,接连被抓了两次。第三次是在家写革命传单,大白天也敞着门,写得又专注投入,连巡捕站在跟前都没发觉,结果人赃俱获,被租界法院判刑一年半。后来还是伯祖张一麐出面,找到上海滩名人杜月笙,才改判缓刑二年。

出狱后的满涛作为"闯祸胚",被父亲远远送到了国外留学。

三、一生痴情为译书

从1935年到日本开始,到1938年回到上海,不足三年的时间,满涛少爷日本、美国、法国换了三个国家,通了四门外语:英、俄、日、法。这么说听起来有点虚夸,但王元化先生年轻时初见满涛时,就特别崇拜满涛的英语、俄语和日语都说得非常好。特别是满涛的俄语,最初是留学日本时跟日本著名作家秋田雨雀等一起自学的,后来又经王元化先生介绍,跟着著名的"俄国通"姜椿芳先生学习,也常常向姜先生的太太请教。姜先生是上海俄文学校(上海外国语大学前身)的校长,翻译界的元老。所以,说满涛有语言天分不假,但勤奋和努力也是必须的。王元化先生就一直说,满涛看书很用功,有丰富的学养。

满涛最后终身所从事的是翻译工作,主要使用的翻译语言便是自学成才的俄语,而日后成为俄文翻译的权威,主要还是喜欢。从契诃夫的四幕剧《樱桃园》开始,满涛就主要译介俄罗斯作家果戈理和别林斯基的作品。专精于一个或几个作家,这似乎是第一代翻译家的共同特征。对于满涛来讲,最出神入化的,就是对果戈理作品的翻译。翻译界一般认为,俄罗斯文学中有两个人作品中的长句是最难翻译的,一个是果戈理,一个是列夫·托尔斯泰。果戈理的语句多定语,托尔斯泰则是结构复杂。而中国的语文传统是多短句,结构也单纯,所以想要把定语成串的长句翻译得既符合原著的内容和特色,又要符合中国人传统的阅读习惯,这不是容易的事,满涛最拿手的正是这个:既落英缤纷,又累累如贯珠,功底和技巧的使用已入化境,所以他翻译的果戈里《涅瓦大街》《狄康卡近乡夜话》,被认为是俄语译本的典范之作。

四、抱憾仍有"死魂灵"

年轻时的满涛虽然思想激进,但内心里归根结底还是个旧式文人:单纯执着、率性真挚,这种纯明的个性其实很不适合在复杂的政治环境中生存。所以,1955

年前后,满涛被牵连进了"胡风反革命集团"。万幸的是,也还是他那种单纯的书呆子气和才华,大家并没有把"人民内部矛盾处理,不影响使用"的处理结论告诉他,加上他作为职业翻译家,除了在家里闷头译述,很少接触社会。

满涛经常工作到深夜一二点钟。最后中风晕倒在马路上。满涛一生痴情的,就是翻译果戈里和别林斯基的作品。王元化说:

"可惜他未能完成愿望就赍志而殁了,连他在生前以为可以完稿的《死魂灵》,也仅仅译出了三分之一强,现在他的书桌上还放着他在译稿上写下的最后一个字。……"

满涛结婚很晚,也没有自己的孩子,一生情痴唯在"俄译"。

今天,翻译工作虽不能说完全可以通过工具来替代,但利用工具提高速度是很容易做到的事。缘此,"翻译者"与"翻译家"的根本区别,唯在一"痴心"!

08

第八篇

常熟平襟亚：洋场才子
与出版界奇才
——兼及废除科举后乡村知识青年的选择

清末科举制度的废除，对乡村读书人群体的影响最大。年老的一代因知识结构不能适应"新学"而迅速被淘汰，生活陷入困顿；年轻的一代则拳打脚踢，各自选择出路。对于江南地区的乡村知识青年群体来讲，进入城市，成为"海漂"一族，因地缘、亲缘、人缘的关系结成群体，以谋求生存和发展，这是那时许多人的选择。

在民国初期的"海上移民潮"中，做过乡村小学教师的平襟亚，也随着常熟乡间的贩夫走卒、妇女帮佣的队伍，走向了大上海，从写手开始，成为上海滩的"洋场才子"和出版霸才。

引　言

平氏溯源

　　天下平姓出处，有三大源头，一出姬姓，二出姜姓，三是出自元蒙贵族改姓。而平氏宗谱描述平氏一姓渊源时，认为是出自周文王姬昌之后，首封于晋国韩原，称韩侯，后建立韩国。到韩哀侯时，又封其小儿子婼于平邑（原山西解州平陆县），再到其子孙迁下邑（今安徽砀山县）时，就以原封地为姓。这段关于平氏家族起源的说法，主要来自于《通志》和《姓纂》等典籍中有关"平氏"缘起的文字记载，还有就是《史记》对韩国的文字记载。根据这些文献资料的描述，平氏的来源和发展，经历了如下几个重要的阶段：

一、"桐叶封弟"始有封晋

　　平氏渊源出自唐叔虞之后。叔虞是周武王的幼子，周成王的弟弟。

　　关于叔虞封唐（即后来的晋），古书上更有"桐叶封弟"的传说。《吕氏春秋》记载，周成王与唐叔虞平居相处时，两兄弟很随意和睦，成王随手拿起一片桐叶放在叔虞手里说："余以此封汝。"叔虞很开心，把这事告诉了周公，周公就向成王证实："天子其封虞邪？"说你是不是打算给叔虞封地？成王说，我不过开个玩笑罢了。周公就很严肃地说："臣闻之，天子无戏言，天子言则史书之，工诵之，士称之。"于是周成王只得封叔虞于唐，后来因境内有晋水，于是易唐为晋。

二、"三家分晋"始得平姓

　　《史记·韩世家》对于韩国起家有这样的描述：

　　"韩之先与周同姓，姓姬氏。其后苗裔事晋，得封于韩原，曰韩武子。"

　　这个被晋侯始封于韩原的韩武子，即唐叔虞之后，是春秋初期晋国的著名政治家。韩武子得封韩原为采邑，子孙遂因以韩为氏。三百年不到，三家分晋，韩国始为诸侯，建都平阳（今山西临汾）。又经历三代韩侯，到第四代韩哀侯的时候，灭郑国，迁都新郑。韩哀侯时韩国的疆土主要在山西东南和河南中部一带，是战国七雄之一。哀侯封最小的儿子婼于平邑，这样平氏得姓，平姓后来在河内郡发展

成望族,世称河内望。关于这,《姓纂》的记载是:

"韩哀侯少子婼食采于平邑,因氏焉,秦灭,徙于下邑。"

则平氏的最初的聚居地主要在今山西平陆一带。秦灭六国后,平氏族人向离平邑较远的偏僻地区"下邑"迁徙,"下邑"即今安徽砀山县。

三、"七相联班"显赫之时

"七相"的典故,出自班固《两都赋》之:"冠盖如云,七相五公。"这里所说的"七相"就是指西汉著名的七贤相,即唐代吕向注解中说的:"七相,谓车千秋、黄霸、王商、王嘉、韦贤、平当、魏相。""七相"之一的平当,是西汉哀帝时的宰相。平当祖籍下邑,据《汉书》记载,平当的祖父有财产百万,汉武帝时被强迁到了关中,定居在平陵。原来,从武帝元朔二年(前127)第一次强迁富豪至帝陵开始,西汉曾七次大事迁徙吏二千石、高赀富人及豪杰并兼之家,目的是"内实京师,外销奸滑",平当的祖父正是在这种情形下被从下邑迁徙到平陵的,这也正间接说明平氏在为秦所灭、从平邑迁徙到下邑后,到西汉时期已经渐渐成当地豪族。

平当是《尚书》经学博士出身,尤精《禹贡》,这是我国古代最早的地理学经典名著,内容和体例对我国古代舆地学影响深远。汉成帝时,平当奉命治理黄河。公元前七年,当时还是骑兵总监(骑都尉)的平当,兼任治河总监(领河堤),开始治理黄河。平当认为,治黄的上策,是因势利导,政府出面迁出低洼地区居民,决开堤防,使河水向北溃决,流入渤海;而每年用于治黄的费用则用来安置移民。治黄的中策,是多在沿岸开凿运河并设闸口,平时引流灌溉,汛期则开闸分杀水势。平当反对一味地整修原有堤防,认为那是事倍功半的下策。他的治理方案,被柏杨称为"平当方案"(柏杨《通鉴纪事本末》)。平当在哀帝时拜宰相,封关内侯。

平当的儿子平晏,在汉平帝时官至大司徒,是王莽"新政"时的四大亲信之一,号称"四辅"。但据河南夏店《平氏宗谱》记载:平晏公因反对王莽篡位,受迫害而逃亡,病死于河南义马沟,子孙就地安葬,定居此地,晏公墓至今保存云云。然史料记载却与此颇有出入,平晏是病死于太傅任上,迫害云云不一定属实。至于王莽,胡适曾说他是1900年前的社会主义皇帝,被现在的很多史家目为"中国历史上第一位社会改革家"。平氏宗谱的这个记载,如果属实的话,则说明在平氏家族迁徙史上,这一次且可能是比较重要的一次迁徙,即在平晏死后,平氏后裔在西汉末东汉初,又从平陵迁往河南汝南、沁阳一带居住,且较长时间比较稳定地聚居于此,渐衍为当地望族,故平氏后人在编纂谱牒时,便尊平当公为一世祖。

四、南渡迁浙，平"分"天下

从晚近修纂的平氏宗谱看，平氏一族开枝散叶，广泛居住于南北各地，主要在北宋末南渡之后。家族的模糊记忆，也是从这个时候开始的。被尊为平氏南迁始祖的是叫千一公的京班快手。这个专门擒贼的捕快，跟着高宗皇帝的逃跑路线从河南一路追随，落脚在了山阴（即今绍兴），后来子孙又迁往嘉兴府崇德县，卜居殖产，定居下来，这样崇德便成为南迁平氏一族的庐墓祖居之地，以后各个分迁的平氏支系都认同自己是从浙江崇德迁出，是所谓"吴越同谱"。

明代初期，由于子孙居官的原因，平氏嫡传子弟中被称为道清公的一支迁至湖北沔阳（今仙桃一带），父子兄弟数人在沔阳城中各自建宅定居，并兴建望远楼等标志性建筑。这一支平氏发展迅速，枝繁叶茂，势头反盖过浙江崇德，整个有明一代，基本稳定地居住于此，直到明末兵乱，才各自四散开来。而另一支道清之弟道源公，也因在江西为官，定居于南昌瓷器街，成为平氏迁徙江西一支，后来由这一支又分蘖散居到四川、湖南等地。这一大支，略可统称为"荆楚平氏"，子孙散居基本上沿江而下，在长江中下游地区沿江而居。

本篇所言常熟平氏，据河南省内黄县井店平氏分支宗亲所云，乃其支系族人迁徙而去，但什么时候迁徙至长江口的苏州常熟，已模糊不清。

第一章

平襟亚:民国时期的出版霸才

清代末期科举的废除,对乡村读书人群体的影响最大。年老的因知识结构脱节而迅速被淘汰,年轻的一代则拳打脚踢,各自选择出路。对于江南地区的乡村知识青年群体来讲,成为"海漂"一族,因地缘、人缘的关系结成群体,谋求生存和发展,是那时许多人的选择。

在民国初期的"海上移民潮"中,做过乡村小学教师的平襟亚,也随着常熟乡间贩夫走卒和妇女帮佣的队伍,走向了大上海。从写手开始,平襟亚每十年一个"一个转身",成为上海滩闻名遐迩的"洋场才子"和出版霸才。在他的出版事业中,最为可圈可点的,就是出版"一折八扣书"和创办《万象》杂志。

第一节　乡村知识青年的挣扎

平襟亚(1892~1980),原名平衡,字襟亚,室名襟亚阁,以襟亚阁主人自号。平襟亚是常熟顾泾人,但他的人生起点,则是在一里开外的小镇辛庄吕舍。辛庄是常熟的最南端,吕舍则更在辛庄东南角五里之外。在吕舍镇西市梢,曾经有一座木石结构的三孔桩基板桥,平襟亚从顾泾到吕舍镇,就得跨过这座小木桥。跨过桥,平襟亚的人生就翻开了另外一个篇章。当他后来有一天衣锦还乡时,第一件事就是把这座年久失修、桥身业已倾颓的断桥重建,建成了一座单孔板桥,因此这座桥就被命名为"平衡桥",以平襟亚原名平衡之故。这是平襟亚留给乡里的福泽。这座桥直到1976年疏浚河塘时方才被拆毁。而顾泾的平氏祠堂,则早已湮没。

平襟亚的人生,典型地代表了清末民初科举被取消以后,乡村读书人的转型和挣扎。

一、乡村南货店的小伙计

吕舍曾是一个良渚文化时期的古村落，水岸村郭，川流贯通，民国初期就已开通了近到常熟，远到苏州、无锡的航船，甚至还有到上海的不定期航船，故素有"常熟出南门，吕舍第一镇"的说法。在平襟亚后来所写的小说《人海潮》里，有这样一段描写苏州乡间小镇的文字：

"这块地方小虽小，却是流动的，普遍在各乡各镇，便是一条驳船。这驳船每天清晨开往塘口（属苏州的一个乡镇），接上海小轮上的搭客，驳送到各乡镇；垂晚又把各乡镇往上海的搭客，驳到塘口小轮，每天满载一船。"①（8 回）

这段描写，正是平襟亚早年生活的吕舍镇的生活场景，那是一幅民国初期江南小镇的风情画，这里也正是平襟亚人生起步的地方。

平襟亚的家是属于平氏家族中的贫支。父亲也是读书人，给人做乡村私塾先生，勉强维持生计，母亲则早逝。平襟亚小时候随父亲读过几年私塾。1905 年，光绪帝诏准张之洞、袁世凯等停止科举的奏请，下旨于光绪三十二年（1906）始正式停止乡试、会试及各省岁试，延续了一千三百多年的科举制度终于被废除。而此时此刻平襟亚父子的生存状态，正代表了科举废止之后两代读书人的命运。

科举时代，对家境贫寒的读书人如平襟亚父亲辈，尚能"藉舌耕"以"塾师"而勉强糊口；科举废，这些人旋即"失馆"，家无恒产又年老无法适应"新学"的旧一辈读书人，便失去了基本的生存条件。清末山西刘大鹏的《退想斋日记》中，对当此之时旧式文人的心态和生存焦虑所记甚详。不妨列举一二。

光绪二十二年（1896 年）二月初四日［3 月 17 日］：

"前岁定馆时言明：及门者四人，看文者一人，修金一百，馔皆东家各办。""世之舌耕者不少，余亦与之为伍耳。"②

——按，刘氏是比较守旧的士绅，在农村日渐萧条、家境窘况时，不得已出门坐馆。刘氏一再声称自己"教书暂为糊口计"，说读书人若能从他处寻出糊口之需，就不会选择从事此一途，因为一者耽误自己科举的工夫，再者实在是斯文扫地，更有甚者被他人轻视、被东家欺侮者。

四月十日［5 月 22 日］：

"近有废学校，裁科考之谣，不知是否真切？人心摇动，率皆惶惶。凡为士者竟有欲废读书而就他业之人。盖士子习业已久，一旦置旧法而立新功令，自有不

① 平襟亚：《人海潮》，湖南文艺出版社 1998 年版。
② 刘大鹏：《退想斋日记》，山西人民出版社 1990 年版。

知适从之势。"

——按，此时离废科举尚有十年左右的时间，已然风声渐紧、人心惶恐。他们所担忧的主要是三样，一是舍孔孟而向"洋学"，孔孟之道并一切辞章学被"西洋"之学所取代；二是忧道之不行，世风日下；三是忧不能适从"新学"，尤其新学之重测算、技巧、格物一门之工艺，认为此"格物"非吾之"格物"，学术之坏不知其底。

光绪三十一年[1905年]九月二十五日[10月23日]：

"昨日在县，同人皆言科举一废，吾辈生路已绝，欲图他业以谋生，则又无业可托，将如之何？"

十一月二十九日[12月25日]：

"顷闻同人失馆者多，家有恒产尚不至于冻馁，若藉舌耕度岁者，处此变法之时，其将何以谋生乎？"

——按，废科举之令下，底层士人哀鸿一片，充满了无以生存的惶恐。许多乡村读书人便在贫病交加中死去，如平襟亚的父亲，不几年就病重不起，临终前想吃马鲛鱼，就这么个微薄的愿望都难以满足，等平襟亚不知想了什么办法，总算买到鱼急急忙忙拎着回家时，父亲却已经咽气，所以平襟亚一辈子都不吃这种"劳什子"。郑逸梅先生调侃平氏，说他此举"大有曾子嗜羊枣，曾皙不忍食羊枣的遗意"（郑逸梅《清末民初文坛轶事》），而那实在是平襟亚对年少时痛苦记忆的排斥。

废除科举的那年，平襟亚才刚是十三四岁的少年，从旧学到新学的转变，这个年龄尚有可为的空间。平襟亚先到吕舍镇上的南货店当了小伙计，做些扫地、抹桌子的活计。两年后学徒期满，开始帮着看店。南货店的旁边有人摆了个书摊，卖些弹词、小说之类的书，但卖书生意不好，摊主就兼出租图书。在穷乡僻壤的乡村，多的是那种只蹭看不买书的人，像平襟亚之流。小摊贩中午回家吃饭，常常托平襟亚代为照管一下书摊，平襟亚就不厚道地跟人家提条件：义务照看，免费看书。摊主满口答应，平襟亚心满意足，平生第一笔"买卖"就这样一拍即合了。以后，平襟亚一辈子跟小说、弹词结下不解之缘，不说是宿命，但跟在这里蹭书培养的兴趣和积累的阅读经验并非毫无关系。

平襟亚借到书后，就藏在柜台抽屉里，半开半掩，一边站柜台，一边偷看。正当看得兴兴头上时，老板手持钱板（郑逸梅先生解释，是一种排放制钱的木板），悄悄掩过来，当头一记，敲得平襟亚直跳起来，灵魂出窍，头顶上因此被老板敲了无数个"毛栗子"。郑逸梅先生后来形容平襟亚头顶那儿被南货店小老板敲得毛发不生，"如牛山濯濯"。

理想被无知的南货店主极度挤压，平襟亚就生出一个大胆的念头：借钱读书。民国时期，对于出身贫困的农工子弟来讲，要想读书和离开乡村，只有选择进师范学校，因为只有读师范是不要钱的，甚至还有微薄的生活费。平襟亚于是辞了小店主，借了点"盘缠钿"去考试，顺利考进了常熟县乙种师范。这是在旧学转型"新学"的时候，为"对口"培养乡村师资而办的一种简易师范学堂，带有速成的性质，时间较短，有半年即可毕业的。平襟亚在师范毕业后，就回到常熟辛庄吕舍初级小学（即常熟县第五小学）做校长。根据《辛庄镇志》记载，吕舍小学创建于民国二年（1913），是以镇上广福庵的庙产为校舍建起来的。平襟亚在这里待了两年，既当校长，又当老师，每月有三十元的薪水维持生计。这段经历，跟平氏后来所写的《人海潮》中书塾先生的儿子汪绮云的经历相仿佛，这小说情节多少有着作者自身的影子在内。

民国四年（1915），平襟亚带着妻子一起离开家乡，到嘉定县练西小学做教员。在嘉定，平襟亚结识了南社诗人、人称"杨痴"的杨了公。杨了公（1864～1929）是松江县人，也是一个奇人，曾因讥讽贪赃枉法的太守是"伸手包龙图"，向巡抚举报，结果反被革职，回到松江后即创办松江孤贫儿院，收养孤贫孩子。但平襟亚在第二年（1016）即离开嘉定，带着妻子来到上海。数年之后，这个从常熟乡间走出来的"乡下人"，就成为上海滩十里洋场有名的才子词人，在那里搅起了一朵不小的浪花。

二、沪上卖文"三人小集团"

据平襟亚自己的记述，他是 1916 年到上海定居的。到上海后，先认识朱鸳雏，姚鹓雏等人，然后由姚、朱介绍认识江阴刘半农。当时沪上的江浙文人，大多是通过这种地缘（同乡）和人缘（朋友）的关系，互相介引，形成一个圈子，都是各种各类知识人"漂"在海上，以寻求发展的群体。

朱鸳雏（1894～1921）本是苏州莫厘山人，寄籍松江，实是朱氏所捡的某大姓家弃儿，后由杨了公所主办的松江孤儿院抚育长大，并为杨了公收为寄子，教以诗词，栽培成名，后来也是由杨了公、姚鹓雏介绍入南社，在《南社丛刻》上发表许多诗词。姚鹓雏（1892～1954）也是松江人，曾以卓异的风华文采考入京师大学堂学习，师事林纾林琴南，是南社才子之一。朱鸳雏尊姚为师，跟姚鹓雏并称"松江二雏"，两人曾合著有《二雏余墨》行世。朱鸳雏身世堪怜，当时寄居在好朋友松江陈念慈家里，恰看到《民国日报》文艺栏上南社内部的"唐宋诗"之争，他倾向"同光体"，同情姚鹓雏，反对柳亚子："他就亲自来沪，参加战阵，致引起亚子的愤怒"，柳亚子于是在《南社丛刻》二十集上发表紧急布告，将朱鸳雏逐出南社。启事的时间是“中华民国六年八月一日”①,但《南社丛刻》二十集出版的时间则在七月,或郑逸梅先生所过录启事时有误。朱鸳雏卷入这场论争前后持续一个月,故由郑逸梅先生所记推测,朱到上海的时间大概在1917年。

平襟亚或因杨了公而产生到上海卖文定居的念头。而从一些文字记载看,姚鹓雏在民国三年(1914)时尚租住在松江城里火神庙弄的孙氏蜗居里,大概在民国四年(1915)时由同乡前辈举荐给叶楚伧(1887~1946)而到上海,进新闻界,给叶楚伧主办的《太平洋报》做编辑,叶也是著名的南社诗人。1916年叶楚伧与邵力子合办《民国日报》,由陈匪石(1884~1959)编要闻,姚鹓雏编艺文。而在1915年底时,参与办报的数人就在上海著名的“小有天”酒肆开成立会,所以,1915年平襟亚到嘉定时,姚鹓雏或已经在上海了。而此时的朱鸳雏,正寄寓在松江陈念慈家,写些幽倩婉约的小记小文,邮寄给上海《申报》附刊编辑周瘦鹃(1895~1968)发表。

我们不妨这样猜测:平襟亚在嘉定认识杨了公,或因杨而在上海认识已经在报界起步的姚鹓雏,于是,平襟亚也开始给各个报章杂志投稿发文。朱鸳雏因参与《民国日报》南社的论争,大概在1917年到上海,但不久便被逐出南社,遂在上海“鬻文自给”,这个时候就与平襟亚氏相识。

这时,平襟亚发现,发文的收入竟比做乡村教师时多两三倍,于是又把老乡吴虞公邀来,这样平襟亚、朱鸳雏、吴虞公三个年轻人就结成一个“三人小集团”(郑逸梅先生称),打定主意一起在上海卖文为生。三个人中除了平襟亚二十四五岁外,吴虞公和朱鸳雏都还不满二十,无根无基的三个小文人抱团取暖,成为民国初期的沪上的“海漂”一族,艰难卖文为生,同甘共苦的中也建立起非比寻常的情谊。后来平襟亚写的长篇小说《人海潮》,里面的人物原型即反取自身,吴虞公为古禹公的原型,朱鸳雏则是洪幼凤的原型,可见三人关系之好。郑逸梅先生曾帮助平襟亚校勘《人海潮》一书,所以对三个人在上海一起闯江湖、拼世界的事情,知之甚详。

根据郑逸梅先生的《南社丛谈》记载,当时朱鸳雏曾写过一篇小文,描述三人“蹴居海上寓所”,在“煤尘车浪”中埋头写文的辛苦。朱鸳雏“上灯后,始埋头而书”;吴虞公则喜欢喝酒,边喝边写:

“吴虞公能酒,列盏于楮墨之间,且饮且写,觉醉,吸烟以苏之,饮后复书。有时余书而吴君与平君襟亚置酒为伴。有时三人同书同饮。我三人者,均能作媚世之文,取微资自贡。苟有人入此三人之室,但见攒头及案,纸上起春蚕食叶之声,

① 郑逸梅:《南社丛谈》,上海人民出版社1981年版。

而烟气酒香，缭绕牖轩，少疲则笑谑无所不作，此状殊堪发笑也"①（郑逸梅《南社丛谈》引朱鸳雏文）

"海漂"一族的辛苦恣睢，作媚世之文、取微资谋稻粱的无奈，都在年轻的潇洒和对理想的憧憬中晕开淡化。

三、炮制闲文　取资养家

"三人小集团"中，平襟亚首先写成《中国恶讼师》一书，1919 年以"襟霞阁主"名号印行，其实就是由自己刊印的。此书主要是根据民间那些刀笔讼师的传闻，将笔记资料的内容移花接木纂写而成。由于书的趣味迎合大众的猎奇心理，加上吴虞公擅长宣传推销，竟然销路极好，这大大鼓舞了这个卖文"三人组"。接着，吴虞公也写成逸谈笔记《民国趣闻》，也由所谓"襟霞图书馆"在 1919 年印行，实则都是自印。朱鸳雏则擅长哀婉悱恻的文字，写有言情小说《玉楼珠网》《帘外桃花记》等，还有社会小说《峰屏泖镜录》。

民国时期的出版业相当自由，弄堂作坊自己印书并不难，所谓的"襟霞图书馆"，或就是三人为自己出书方便而成立的小书局。至于书的内容，主要是以吸引眼球赚取微资为目的，商业化味道很浓，即朱鸳雏所说的"媚世之文"。比如吴虞公所撰《民国趣闻》中有一篇《三小姐与汽车》，写的是当时内务总长朱启钤的三女儿的"风采"。文中记朱三小姐风貌出众，拜倒者颇不乏人，三小姐左右为难之际，想出一招比武招亲的计策：谁人能飞步追上三小姐的汽车，便嫁与谁。这本意是要吓退裙下诸君，不料真有"飞毛腿"青年，最后三小姐只能下嫁。《民国趣闻》这一类故事，可信度均不高，多出自传闻，甚或编造。其实只要稍微想一想，这三个从乡间走出来的毛头小青年，除了朱鸳雏略微有点见闻外，其他都是既没有家世故事，也没有交游掌故的普通乡村青年，所以写的文字多半是半抄半编，目的就是卖文赚钱。

写文的题材内容，往往由市场需求决定。比如，三人听说有一本武侠小说《江湖十八侠》很流行，于是决定也写一本，名字就叫《江湖三十六侠》。从书的名字，就知道是冲着"十八侠""山寨"而去的。跟今天的盗版图书、盗版影碟的出笼情形差不多，务必要以最快的速度抢占市场先机，才能打败正版，于是更让今天的人都瞠目结舌的事情是：吴虞公和朱鸳雏先各写一篇示范文章，然后请他们熟识的上海国学专修馆的国文教师帮忙，请他们在学生作文课上出作文题曰："试拟江湖上侠客的故事"一篇，布置作文课作业。那些国学功底本来就好的国学生们果然

① 郑逸梅：《南社丛谈》，上海人民出版社 1981 年版。

出手不凡,总有一二百篇之多。于是三个人从他们的习作中挑选出三十六篇,稍加润色,捏合在一起,一本武侠书就这么成了。所以,平襟亚、吴虞公各炮制有一册《江湖三十六侠》,而那个炮制的方法,不能说是盗版,简直就是盗窃。可见民国时期出版界的乱象。让人忍俊不禁的是,等到以后平襟亚自己站稳脚跟,也开始自办小书局时,忍不住痛骂那些无行书商:

"影戲剽窥,统做得出,你新出一种书,风行一时,他们连忙赶出一部大同小异的来抢你生意。譬如你出一部单行本叫《中国文学史》,他便放大范围,出一部《中国历代文学大观》,把你罩住。"(《人海潮》44回)

骂人骂己,他忘了自己当初也是这样恶形恶状去"把人罩住"的。

"卖文三人组"中,不满二十岁的吴虞公能力最出众,既能写又能编校,且很会宣传推销,是三人小组中最有活力和起作用最大的一个,所以才能卓异的吴虞公很快就被世界书局的老板沈知方挖走,做了《世界杂志》的编辑主任,并应沈氏之约拟写《新二十年目睹之怪现状》。郑逸梅先生后来说,吴虞公此时年方二十,除非从"娘胎里"就目睹。而最年轻、最有婉约诗人气质的朱鸳雏,却因南社内部唐宋诗之争的笔战,被社主柳亚子逐出南社,本体质羸弱的朱鸳雏受此刺激,抑郁寡欢,加之卖文的辛苦和患有肺疾,竟于民国十年(1921)一病而亡。"三人卖文组"一离去一早夭,只剩下平襟亚一个人唱独角戏。

于是,平襟亚也进世界书局做了编辑,后来自办了小报《笑报》。不久因为文字不慎,得罪吕碧城,逃到了苏州。吕碧城是当时上海滩女界和社交界的闻人,曾做过袁世凯的机要秘书,所谓"绛帷独拥人争羡,到处咸推吕碧城"。平襟亚在自己的报纸上发表《李红郊与犬》一文,影射其私生活,惹怒吕碧城,吕以慈禧亲笔花卉立幅为赏,追缉平襟亚,平襟亚只得逃之夭夭,直到风声过去,才携带了所写的长篇小说《人海潮》再回上海。

第二节　民国"海漂"的人生缩影

平襟亚在1925年惹上吕碧城的官司,躲在苏州调丰巷不敢出来,隐姓埋名作沈亚公,潜居了一年,动笔以自己在上海滩闯荡的十年经历,撰写小说;沈亚公源于其赘于沈氏而所取。吕碧城1926年前往欧美游历,吕前脚走,平氏才敢回到上海,当然也请了钱须弥出面调解。当平襟亚重出江湖时,随身携带了一部小说——《人海潮》。平襟亚把书稿给世界书局的老朋友沈知方看,沈知方觉得写得有趣味、有卖点,极力怂恿他自己刊印。可能连平襟亚自己也没有想到,沈知方这一撺掇,竟然成就了他两样事业:小说家和出版家。

一、寒士卖文:回首前尘一惘然

《人海潮》是一部社会小说,写的是民国初期几个乡村小知识青年到上海求生谋发展的故事,这正是平襟亚自己生活经历的写照。

从清末到民国时期的上海,一直被各种人群视为逃避战乱灾难的"净土"。学者在考察"近代上海移民潮"的时候,一般认为19世纪中叶的移民,即太平军进攻江南后形成的难民流中,有许多是江南的"上等士绅",故那时有不少富商、士绅、退休官僚等"移民"上海,进驻时并携带大量财产。而20世纪初的海上移民,则以破产农民、城市贫民居多,这主要是由于天灾(主要是水灾)人祸(主要是军阀混战),使许多破产的农民不得不离开土地到上海出卖苦力。

"这其间,男女老幼,哭的、笑的、叹的、忧的,千态万状,哀乐不齐。"(《人海潮》8回)

《人海潮》共50回,前10回写的是苏州乡下虽然落后、偏僻但并不闭塞的乡居生活,这其实就是平襟亚的家乡常熟。后40回写由于水灾和湖匪,许多"乡下人"离乡背井到上海"混世界",小说里所写的几个年轻的乡村小知识青年,也随着这支由梳头姨娘、剃头匠、挑夫帮工和妓女组成的队伍,坐船到上海,踏上了"海漂"之路。他们仗着读过几年书,也跃跃然,想去寻找一片理想的天空。

当他们踏上上海这个繁华都市后,却发现脚下并非一个"理想国"。极度的拥挤和喧嚣,赶走了小文人残存心底的那点乡村式宁静;嗷嗷待哺的肚子和家口,挤压得小文人形容憔悴;而抛妻别子的"漂流"感,更让他们顿入一种万劫之境:有钱时追欢,无钱时买醉;明明知道酒色误人,赌局翻戏皆是坑人的陷阱,可偏偏不由自主跳下去,最后如乡董之子钱玉吾一般客死异乡;如忧郁青年沈衣云一般漂荡海上十年,落魄江湖不敢回乡,躲避着对自己一往情深的恋人,致其含恨而亡。而以朱鸳雏为原型的洪幼凤,半世卖文,竟不能庇家荫室,不得不整日奔走于书贾之间而卖文不得:

"穿过麦家圈家去,烂泥浆里有人行。今日堪为我写照,不趋承书贾,钱那里来呢?"(《人海潮》32回)

朋友深深惋惜他的规规矩矩的笔墨却丢在了垃圾桶里:

"风行一时的,无非淫词邪说,我深知你不合时宜,硬要站在上海,谈何容易!"(同上)

最后洪幼凤潦倒而亡,身后凄凉,家眷无以为生,幸得"海上一辈子幼凤的文字交,发起替幼凤募集一笔遗孤赡养费,汇到松江。衣云、空冀等,也凑集了百十块钱寄去。然而杯水车薪,也无济于事。隔下一个多月,又来一讯,说月仙女士也随幼凤下世了。"这样的情节,其实不是小说的虚构,完全是朱鸳雏的真实生活的实录。所以,书的篇末平襟亚有一联诗作为全书的结语:

"十年往事从头写,回首前尘一惘然。"

寒士卖文,冷暖只有自知道。书贾雇用文人,奴畜隶养,直至把他们的心血榨干,这正是平襟亚等"漂海"生涯的甘苦之言。所以近年以来,学者们越来越注意到在以往的文学史中被忽略的通俗文学的研究,尤其对清末民初移民题材小说的文学价值和史料价值给予了相当高的评价,如平襟亚的《人海潮》一类,是清末废科举之后,乡村知识青年在知识结构、思想体系和人生观价值观等方面急剧转型的真实记录,是一代人人生甘苦和心路历程的写照。

而对于"海漂"族的平襟亚来讲,他活得要比别人,如朱鸳雏、吴虞公等要皮实,终于等到苦尽甘来的一天。《人海潮》一书,不仅助他跻身小说家行列,成为海派小说"鸳蝴"派的一员而当之无愧,而且还帮他赚足了钱,在这个基础上,他朝着成为一个知名的出版家的方向努力着。原来,当日平襟亚被沈知方鼓动得心热,就在上海麦家圈附近赁屋办书店,取名"中央书店"。平氏"中央书店"所出版的第一本书就是自己的长篇小说《人海潮》。郑逸梅先生做此书的校勘,并代为请袁寒云题写书名,对平氏此小说出版的过程非常熟悉。平氏还请了袁寒云、程小青等写序鼓吹,并登大幅广告宣传。平襟亚在给自己的小说所炮制的广告词号称:"晚近第一部社会长篇大说部"!所以小说出版后"销路很广,北至关外,南至南洋一带,赚了很多钱。"①(郑逸梅《清末民初文坛轶事》)

二、四马路出版界的霸才

施蛰存先生在《杂谈〈金瓶梅〉》中曾提到当年上海"四马路出版界的两位霸才","他们营业竞争,钩心斗角,可谓旗鼓相当。"这两个霸才其中一个是张静庐,而另一个就是平襟亚。成为书商的平襟亚既有延续他以前当写手时的"恶形恶状",也有可圈可点之处,我们略举三桩观之。

第一桩:民国伪书的老祖宗

平襟亚在《人海潮》大卖赚钱以后,就把他的中央书店从麦家圈搬到了上海福州路328号,在那里出版了许多书。他把沈知方教给他的生意经奉为金科玉律:"什么书可销,什么书销不多,什么书只能销一时,什么书可以永久销"。

《人海潮》大卖后,他又出版了《人海新潮》《人心大变》《恼人春色》等。

---

① 郑逸梅:《清末民初文坛轶事》,学林出版社1987年版。

书法类书籍好卖，就出《书法大成》《名家书简》等等，都是应时应景的书。如《名家书简》一类，平襟亚认为，内容既有可读性，所收作品又可作书法作品学习鉴赏，一举两得。

尤其要一提的就是当时平氏出版的"名人家书"系列。

民国时期，清代名人书信大卖，嗅觉灵敏的平襟亚就编了"清朝十大名人家书"系列刊行，计有郑板桥、纪晓岚、林则徐、曾国藩、胡林翼、左宗棠、彭玉麟、李鸿章、张之洞、袁世凯等十人，全都是有清一代的文坛巨星或政坛大佬，故刊印当时，颇引得一纸风行。而事实上，这些书信十之八九是平襟亚杜撰的。所以，今天有严肃学者，依然愤愤然把平氏的这套书，列为民国三大伪书之一。

如其中一种《袁世凯家书》，《袁世凯全集》的编者之一刘路生教授专门写了《〈袁世凯家书〉考伪》一文，指出襟霞阁主所编《袁世凯家书》：

"全书 62 件信函除所附《总统就任宣言》一件外，无一篇属于真品。"①

南京大学卞孝萱先生也早在 1992 年前，就对平氏中央书店的《郑板桥家书》逐一研究，辨明除了乾隆十四年己巳（1749 年）印行的十四通外，其余四十六通都是不折不扣的赝品②（《郑板桥家书》四十六通辨伪），但平襟亚《郑板桥家书》的"著者小史"中却煞有介事地说：

"兹在三山某藏书家觅得先生家书一厚册，后有附志，云从先生后裔处借本抄录，则洵非赝品矣。"

系列丛书之其他如《李鸿章家书》《张之洞家书》也造假严重。《李鸿章家书》中甚至出现李鸿章给已经死去的父亲写信，自己有几个兄弟姊妹也搞错等的荒唐事。

平氏制造的这套伪书，最早有 1925 年"共和书局"的版本（平氏所办），1934 年又由其"中央书店"重印，1935 年再版，可见当时受追捧的程度。但与此同时也贻害无穷，时至六七十年后的当今，许多出版社竟然还在继续不加分辨地重新出版，如 1996 年东北师大出版社出版《清代十大名人家书》，1997 年江苏广陵古籍刻印社出版《清代名人家书》，都是以平襟亚中央书店版本为基础的。甚至像岳麓书社这样的老牌出版社，也在 1999 年将这十本书汇编成《清十大名人家书》出版；外文出版社 2012 年出版《袁世凯家书》乃"清代十大名臣家书系列"之一。诸如此类，不一而足。这种情形的出现，致使我们无法闭着眼睛胡乱赞美平襟亚编的书有多么成功，而是深深担心平氏时代那种书商的恶习在今日学术界的复活！而确

---

① 刘路生：《袁世凯家书》考伪，载《广东社会科学》，1998 年第 5 期。
② 卞孝萱主编：《扬州八怪考辨集》，江苏美术出版社 1992 年版。

实也有学者在研究中对平氏之伪书信之凿凿,在学术著作中加以引用。

著名历史学家、南京大学教授陈恭禄先生(1900~1966),其实早在1963年写成的《中国近代史资料概述》中,专列"伪家书"一节,指出中央书店等"书坊印行的林则徐、胡林翼、李鸿章、彭玉麟、张之洞家书都不能作为史料。"

也要提一下的是,平襟亚在1949年2月以上海万象图书馆(平氏所办书局)为名,还出版了一本《作家书简》。书中汇集了二三十年代新文学运动时期的74位作家的信札,如蔡元培、陈独秀、鲁迅、胡适、郭沫若、茅盾、巴金、周作人、徐志摩、林语堂、叶圣陶、谢冰心、许广平、丁玲、冯沅君等等。由于这些书札都是以作家手迹影印,所以非常具有文献价值,受到后代学人的激赏。

平襟亚在民国二十四年(1935)还编印了一套"国学珍本文库",因为当时正提倡晚明文学。平襟亚先印了袁宏道的《袁中郎集》,又陆续搜罗《说颐》《小窗幽记》《紫桃轩杂缀》等一二十种,装成一箱出售;因为薄利多销,所以销售市场很好。但平襟亚亦是依然不改旧书商恶习。书的扉页印有广告词"天下奇书廿种",卷首代序的"缘起"后注明"虞山襟霞阁主人藏于中央编译所"云云,其实都是虚言。如其中有一种《珂雪斋近集》,标明"明原刻本",而袁中道(1570~1626)诗文集以此名刊印者,最早为万历四十五年刊印的。平襟亚在提要中称小修文字,乃"缘其论著恣肆无忌,记述昌言不讳,遭当道所禁毁,原版早毁。"而所得此本,乃是托人抄自大连"满铁图书馆","海内仅此孤本",可事实上这个"最全足本",不过是把袁小修诗文集传于世的十一卷本拆分、重编成二十四卷而已。而这套把残本拆解重编而冒充足本的伎俩,都是明清时期书商惯用的。

平襟亚还刊印了一系列著名的古典小说,一概冠以"古本"之名,如《古本金瓶梅》。据郑逸梅先生《出售＜金瓶梅＞之诡秘》一文所透露的信息,大致是北平书商请上海平氏书局代印《金瓶梅词话》,这是当时一种罕见的全本,木板绣像本。平襟亚在印毕后自己又偷偷影印了一百部,悄悄出售,为此还因"风化"问题惹上官司。但《金瓶梅》的市场利润太具有诱惑力,故平襟亚决定据此词话本出洁本,公开发行,这就有了《古本金瓶梅》。施蛰存先生曾在《浮生杂咏》诗中戏嘲当年海上那些书商们手忙脚乱盗版的乱象:

"北来秘籍成奇货,掩护兰陵笑笑生。"

平襟亚的"掩护"之法,就是把秽文"芟汰若干字",在卷首作了一篇《考证》文字,说赵翼曾于袁枚处见一原本云云,然后再伪造了一篇《袁跋》,言之凿凿标明:"时在乾隆四十六年,岁次辛丑,季秋月,简斋袁枚识"。其实都是为掩人耳目,掩盖其"盗版"的行径。作为当年的亲历者,施蛰存先生曾经担任排印《金瓶梅》时的校对,知道当时上海的书商们以"掩护"之法纷纷出笼盗版书的情景,全都不过是盗自那本北来秘籍。平襟亚的《古本金瓶梅》亦以"襟霞阁主"之名由他的中央书局印行，且四年印了四版①。（《金瓶梅的版本与文本》）

第二桩："一折八扣书"风暴

其实，当日平襟亚中央书店所刊印书籍，最引人注目的不是别的，而是出版了一种所谓"一折八扣书"。这是一种全新的出版发行方式，而这种方式在当年的上海滩出版界所掀起的一股风暴，犹如秋风扫落叶般横扫整个行业。施蛰存先生称平氏是出版界的"霸才"，此盛名当是由"一折八扣书"成就的。1966 年，"上海出版文献资料编辑所"在征集出版史料时曾请平襟亚撰写相关史料，平氏就撰有《上海滩上的"一折八扣书"》一文，详细回忆了他的书店刊行这类书的经过。

根据平氏的记述，"一折八扣书"并不是他的发明。在抗战前的 1930 年到1937 年之间：

"有几家规模不大的书店，以极廉价的书籍大量供应给读者，人称一折八扣书，又称标点书。""由于同业间的竞争，借口于薄利多销，逐渐跌价，从二折、一折跌至一折八扣。这一空前未有的大廉价，形成了出版界风起云涌的潮流。"

可见，所谓"一折八扣书"，就是书价在原价一折的基础上再打个八折。"一折八扣书"的出现是小书店为盈利而进行无序竞争的结果，其中尤以"新文化"和"广益"两家书店之间竞争最为热烈，两家书店彼此旗鼓相当，僵持不下。当时两家书店主要以印旧小说为主，虽然出一样的书，而且千本一律的版式，但是"由于价廉，贩卖者有厚利可获，以二折批去，五折六折卖给读者，利润在二倍以上，惊为奇迹。"在同行业很萧条的情形下，只有他们两家日夜装箱打包，"这是书业界空前未有的盛况，也是不正常的繁荣，这事发生于一九三五年。"（平氏《上海滩上的"一折八扣书"》）

这种无序竞争，挤垮了大部分资本薄弱的小书店，当时只有商务、中华、开明、世界等四大书店因为有刊印教科书的业务尚能维持。

有趣的是，"新文化书店"主人樊春霖跟"广益书店"经理魏炳荣，两个人在生意上争得你死我活，但私下交谊却很好，几乎每天会在上海杏花楼一类菜馆吃饭，只是两人彼此心照不宣，从不谈业务上的事。吃饭时，平襟亚与世界书局的经理沈知方常常作陪，却忍耐不住要扯到业务上去。针对两家为了降低成本，粗制滥造日益严重的情形，平襟亚提出应针对读者对象加以改善。平氏提出四大改进意见，除去关于标点和字体要求的两项外，另外的两点，一是说书中每一回要附插

---

① 《明清小说研究》，中国文联出版公司出版 2004 年版。

图,封面改成彩色的。二是要精校,减少错字。但是樊春霖和魏炳荣二人虽然都认为主意很好,可要另起炉灶重置纸型,不仅所需资金太过庞大,且历时太长,故坚决放弃。

说的,听的,当时只有一个沈知方真正往心里去了。沈氏看穿"新文化"和"广益"两家书店积重难返、不愿另起炉灶的弱点,就极力鼓励平襟亚自己来干:

"由你来革他们的命,另出一套新书。"

沈知方是个从小伙计干起来的书商,摸爬滚打数十年,是出版界的人精。他从成本精算角度,估计两家还有一定的利润空间,故两家在"一折八扣书"的基础上极有可能会跌进一折以内,提醒平襟亚要注意自己印书时的成本。但平襟亚更担心的是没有偌大的资金来印行大量书籍,沈知方就指点他不妨"借鸡生蛋",学商务、中华书局的办法,让外地书商"预约定货,先付十分之五,到交货时付讫。"这样,从1936年开始,平氏就着手按照自己的设想开始印书。书的定价与广益等两家一律相同,但是又作了如下规定:

"凡预约定印者作为基本户,依照各书定价一折计算,定印时先付七成,余待出书时全数付清","非预约户批价二折,出书时先尽预约邮寄,得享优先的权利。"

而当七百多家书店老板在不同的地点、不同的时间,看到同一种既精美、又价廉的样书时,书商们便争先恐后向中央书店大量预定。而且平氏还规定:"每种书预约定印满一千部者,得印上他们的牌号",这无疑是免费给各地书店老板自己的书店做了免费广告宣传,于是各家经销书店的定单数额每种"总在一千二千部".短短一个月内,收到的预定款就达到10万元以上,平襟亚就用这笔钱作为印造的流动资金,日夜赶排赶印,在三个月内出版了一百多种书,而以后的四个月里,又继续出版了二百多种。平襟亚算了一笔账,出版这三百多种书:

"合计印造的成本在二十万元以上,而我店却没有动用分文资金,这真是个异数!"

就在平襟亚喜不自胜的时候,"新文化"、"广益"两家书店惨淡经营,即便批发价降至一折以内,也罕有人问津,最后终于落败。自此以后,市场上的"一折八扣"书,几乎就是平氏横扫天下、独霸江湖的局面。缘此,平襟亚赢得民国期间上海出版界"霸才"之名。

林语堂先生在出版以明版《瓶花斋集》为底本的袁中郎的诗文集时,同样被平氏价廉物美的"一折八扣书"之《国学珍本文库》挤垮,而且平襟亚辈是有意"挤兑"这个"大师"。但林语堂先生还是很公允地评价平襟亚,及其"一折八扣书"的地位和价值。他一方面批评出版界的正规书店之出书越来越贵的怪现象,一方面很赞许平氏"中央书店"这类价格低廉的读本对普及经典方面所做出的贡献。

　　林语堂先生认为，《人间世》等报刊时正热烈鼓吹晚明小品，"中央书店"的《国学珍本文库》等丛书，正是为读者提供了阅读文本。其次，这些丛书专搜禁书珍本，远非那些单纯翻印赚钱者可比。而从价格言，《国学珍本丛书》二十来种书，仅售六元。且从排印质量上讲，这套书用楷书铅字排印，字迹清楚醒目，内容上则言"娱"言"致"都恰当，即既有趣味性，又满足追求性灵的雅致。林语堂先生尤其对"中央书店"所出的卫泳编的明末文选《冰雪携》，和涨潮的《幽梦影》，极为称赏，言"是极好的东西""实千古佳作"云云。甚至，林语堂先生在自己的文章里用很大篇幅，不厌其烦地过录当时"一折八扣书"的书目及价格：《饮冰室全集》5角，《随园诗话》3分，《龚定庵集》1角8分，《郑板桥集》3分6厘，《徐霞客游记》1角6分，《孟子集注》7分，《十八家诗钞》4角5分等等①。

第三桩：《万象》最好的小资时光

　　平襟亚的"一折八扣书"盛销了四五年后，到1940年左右由于侵华日军对上海的控制和封锁，交通运输被阻断，纸张来源也断绝，所以这样薄利多销的出书业就难以为继，"一折八扣书"就在日寇的资源封锁下落下了帷幕。

　　在上海沦陷后，平襟亚改弦更张，从1941年7月起，开始创刊出版一本综合性文化月刊《万象》，这是从孤岛时期一直到沦陷时期，上海滩上一本最受欢迎的杂志。平襟亚跟第一任主编陈蝶衣、第二任主编柯灵一起，共同创造了一段被后人称为"最好的小资时光"，让人怀念不已。这本让后人久久萦怀的杂志，从它存世的短短四年时间里，经历了两任主编及其相应的两个时期："陈蝶衣时期"和"柯灵时期"。

　　1.《万象》的"陈蝶衣时期"

　　这是从1941年7月起一直到1943年4月为止，这是一个"旧文学"时期，主要由老派文人营造的一个气息氤氲的时期。"鸳蝴"派陈蝶衣在入主《万象》前，已然是上海滩文娱界的"风云人物"了，他不仅在1933年即创办了第一张娱乐报刊《明星日报》，还成功策划了海选电影皇后的活动。在那次由普通市民共同参与的大型活动中，成功选出了第一位电影皇后胡蝶，而且借助这次成功的策划，带动了他的《明星日报》也大卖。所以平襟亚办《万象》时，第一个想到的就是请陈蝶衣加盟。陈蝶衣思想新潮开放，以"包罗万象"、容纳百家为办刊理念，不仅请来郑逸梅、张恨水、程小青、周瘦鹃、包天笑等老牌报人和"鸳蝴派"代表作家写稿，还邀

---

　　①　钱谷融主编：《林语堂书话》"论翻印古籍珍本书"对民国时期各大小书店翻印古书作了评述，浙江人民出版社2000年版。

来电影界的徐卓呆和自称"野猫"的侦探小说家孙了红等加入。此外,陈蝶衣声称自己最最喜欢"陌生名字",于是特别鼓励朝气鲜活的大学生在杂志上发表作品,故当时还是上海交大电机系学生的黄裳,他的那种多才又多情的文字,正是从陈蝶衣手里成长起来的。

"陈蝶衣时期",是《万象》的黄金时期,陈蝶衣那种把通俗、新潮、怀旧、知识等诸元素熔铸在一起,并把商业性、趣味性和文化性调适到恰到好处的才能,体现了老一代杂志人那种渊博、从容、融汇的知性气质,这也使得《万象》杂志销量一路走高,最火的时候一期刊物再版达九次。后来,由于发行人平襟亚与陈蝶衣之间的经济纠葛,导致陈、平两人最终的分道扬镳。1943年的年初,陈蝶衣在做完四月号便彻底离开了《万象》。

陈蝶衣离开平襟亚,意味着《万象》前半期"小资时代"的结束,从以后的发展来看,这对《万象》、对陈自己都不见得是坏事。1944年以后,陈蝶衣又因另一种机缘走进流行乐坛,成为一代歌词大王,一生写歌3000多首,唱红了当时的周璇、姚莉,又隔空唱红了后来的邓丽君、蔡琴,甚至超女李宇春也因唱陈蝶衣的《我的心里只有你没有他》而一炮走红。

2.《万象》的"柯灵时期"

在陈蝶衣与平襟亚最终因经济问题一拍两散,陈蝶衣拂袖而去后,平襟亚只得自任1943年的5月和6月两期编辑。后来在当时人称"江南第一支笔"的唐大郎帮忙下,聘来了柯灵做主编。大朗的母亲是常熟钱谦益的后人,跟平襟亚也算半个老乡。这样,《万象》进入了后半期的"柯灵时期"。

柯灵是1943年7月正式接手《万象》主编的,直至1945年初《万象》停刊。在进入《万象》前,柯灵写过剧本,编过明星杂志,还主编过《文汇报》副刊《世纪风》,思想上较为激进,这使得在他入主后的杂志面貌有很大的改观,从内容到形式均逐渐脱离原来的旧文人格调,向新文学方向靠拢,凸显一种新文人的文艺品格。柯灵利用他在电影界、戏剧界和报刊界的广泛人脉,几乎把现代文学史上的著名作家全都网罗进自己的作者群中,海上名家如王统照、师陀、李健吾、唐弢、傅雷、楼适夷、许广平、夏丏尊等等,内地作者如沈从文、施蛰存、丰子恺、端木蕻良、吴祖光、丁玲等等,都是当年《万象》的撰稿人。当时风头正盛的新进作家张爱玲也在杂志连载小说。

有人说,一本杂志的风格,其实并不在于写手的不同,而是在于既定的方向和业已养成的气质。这话有一定的道理。显然,《万象》的读者并没有因为主编和写手的差异,而对它产生隔膜。确实,柯灵在给杂志注入清新气息的同时,并非生硬地割断文脉,他仍然保留了张恨水的言情小说和孙了红、程小青的侦探小说,还有郑逸梅高古清雅的杂谈;甚至柯灵还专门辟出"卅年前上海滩"的专栏,让范烟桥、包天笑、平襟亚等,写"鸳蝴"作家在往昔岁月里的逸闻趣事。

陈蝶衣时期的《万象》,曾被一些激进的言论斥之为有闲阶层的消遣读物,这显然是片面之词。早在《万象》1942 年 5 月号的《编辑室》里,陈蝶衣就已经开宗明义表达自己的办刊理想:希望打破这出版界的沉寂空气,为上海文坛保留元气的一脉。此外,《万象》那种现实关注的精神其实是一以贯之的。四十年代的上海小说界,曾流行"故事新编",而《万象》发行人兼撰稿人的平襟亚,就以"秋翁"、"网蛛生"的笔名在每期杂志上发表文章,写了很多托古讽今的文字,旧瓶新装,矛头指向的是现实民生苦难和时下丑陋的现景。陈蝶衣非常赞许平襟亚的这类文章,说:

"秋翁先生的一枝笔,就妙在能抓住现实,予以有力的讽刺。"

"柯灵时期"的《万象》,其走向则又在柯灵的轻轻一拨之下,从旧文人的趣尚格调,更偏向文艺知性的一面;从"鸳蝴派"的"啼笑因缘"、款款深情中走出,走向"国难小说"的现实关注和批判,并在沦陷区文化政策的严格控制下,委婉曲折但不屈不挠地表现出一种历史和民族的责任感。

正是这种政治上的鲜明倾向,柯灵曾两次被日本宪兵逮捕,一次是 1944 年 6 月,一次是 1945 年 6 月,原因是《万象》的游记栏目"屐痕处处",写大后方和沦陷区的情况,暗喻日本军队的暴行,受到日本宪兵的怀疑。柯灵被捕期间,《万象》就只能停刊。发行人平襟亚也被日本宪兵抓进了监狱。平襟亚的被捕,是因为他的中央书店在 1937 年的时候曾出版了一本张正宇编的《漫画名作选》,其中两幅漫画很敏感,一幅画的是《龙灯图》,画了日人正在耍龙灯,龙灯是溥仪。另一幅《膝下图》,画一日人抱着中国孩子,孩子是溥仪。日本宪兵逼他承认抱溥仪的是日本天皇。可见,翻旧账把平襟亚抓进去的意图,是要剪灭中国人的反抗意识,是要中国人在意识上承认日本人创建东亚皇道乐土的"善意"。

最后平襟亚被科罚了巨款后方才出狱,这段经历在平襟亚后来所写的《秋翁杂忆》之《敌宪兵队二十八天》中有本末记载。平襟亚既担心再被牵连,又加上纸价飞涨,于是在 1944 年底宣告停办《万象》。但 1945 年 6 月《万象》还出了本年仅有的一期,那是沈寂借平襟亚的登记证号出的。

1996 年,刚刚从《读书》总编位子上退下来的沈昌文先生,约了海派的陆灏、陈子善和辽宁出版社老总俞晓群在上海的一间咖啡屋相聚。在这样一个适合怀旧的氛围里,大家围着几本平襟亚的旧《万象》,一起追怀那个曾经众星环拱的岁月,沉浸在曾经的那种气息里。1989 年,历经三年的努力,由沈昌文指导、陆灏主编、俞晓群发行的新《万象》终于复刊了。四十五年后的海派文人,依然念念不忘《万象》,依然希望能一如既往安静地延续一种悠长的文脉。

第二章

平氏叔侄与张爱玲的因缘

　　常熟平氏两代人中,出了平襟亚和平鑫涛两个声名卓著的出版家。平襟亚的"中央书店"和《万象》杂志,曾经在民国时期的上海滩独霸一方天地。尘埃落定之时,平鑫涛在另一座孤岛台湾,开始了他艰难的出版生涯。若干年后,《皇冠》杂志及"皇冠出版社",如一段"传奇",上演了五十年而不衰。平襟亚是平鑫涛的堂伯父,在他们的出版生涯中,两代人都与张爱玲有着一段"不了情缘",其中的巧合和宿命,直让人怀疑人生。

一、平襟亚与张爱玲:冤有头债无主

　　平襟亚跟张爱玲相识,是在办《万象》期间。但从平襟亚的文字记述可知,他在见到张爱玲之前就已经熟知这位当时正冉冉升起的明星。平襟亚说:

　　"从她《第一炉香》、《第二炉香》起家的当儿,便追随我友瘦鹃兄之后在本报一再揄扬。"①

　　《沉香屑——第一炉香》是张爱玲的处女作,1943年发表在"鸳蝴派"老大周瘦鹃的《紫罗兰》杂志上。周瘦鹃很看好这位年轻的女性作家独特的言情路线和笔墨文字,极力揄扬,平襟亚是周瘦鹃的好朋友,所以也一起帮忙鼓吹。但平氏与张爱玲正式见面,则是在柯灵入主《万象》之初;而柯灵首次知闻张爱玲,也是读了《第一炉香》的缘故。正当柯灵烦恼于"青鸟无从为探看"之际,张爱玲却像天使一样自己站在了书店门口:

　　"那大概是七月里的一天,张爱玲穿着丝质碎花旗袍,色泽淡雅,也就是当时上海小姐普通的装束,肋下夹着一个报纸包,说有一篇稿子要我看一看。"(柯灵《遥寄张爱玲》)

　　柯灵眼里惊艳的一幕,在老江湖平襟亚看来实在平淡无奇:

　　"记得一年前吧,那时我还不认识这位女作家,有一天下午,她独自捧了一束

---

　　① 秋翁(平襟亚笔名):《记某女作家的一千灰钿》,载《海报》,1944年第19期。

原稿到'万象书屋'来看我,意思间要我把她的作品推荐给编者柯灵先生,当然我没有使她失望。第一篇好像是《心经》,在我们《万象》上登了出来。"(平氏语 同上)

平襟亚冷眼旁观里的描述,带着几分老江湖的精明和自傲。

《心经》是张爱玲与《万象》结缘的开始,小说发表时还附有张爱玲手绘的插图。这以后,张爱玲似乎很信任平氏,拿出自己积年未发的小说《倾城之恋》、《封锁》、《琉璃瓦》等,商量着请平氏出一本小说集。平襟亚接下了张爱玲的原稿,但是两个人却在所抽版税上没能谈拢。据平氏描述,是张爱玲要求太高,先是要求平氏包销一万册或八千册,其次要求版税先抽,一次性预付清楚。这让平襟亚很为难。平氏是在出版界摸爬滚打三十年的老江湖,在他看来,眼目前这个"饭都没有吃的时代",除非有本事"凭籍特殊势力按户压买外,简直没有包销多少的本领。"(平氏语 同上)平氏的想法是有道理的,因为他首先是个书商,他得考虑自己的"生意眼"。最后,平张二人合作出书的事情就不了了之,平襟亚把原稿全数退还,只留下一篇《琉璃瓦》刊载在《万象》上:

"同时,怕她灰心写作,约她在我刊《万象》上面写一篇连载小说,每月写七八千字。"

平氏这段描述,让人忍俊不禁,字里行间颇有点为自己粉饰的嫌疑。因为,从张爱玲跟平襟亚谈"生意眼"所提出的高要求来看,当时的张爱玲对自己的身价以及自己小说的出卖行情不仅非常看好,而且是自信满满的。倒是当时的《万象》,正是柯灵刚刚接手时期,很希望有这样一位声名鹊起且是女性的作者为杂志写稿,所以这就有了向张爱玲约稿的事,于是乎也引出了平氏跟张爱玲之间的一段公案,两个人你来我往,打了一场热闹的笔墨官司。

先说平襟亚约张爱玲为《万象》写连载小说的事。按照双方约定,张爱玲每月写一万字在《万象》上连载,杂志方则每月给予1000元稿费,稿费以预付形式支付,即先给钱,后交文,这就是张爱玲在《万象》上发表的连载小说——《连环套》。但是小说在连载了六期之后,张爱玲却断稿了,不再续写。其中原因颇令人议论纷纷,有许多个版本。

一个版本是说源于傅雷先生的严厉批评。

在《连环套》连载之时,《万象》同时刊发了傅雷以"迅雨"笔名所写的长篇评论《论张爱玲的小说》,文中凌厉地批评了《连环套》的缺点,所以就传闻张爱玲一怒之下就来个釜底抽薪,断绝给《万象》供稿,导致杂志老板跟作者之间的纷争。那么傅雷这篇长文,到底是如何"骂人"的呢?

傅雷先生的这篇文章,平心而论,是一篇态度公允持平的文学评论,之所以这么说,是因为这是傅雷先生对张爱玲的业已面世的小说的全面评述。文章首先讨论的是《金锁记》,傅雷先生给予这篇小说以很高的评价,认为张爱玲在曹七巧的形象塑造上丝丝入扣,非常成功,并且小说的"结构、节奏、色彩,在这件作品里不用说有了最幸运的成就。"尤其赞赏小说在人物心理分析方面的技巧:"她利用暗示,把动作、言语、心理三者打成一片。"而小说所呈现的总体风格,也让傅雷先生赞不绝口:

"新旧文字的糅合,新旧意境的交错,在本篇里正是恰到好处。仿佛这利落痛快的文字是天造地设的一般,老早摆在那里,预备来叙述这幕悲剧的。"

但接着在对《倾城之恋》的批评中,傅雷先生的褒扬言辞就少了许多。他认为,张爱玲在本篇人物的思索上显然不够深刻,"并且作品的重心过于偏向顽皮而风雅的调情"。傅雷先生很严肃地指出:"平凡,并非没有深度的意思",言下之意,显然是不满张爱玲小说流于浅易浮薄的倾向。所以,到了批评《连环套》的时候,就直言:

"《连环套》的主要弊病是内容的贫乏。已经刊布了四期,还没有中心思想显露。"

甚至,在语言的使用方面,张爱玲偷懒到了沿袭旧小说的套语,傅雷先生严厉地批评这种敷衍了事的倾向,说这是在"鸳蝴派"和"黑幕派"小说手里都觉得恶俗不用的技法了,并深为张爱玲这样一位出手不凡却随之越来越堕入"取悦大众"、"开倒车"的情形担忧。文末,傅雷先生意味深长地说:

"文艺女神的贞洁是最宝贵的,也是最容易被玷污的。爱护她就是爱护自己。"

可见,傅雷先生此篇长文,是一位严谨的学者之严肃的文艺批评,是以行家的眼光和视角,发现张爱玲小说的异彩和败笔,并语重心长地希望年轻的女作者能珍惜自己的才华。

这篇最早的对张爱玲的小说进行文艺批评的文章,被今天的学人誉为张爱玲批评的经典文章之一。

如果张爱玲是因为不能容忍傅雷先生这般严厉的批评而"撂挑子",那么真的是太过年少轻狂。而若干年后,张爱玲在自己著作的《自叙》中,坦言当时确实是自觉写得太糟,亦感到写不下去,只好自动腰斩。余彬先生在写《张爱玲传》的时候,认为虽然张后来如此这般承认了,但在当时张至少在公开场合对《连环套》之糟糕是不认账的。这样的判断有一定的道理。当年,张爱玲其实在《语林》上曾有一段解释:

"我觉得这样一期一期地赶,太逼促了,就没有写下去。"(《不得不说的废

话》）

把这前后两段话联系起来看,大概,张爱玲其实对傅雷的批评是听进去了,只是当年死要面子不肯说出口,时过境迁之后承认错误就容易多了。

另一个版本就是"一千灰钿"的典故。

张爱玲不再给《万象》写稿,造成了连载的《连环套》"腰斩"。不久,平襟亚便在《海报》上以秋翁之名发表了一篇《记某女作家的一千灰钿》(《海报》1944.8.18、19)的文章,文中对张爱玲的不满昭然若揭:既说到张爱玲想要出书却又狮子大开口,又是要包销巨数,又是要预支版税;又说到张既答应给杂志写稿,却又不断要求增加稿费;不增加稿费,就自说自话减少文字,最后径至断稿;最后甚至拿了一千块预付稿酬却不写稿。牵牵连连,旧恨新怨加起来,就集中在"一千灰钿"上爆发。

平氏的文章发表以后,有推波助澜帮腔的,也有替张爱玲分解的。平张二人也你来我往,费了不少口水。最后《语林》的编者钱公侠出来打圆场,称"秋翁先生为文化界前辈",而张女士"其文章又为编者所倾佩"的:

"故深信此一千元决为某一方面之误记,而非图赖或有意为难,希望此一桩公案从此不了了之,彼此勿存芥蒂。"(《语林》第一卷第二期)

钱公侠一面"捣糨糊",一面把两个人的文章:张爱玲的《不得不说的废话》和平襟亚的《"一千元"的经过》在同一期上编发,以作为二人各自对事件的声明。可是这两篇文字依然是公说公理、婆说婆理,钱氏双手同时奉上,自己抽身是非之外,也算是谁也不得罪的圆滑,而这场官司端的是"冤有头,债无主"。不过,钱氏打圆场的一段编者按语,有两点是说得对的:第一,肯定是某一方误记了;第二,双方肯定都没有图赖或有意为难的意思。

平心而论,"一千灰钿"的公案,私下以为倒是平襟亚借题发挥的成分多些。冒昧揣测个中原因,先是张爱玲为出书之事表现出来的傲慢态度和苛刻要求,让平氏心里大为不快;继之,张爱玲在《万象》连载小说时开价高且不断提出增加稿费要求,平氏认为稿费试图高过那些老辈作家,不止不行而且无礼,这是二不快;接着张爱玲以不增加稿费就以减字来"怠工",平氏为不致杂志"断档"只得心不甘、情不愿地隐忍下来,这是三不快;直到张爱玲自说自话单方断稿又不作说明,造成《万象》杂志很被动的局面,编辑室不得不连续两期向读者一再解释。——如此一来,就彻底惹翻了平氏,平氏就借那一千元稿费之事借题发挥,以"没法给读者交代"的堂皇理由而发泄积久的不满,而且言语之间颇为刻薄。因为,所谓"灰钿"的说法,是沪上俗语,原本指赤佬(鬼)作祟,买点锡箔折成纸锭,焚化给小鬼以求平安;把好好的钱买了锡箔烧成灰,这花的钱就叫"灰钿"。所以,凡是不应当花的冤枉钱,在沪上俗语里都可以叫"灰钿"。可见,平氏以"一千灰钿"来骂张爱玲,着实不太像文坛前辈的胸襟,纵然确实是张爱玲误记,则平氏也不该如此促狭。甚至平氏还把张爱玲及其小说,编派进自己的小说《红叶》里,影射调侃不一而足,那就更不厚道了。

怨毒之深,平襟亚的肚子里,其实还藏着一段不足为外人道的隐情,那就是被他拒绝的张爱玲小说集。两人因包销、稿费等问题谈不拢,张爱玲拿回稿子,转身给了《杂志》的老板,很快以《传奇》之名出版,出版后旋即引起热销,一版再版。这时的平襟亚大概肠子都悔青了。私下妄议,以写手和书商出身的平氏,或太过精于成本核算和眼前利益的算计,这不仅使得他的《万象》与陈蝶衣的合作没有善终,也让他失去了张爱玲及其《传奇》。

二、平鑫涛:再携手,五十年情缘是传奇

平襟亚与张爱玲为"一千灰钿",在20世纪40年代的上海滩,闹得沸沸扬扬。二十年后的60年代,平襟亚的同族侄子平鑫涛与张爱玲却携起手来,开始了长达30余年的友谊。平鑫涛在记述这段"因缘"时,深有感情地写道:

"年轻时期的张爱玲和我堂伯平襟亚先生的《万象》杂志结下深厚的文学之缘,而后又和'皇冠'合作,前后五十年,与两个平氏家族的出版事业紧密携手,这样横跨两代的渊源,也许正如她第一本书的书名一样,可说是另一则'传奇'吧。"(平鑫涛《逆流而上》"结缘张爱玲")

在平鑫涛的这段话中,我们感兴趣的是他对"上一代恩怨"的表述。当年的那场无头官司,在平鑫涛眼里俨然成了"深厚的文学之缘",不禁让人感叹时间掩埋一切陈迹的力量。不过,在平鑫涛的回忆文字中,还特别提到平襟亚的女儿平初霞的一段追述,平初霞提到在自己的印象里,当年张爱玲是她家的常客,特别是平襟亚因出版讽刺漫画得罪日本人,被日本宪兵抓进监狱后,常见到张爱玲到访:

"为愁云惨雾的家庭带来许多温暖的友谊。在初霞的印象里,张爱玲一直是个又漂亮又可亲的大姊姊。"

以张爱玲一贯的为人和做派,张以彼种"平易近人"的温暖形象示人,那不像是张爱玲的风格,所以颇疑惑这段文字的真实性,或者说是张爱玲留在年轻的平初霞心里一个颇为主观的印象。那么退一步,我们如果假设平初霞的记忆没有出错的话,则在张爱玲的心里,跟平襟亚的"公案"确乎早已了结了。另外,还有一件事情或也可以佐证这点,那就是后期《万象》的主编柯灵曾经两次被日本宪兵逮捕。第二次被捕后,张爱玲曾主动询问情形,并请求胡兰成出面救援。张爱玲是不愿意欠人人情的,直接对柯灵也罢,间接对平襟亚也罢,总之在她的心里,似乎

跟《万象》的过节因此也可以释然了。

　　《皇冠》：张爱玲一生文字的归宿地。

　　平鑫涛与张爱玲的结缘，既有上代人累积的"因缘"，也有第三者(宋淇)的牵线搭桥，但对于彼此来讲，那种际会不啻是"在对的时间，遇见了对的人"。1966年4月，张爱玲的小说《怨女》在平鑫涛的《皇冠》杂志连载，而后出版单行本。这件事对张爱玲和平鑫涛来讲都意义重大。这部小说是张爱玲早在1959年底就写成的，张试图卖给美国的出版商，但都遭到了拒绝，这严重打击了张爱玲的自尊和自信。自从移居美国后，生活颠簸，稍稍有了安定后，才开始定下心来继续自己写文卖文的生涯，但《怨女》的被拒绝，让她陷入一度的绝望之中。所以，当平鑫涛的出版社热情接纳《怨女》时，这对张爱玲来讲无疑是福音。而事实上，也确实是张爱玲"转运"的开始。同年，小说《怨女》又在香港的《星岛日报》上连载。1967年，此小说又在英国以《北地胭脂》之名出版。而以这部小说的出版为标志，张爱玲又开始走到台前，成为华文世界的风云人物。特别的是，在1966年的年初，张爱玲的代理人宋淇，就跟平鑫涛的皇冠出版社签订了一份《委任授权书》，把张爱玲著作在全世界任何地区的出版发行权的权限，全赋予了平鑫涛及其《皇冠》。这也是皇冠事业转型拓展的一个关键之举。

　　从《怨女》开始，平鑫涛的皇冠出版社接连不断出版了张爱玲的一系列著作。张爱玲完稿于1951年的旧作《十八春》，改名为《半生缘》，也由皇冠出版社出版。平鑫涛说：

　　"我们与张爱玲，展开了长达三十年的合作情谊，及至一九九四年六月《对照记》问世，共出版了十六部著作。"

　　这是一种互相扶持依存、互相信任的关系。而到《张爱玲小说集》的出版后，台湾的"张爱玲热"已经阵势很大了。不仅有一批学生、市民组成的"张迷"，还有一群学者、作家组成的研究者，这是张爱玲最愿意最喜欢看到的情景。张爱玲表面上是个喜静不喜闹的人，像林黛玉一样，但内热外冷。晚年的她，与参与热闹相比，虽"不如向、帘儿底下，听人笑语"，但还是喜欢隔着重帘看外面跟自己相关的热闹。

　　平鑫涛的"皇冠"，让张爱玲免去了四处卖文的苦恼和尴尬，年纪愈来愈大的张爱玲显然已经没有了当年找平襟亚出书时的那种锐气和张扬。她似乎很信任平鑫涛的"商业道德"，出版社源源不断付给她的版税，虽然不是很多，却是她唯一稳定的收入，已经足以让她的生活有了保障，可以安享宁静和孤独。张爱玲很知足。

张爱玲在美国的好朋友不多,夏志清是其中之一。1995年张爱玲去世,夏志清写文祭奠,其中写道:

"张爱玲这几年来校阅了'皇冠丛书'为她出版的'全集',并添了一部《对照记》,把所有要流传给后世的自藏照片,一一加以说明,等于写了一部简明的家史。"(夏志清《超人才华,绝世凄凉——悼张爱玲》)

从平襟亚的上海"中央书店"拒绝为张爱玲出第一本小说集《传奇》,到张爱玲把平生全部的文字都交付给平襟亚的族侄——台湾平鑫涛,一直至"家史"小说《对照记》,这横跨两代人的因缘,岂止是"传奇"。而从另一个角度去看,张爱玲也成全了平氏家族两代人的出版事业!

《小团圆》:张爱玲死后的热闹谁喜欢。

张爱玲在1995年去世。

已经在公寓死去六七天的张爱玲,一袭旗袍,瘦削而安静地躺在墙角一张行军床上,无声无息。

晚年的张爱玲离群索居,很少见人,即便像夏志清一般的好友,也见面寥寥。她跟外界的联系,除了电话,最常用的还是那种古老而永恒的方式——书信。就连平鑫涛在出书事宜上跟她的联系,也是通过她居处楼下的便利店,将信件传真过去,等到张爱玲下楼买东西时去取。张爱玲回信的时间,就决定于张爱玲下楼购物的时间间隔,或者有的时候张爱玲根本就没有回信。这不禁让人联想,平鑫涛接受了一个人用毕生心血凝写成的全部文字,却从没见过这个人,这到底是一种怎样的情境?

1995年,张爱玲去世了。同年宋淇也去世。平鑫涛就成了张爱玲著作合理合法的代理人,并在2003年发布了自己的皇冠公司获得所有权益的《版权声明》。

2009年,宋淇的儿子宋以朗与平鑫涛一起,把张爱玲最后的一部自传体小说《小团圆》出版。

《小团圆》的面世,让已经逝去的张爱玲又一下子热得发烫。这本自传体小说,俨然成了好事者和研究者不约而同倒根寻源的"原始材料",不遗余力地挖掘着张爱玲生前的各种本事。

一袭旗袍、无声无息离去的张爱玲,喜欢这身后的热闹吗?

《小团圆》最早写于二十世纪70年代,是张爱玲用英文撰写,约有23万字,原名《易经》。《小团圆》一稿完成后,张爱玲曾说:

"这是一个热情故事。我想表达出爱情万转千回,完全幻灭了之后,也还有点什么东西在。"

从这段话里,似乎书写成当时,张爱玲很想让小说留给后人一点什么。于是在美国寻找出版机会,但最终没有找到。这些都是宋淇之子宋以朗在整理张爱玲书信时发现的。接着下来,张爱玲跟平鑫涛有了近三十年的愉快合作,可是张却一直对小说保持缄默、讳莫如深。到 1992 年时,张爱玲给宋淇写信,明确表示:"《小团圆》小说要销毁。"

可是,令人费解的是 1993 年时,张爱玲又开始重写《小团圆》。据平鑫涛所言,小说准备在 1994 年《皇冠》四十周年庆典时跟《对照记》合集出版。但是不久,张爱玲又去信取消了计划:"《对照记》加《小团圆》书太厚,书价太高,《小团圆》恐怕年内也还没写完。还是先出《对照记》吧。"

随后,张爱玲在得信《对照记》很快出版时,或者受到鼓励,又给平鑫涛去信,表示一定尽早让《小团圆》完稿,并说这次一定不让读者失望了。如此云云,似乎下决心要让《小团圆》面世了。

可仅仅过了两个月,张爱玲又变卦了,告诉平鑫涛说,小说在 94 年初决计不能完稿,并让平鑫涛别把这事放在心上。也就是说,不让平鑫涛把《小团圆》列入出版计划。于是,《对照记》单行本在 1994 年出版,而《小团圆》则到张爱玲去世时也没完稿。

在《小团圆》的出版上,张爱玲如此这般的反复无常,所以很怀疑她后来是否是不主动完稿,最终打消了出版《小团圆》的念头? 至少《小团圆》是没有改完的。而修改原稿,则意味着她并不愿意以原稿的样子示人。出版未完稿,斜拖半副衣襟示人,这似乎也不像是张爱玲的意愿吧? 当年腰斩《连环套》,若干年后,张爱玲在时过境迁后承认写得不好,留下一部残稿示人。晚年时,改《小团圆》未完,最终也留得一部残稿,可是此生已矣,张爱玲已经没有了机会在时过境迁后心平气和的解释了。

这段公案,着实让人费疑猜。

09

第九篇

荡口华氏：兴义庄和办义学

　　荡口华氏是著名的文化大族，明清两代书香克继，风雅代承，所谓"衣冠诗礼之蝉联，孝友节义之昭著，奕世相承"。华氏一族对于地方文化的贡献，在于"办义庄、兴义学"，这个传统为整个家族子弟代代相承，资助形式由族内济困扶助，推扩为社会慈善救助。特别是荡口华氏兴办义学，直至清末民初转而兴"新学"，延请天下名师，选天下英才而育之，使钱穆先生在八十岁时依然耿耿于心："能网罗如许良师，皆于旧学有深厚的基础，于新学能接受融会""今欲在一乡村再求如此一学校，恐渺茫不可得矣"。

第一章

衣冠诗礼　奕世相承

——华氏家族文化

无锡华氏的主要聚居地在荡口。荡口古镇历史悠长。从古镇的发展历程我们可以知道,古镇的繁兴主要是始自华氏一族的迁入。

从文献记载中可以看出,华氏一族真正的兴盛,是从华贞固开始的。从华贞固开始,华氏宗族方始修家谱,立家训。

从一般意义来讲,编纂家谱,主要是为了提倡亲亲之道,所谓说世系、序长幼、辨亲疏、尊祖敬宗、睦族收族,起着稳固家族和绵延家族的作用。对于传统中国的大家族而言,家学的形成及传承,核心人物非常重要。家族中的核心人物,将起到组织家族文化、培育家族文化的重要作用,并承先启后,保持家族文化精神的连贯性。华氏家族的兴盛过程中,华贞固正是起着如此的作用。

荡口华氏家族的家训,可以概括为:忠厚传家,力行德义。我们考察华氏家族的兴族历史,可以看到这个无锡"望族之最"的宗族立族的根本和兴族的远见。

第一,孝悌忠信,承续孝子遗风。

南齐华宝事父孝行为华氏子孙树立了万世楷模。这种德行的精髓,到元末明初华贞固时,便凝定为一种家族精神,写入家谱,作为家训而传承子孙。

华贞固的祖父是元朝都功德使司都事华铉,但华铉26岁便不幸英年早逝,留下年仅六岁的幼子华幼武,也就是华贞固的父亲。华铉的妻子陈氏,年轻守寡,砥砺节行,辛苦抚养孩子成人。据华氏家谱记载,华幼武在成年后,事母至孝,放弃功名,尽心侍奉母亲。为感戴母亲的辛劳,盖了"春草轩"以奉事母亲,报答母亲的鞠养之恩。

明洪武八年(1375年),华幼武去世,华贞固殡葬父亲,"居倚庐哭,昼夜无时,三年奕奕如也。"这段话是说华幼武为父亲守孝三年,哀苦悲戚,三年如一日。洪武十五年(1382年),朝廷下诏,征召华贞固为孝廉、通经儒生,贞固也推辞不从。

华贞固身体力行,为后世子孙作则。所以,他在《虑得集》中,首先告诫子孙:

"为兄为弟,为子为孙,宜思孝悌忠信,力行礼义以和顺之,则福祉备膺矣。故曰:孝悌通神明,积善来百祥,此之谓也。"

孟子说:"孝子之至,莫大乎尊亲;尊亲之至,莫大乎以天下养。"华贞固谆谆教诲子弟的"孝悌忠信,力行礼义",从小义来讲是一种尊亲睦族的手段,是凝聚家族的精神力量所在;从大义来讲则是一种泛爱众、"以天下养"的大德行为,是儒家伦理架构的精髓所在。而若从功利的角度讲,孝悌积善与"通神明"、"来百祥"之间的关系,本质上就是给族人说明了一个简明的道理:只有团结家族力量,才能有效抵御外来侵害;只有平时多积善行,方能在危难之时遇难呈祥!所以,在每部家族史上,都有类似于家和兴业或善报因果的故事。

《光绪无锡金匮县志》卷二十五记载:华贞固的儿子华兴叔,字仲惇,勤于力田,乐善好施。曾因事而被人诬陷,并与诬陷者一同关在监狱。兴叔推诚相对。不久那人病了,华兴叔反而以德报怨,帮他寻医问药,出钱替那人治病,悉心周到照顾他。诬陷者不禁愧悔交加,坦承:"吾小人也!"

在华氏族谱中还记载着以下事迹:

华贞固的孙子华祯,字守吉,明代弘治中出粟赈民,受到朝廷嘉奖。华祯恳请朝廷移旌祖墓。儿孙做了善事,受到了朝廷的嘉奖,却把那种象征性的荣誉标识"移旌祖墓",这种做法的目的有两个,一是要告慰先祖,而是要激励后世。

华贞固的后代华炯,字文熙,父守方,遗财巨万。华炯平生无他好,惟以散财为乐。凡是朝廷号召助边赈饥,无不积极响应。寻常日子里,则捐衣施药,其门如市。华炯是明代兵部侍郎华钥之祖。

华会通华燧,见水田千亩为湖水所淹,而农户依旧要缴纳粮赋。于是,向县衙具呈,表示愿为民代税,使逋税者都回家复业。另外还发粟二千斛助民筑湖堤,以捍湖水。

这些被载入家谱的人事,与其说是因为他们曾受到朝廷嘉奖或子孙显赫、光宗耀祖而载入家族史,不如说是通过这些家族故事告诉后代子孙一个因果:积德行善,才是带给自身荣耀并惠及家族后代的本根。

第二,务农济物,忠厚持家。

华氏自南渡以来,"世以农田为业"(华贞固《虑得集》)。"力田"是华氏立业的根本。

华贞固受父命迁居鹅湖,开荒辟地,略以经营田产而创立了荡口华氏的最初基业,同时也奠定了荡口古镇的基础。"力田"的家族奋斗史,使得华氏家族在文化品格方面,养习了一种温柔敦厚、踏实勤勉的家族精神。

在华贞固看来,南渡以来的华氏先祖,或者是做微官就辞官休归,或者干脆就退隐不仕,或者不慕荣达而布衣终身,这便是华氏先人对待出处进退的态度。所以华贞固在《虑得集》中谆谆告诫:

"惟愿子孙勤耕纳赋，守分养亲，力行德义。"

华氏子孙要做一个普通百姓应做的事情和守一个普通百姓应守的本分。华贞固的这种思想，大体上是源于谨守先祖的遗德和典范；其次应该是源于一种农耕生活的养习和对农耕文明的传承；再次应该是在元明之际，历经乱世、罹遭灾难之后对安定祥和的生活状态的向往和选择。

明代王世贞在《延祥乡役田记》说，荡口本地"十余万亩无他姓，皆华氏田"。在这片水网交错，鱼肥虾美的土地上，华氏子孙，谨记华贞固"读书习艺，忠勤所事"的家训，敦本尚俭，"克励勤苦"，德业并举。不管是做人还是做官，还是做学问，华氏子孙都能信守"孝悌力田"、勤勉忠厚的家族精神。这其实也是做人的基本准则，同时又是对传统文化精髓的信守。

但华贞固绝不是一个故步自封、抱残守缺的人，这从他立业的过程，可以看出他与普通人有很大不同的地方。这就是他的经营意识。

明代洪武三年(1370 年)三月，华贞固带领家人搬迁到鹅湖，到这年秋天，才垦田数亩，勉强盖起两间茅屋。按照明代的鼓励政策，垦荒可以免粮税。但即便如此，到第二年，一家人的生计还是很窘迫。又过了一年，垦田的数量一下子增加很多，乡邻中看到后有意想要购买的，华贞固就出售一些田亩，"互易为业"。这样就开始了垦田和经营田产的事业。到洪武七年(1374 年)冬天的时候，华家的收获才开始较为丰富了，加上华贞固妻子"躬勤纫绩"，在家里亲自纺纱织布，"数年之间，渐成家业。"到洪武十五年(1382 年)，才开始营建家族祠堂，修葺所居住的茅屋。

华贞固的这种较为通达的思想，跟元代江南的经济文化发展的大环境有关。自南宋以来，江浙沿海的城市经济日趋繁荣，元统治者更是趋近功利，大力鼓励商业。这样的统治思想，就直接导致了两个结果：一是元末江浙地区商品经济高度繁荣，二是给以"崇本抑末""重义轻利"为基本特征的传统文化注入了新的特质。元末大乱，张士诚割据江浙，他实行的仍然是元王朝的统治政策，所以，虽在战乱之中，但江南地区的文化特征并未受到真正破坏。

第四，积财积德，以义为利。

华氏一族累代创业，所积下的田庐产业不少，但经历元末的兵火，这些有形的资产几乎荡然无存，而宗族子孙，不管是贤是愚，尚有幸存。所以，华贞固感慨万端，深深体悟到：

"是知财不足为后世计，德则可致后世绵远也。"

如果子孙能真正懂得修养品德操守，并不断传承发扬，那么对于一个家族的承续来讲，这才是不可估量的。而如果子孙不贤，纵然饶有财物，富甲天下，也没有任何益处，反倒会成为子孙的"累身之具"，纵容他们学坏。所以华贞固说："此吾所以不忧子孙之乏财，惟忧子孙之不德。"如果子孙贤能，那么自然会以前辈先哲为楷模，"以义为利，衣食自当裕然。"

华贞固把这种忧德不忧财的忧患意识写入"家训"训导子孙，便成为一种家族传统，被代代传承下去。所以荡口华氏一族的后人中，大富大贵者有之，做官者有之，经营而饶有财富者有之，但同时也多有兴义学，办学校，既襄助族中子弟者，也能造福乡里民众。所以荡口古镇留存下来的明清古建筑群，不单是"庭院深深深几许"的高门府邸，更有七八座义庄。如此集中的义庄义塾群，在江南古镇中是极为罕见的。

第五，知书识礼，耕读传家。

荡口华氏以垦荒、经营田产起家的。

华贞固在《虑得集》中自述：华氏"至我为第十代。不幸早罹兵火，产业荒废。然而自度盛衰之理，岂有积而不散者乎？"辛勤置业的经历，使他深深懂得"成立之所以难，稼穑之所以艰，念吾之所以不易。"高攀龙在《重刻虑得集序》中说：

"昔者圣人曰：'人无远虑，必有近忧'。是故，饮酒而旨之，惕然曰：'后世必有亡于酒者。'见色而悦之，惕然曰：'后世必有亡于色者。'谓其可欲也，凡人之所欲，未有不足，以杀其身而亡其家国者。圣人虑之于远，故得之于近；虑危而得安；虑乱而得治，虑亡而得存，推此类也。""惕然而虑，皆理也。欲动而虑止，则得失之分而安危存亡治乱之几也。是故先生之训其子孙者，总其要而示之曰礼，又提其要而示之曰虑。虑以明诸心，礼以守诸躬。"

"虑危而得安，虑乱而得治，虑亡而得存"，高攀龙指出了华贞固在《虑得集》中体现出来的忧患意识。"千虑一得"，这既是在乱离年代，对家族兴业的甘苦的总结，也是为家族发展长远计的远虑。

古人有云："慎终追远，民德归厚矣。"中国人重孝道，最根本的是讲求慎终追远，饮水思源，不忘血脉传承，不忘祖宗先人，更牢记家族传承的精神。

华氏一族中读书种子始终不绝，有着浓郁的人文气息。历数明清两代荡口华氏一族所出进士，书香克继，风雅代承，宗族遂"衣冠诗礼之蝉联，孝友节义之昭著，奕世相承"。历六百余年的繁衍发展，华氏逐渐衍为荡口的望族。

第二章

"承先睦族薄云天"

——鹅湖义庄文化

悠长的北仓河缓缓流淌,两岸的江南传统民居粉墙黛瓦,宛如低眉顺目的小家碧玉,贞静而恬淡地伫立在水岸边。在北仓河沿岸的深巷里,还明珠一样散落着许多明清建筑,它们像独善其身的高逸之士,在一个个幽静之所默默地守持着一种精神。这些古建筑大多是华氏家族的遗存。这些遗存,构成了荡口"义庄文化"的主体。

荡口华氏在迁徙之初,"力田治生",拓荒垦田,以经营田产为主。其后,逐渐儒商并举,在镇上营造铁木作坊,开设饭铺、茶楼,交易农副产品等等。至明嘉靖年间,华贞固的六世孙华察中进士,官居翰林院侍读学士,掌南京翰林院事,尝赐一品服出使朝鲜,荡口华氏也因此门庭显赫,陆续在镇上大兴土木,盖建"牌楼墙门"、"御赐墙门",高宅深院,鳞次栉比。华察被乡里称为"华太师"。今日荡口古镇所拥有的明清古建筑群,如华氏始迁祖祠、三公祠、华氏老义庄、华蘅芳故居等等,大多是华氏后裔在明清时期陆续兴建的,时至今日,物华天宝,遗韵犹存。

在荡口古镇,特别引人注目的是北仓河沿岸散落着的众多义庄,有华氏老义庄、华氏新义庄等八大义庄,一座座朴实敦厚的义庄。这就是鹅湖的义庄文化的基本命脉。

江南地区是义庄的发源地,我国历史上第一个义庄——北宋范仲淹所创立的范氏义庄,即诞生于苏州。自此以后,江南地区的义庄设立连绵不绝,成为义庄最为发达的地区之一。华氏家族在兴起的过程中,有一件历代相承的家族大事,那就是兴建义庄。荡口义庄的规模,在江南地区也是首屈一指的。

一、设义仓 赈灾荒

中国宗法制社会的性质,决定了社会的细胞是宗族。宗族的发达是我国历史上一个突出的现象。大家族聚族而居,这在农村尤其明显。一般来讲,明清时期的宗族,除了通过设祠堂、修宗谱、立家规等方式,从意识形态上来维护族群的血统和家族的传承外,在经济上也通常通过一定的手段,来维护整个宗族的利益和加强族群的力量。如最初的，家族中的一些富裕户，捐一些田产作为坟冢墓地，让家族中较贫困的丁口能死有葬身之地。

荡口华氏义庄的兴起，最早可以溯源到明代前期华仲谆置设的"义仓"。据《华氏宗谱》记载，明代初期华贞固的次子华兴叔，字仲谆，在勤于务农致富后，建桥筑堤，广行善举，除了"减租千石施惠佃人"外，"又割上田数百亩置义仓赈荒"。

设立"义仓"的目的，主要是为了赈灾救荒。而设"义田"，则可以更加专门地为宗族服务。以"义田"为主要形式的族产所带来的收益，除了供祭祖、修谱等开销之外，主要用以救济贫困族人。发展到后来，逐渐在许多宗族中都设有专门管理族产收支、救助同族的机构——"义庄"。同时，"义庄"也用作家族聚会、教导家族儿童、赡养孤寡老人的场所。

荡口华氏后裔是本地区最早兴建义庄的。《光绪金匮县志》记载："明时有华氏义庄，华云建。"这是文献记载的无锡地区最早的义庄。

华云（1488~1560），字从龙，号补庵。嘉靖二十年（1541）进士，官至刑部郎中。他的父亲华麟祥在明代中晚期经商致富。无锡有句民谣称："安国邹望华麟祥，日夜金银用斗量"。无锡地方史籍说安国、邹望、华麟祥这三个人都是"富儿敌国"。华云是南礼部尚书邵宝的学生。唐顺之在《华氏义田记》中记载，华云晚年时，效仿范文正公，捐田一千多亩为义田，赡族建庐，于嘉靖间建立了无锡的第一个义庄。这是华氏家族设义田建义庄的最早记录。

华云所设的义田和所建义庄虽然很快就不存，但我们可以看到华氏家族建义庄从明代就开始了。另外华麟祥本人也乐善好施，《光绪金匮县志》记其："岁饥粟贵，倾廪而赈贷，无弗应者。新会陈献章为颜其堂曰'乐善'。"

二、置役田 保族人

"华太师"华察（1497~1574），嘉靖年间先后任户部主事、兵部郎中、翰林院修撰、掌院学士及侍读学士。是华贞固的六世孙。华察在六十寿诞那年，不举办奢华的寿宴，而是在华氏家族中倡议设立"役田"。设立的时间大致与华云建义庄的时间相仿。

明代赋税严重，华察因见家乡同族人很多因粮赋沉重而陷于穷困时，乃叹曰："'奈何以吾宦达，食吾乡丰，而瘠其余哉！'乃倡为役田。"（王世贞《延祥乡役田记》）

从宋代以来，朝廷轮流征调乡村富户来担任州县公吏，或充任乡村的基层管理事务者，主要工作就是课督赋税、逐捕盗贼等等。这些人当中，尤其以催征赋税的里正、户长等最为辛苦。因为，如果不能完成朝廷的征税任务，他们就要以自己的家产来补偿官府的损失,所以,有人甚至因之而破产。从王世贞所写的《延祥乡役田记》中可以看到,华氏家族当时也正是有人因之而陷于这种困境中。因此,华察召集族人,倡议建立"役田"制,华察自己带头,跟兄弟一起捐出 800 亩良田作为"役田"。对族中其他富户则规定:凡担任职役的,每百亩田捐三亩;不担任职役的,每百亩捐五亩。全族共计捐出田亩 2400 亩。

当时的粮食收成,据顾炎武《日知录》记载的明末清初的情形,苏南地区"一亩之收,不能至三石,少者不过一石有余。"确切地讲,明代南方一季晚稻的亩产是 2.72 石,稻麦或稻豆复种是稻 2 石、麦(豆)1 石。我们如果折中一下,也排除灾害因素,则华氏所捐出"役田"的每年收入,大致可在 4000 石左右。除去缴纳赋税及应付杂务费用外,往往还有余,余钱就可以用来修葺祖茔,赡养贫族,而且族人的婚丧嫁娶也足够取用了。后来,华察三子华叔阳考上进士,又捐出 100 亩良田作役田。华察的这一善举成为全县的表率。

有人把华察倡议设立的"役田"理解为"义田",其实两者之间还是有差别的。从"役田"的性质看,主要还是为了应付官家赋税,有余时方资助贫族,还有余时则购买田产,扩大"役田"规模,甚至还可以把捐田归还原田主。总的来讲,这种"役田"制是一种民间互助的形式,既可避免族内富户因破产而沦为贫族,也避免了族内贫户失去土地而流离失所。

明清之际,还有一个叫华汝修的华氏后裔,"建祖祠,率宗人尊朱子家礼,恤贫乏,赡孤寡,施槥掩骼。"这种祖祠,显然已经起到后来义庄的作用了。所谓"尊祖宗而祀不废,济宗党而贫有资。"

三、建义庄　赡乡族

从乾隆时期开始,江南地区义庄就开始大量涌现。我们仅据《光绪金匮县志》的记载,清代从乾隆年间至光绪年间,仅金匮县共兴建义庄 49 所,而荡口一镇的义庄数量即达到七座之多,其中华氏义庄占五座。这个规模在当时的江南地区是较为罕见的。有人做过统计,清末毗邻的苏州府的义庄共约有 179 个。而当时的苏州府,为全国人口密度最高的地区,每平方公里高达 1073 人,当时常州府的人口密度还不到 500 人。由此可见荡口义庄的数量之多。

立义庄,救助族人,实施敬老、恤贫、抚孤、养寡等举措,这有利于维持社会安定、维护统治秩序,因此清朝统治者对设立义庄的行为大加提倡。雍正帝在《圣谕广训》中就要求:"立家庙以荐烝尝,设家塾以课子弟,置义田以赡贫乏,修族谱以联疏远。"民间建立义庄,往往能得到官府的表彰,一般会颁给诸如"乐善好施""承先睦族""讲信修睦"的匾额。清代是江南地区历史上义庄创设最多的时期。

为数众多的义庄,在江南地区的社会救济事业中起到了不容忽视的作用,是实施社会救济的一支重要力量。

(一)"华氏老义庄"

荡口第一座义庄是"华氏老义庄"。

这是见于史籍记载、又至今保存的最早的一座义庄。

华氏老义庄是由华进思、华公弼父子于清乾隆十年(1745)捐建。华进思,字声求,是华氏贞固第二十二世孙。乾隆十年,独置义田一千三百四十亩,赡族,建立义庄。原址在甘露镇东北二里的茅庄。朝廷为了嘉奖他的善行,授以休宁县丞。死后灵柩归乡,合族男女老幼号哭拜迎,皆曰:"声求活我!"感戴华进思的活命恩德。

华进思的儿子华公弼,字圣培,继承父志,将义庄迁回荡口,并移建至所居宅邸的右面。道光年间,曾孙华文标等续捐田二百九十亩,族墓八亩。其后华氏子孙后代不断捐赠,到清末,华氏老义庄拥有的义田数量超过七千亩。

华氏老义庄是荡口规模最大的义庄,同时也是江南地区规模最大的义庄,对研究江南地区义庄的兴起与发展以及江南经济的发展具有重要价值。

保存完好的老义庄的砖雕门楼。"义善天下"四个大字,概括了义庄文化的精髓。

(二)"永喜义庄"

"永喜义庄"位于荡口镇青虹路,占地面积约2400平方米,始建于清道光二十四年(1844),由永喜支华锡麟与三锡支华桂馨、翼望支华裕元等合办建成,简称"永义庄"。

据光绪《无锡金匮县志》记载:"华氏永喜支义庄,荡口镇西阁上。道光间华汾、春坊、庭标等集捐田500亩。"据族谱记载,道光二十四年(1844),永喜支华锡鳞捐田近250亩,三锡支华桂馨、翼望支华裕元等合捐义田150多亩,共得400余亩,构建义庄的基础。与此同时,族内近20户族人也积极参与,共捐田60多亩。华进思的曾孙华文标等又续捐田亩290亩,另有族墓田8亩。这样,前前后后总共集得义田近1200亩。田单入官保存,由县府立案给帖,刻碑公布,永禁后裔兼并盗卖。

"永喜义庄"的建立过程中,有一个值得注意的新情况,那就是族内成员的共同参与。此前,不管是华云义庄,还是华氏老义庄,都是以族内富户捐建为主。"永喜义庄"虽然也以三家富户为主捐,但共同参与的人群较多,而且从所捐田亩数量看,这近20户族人经济状况当在中等偏下,所以有人把"永喜义庄"称之为"农民义庄",也有几分道理。正是这种性质,义庄的田单交由官府保管,并刻碑公示,这既是禁止族内少数人侵占甚至盗卖田产,更意味着"永喜义庄"具有一定的"集体所有"性质。

(三)襄义庄

华氏"襄义庄",坐落于荡口镇南摇湾里,规模仅次于永义庄。由清末华氏家族的华文奎建立,原有义田 500 余亩。

"襄义庄"的名号是荡口黄石弄华氏名人所题。关于"襄义庄"名号的由来,当地民间还有一段传说。据说庄主出身裁缝,后又开钱庄致富。题名者给义庄取"襄"字,除了传达义庄"扶贫助困"的宗旨外,还影射义庄庄主的裁缝出身。"襄"字从"衣",中间两个"口"字,好比裁缝所戴的一副眼镜;"井"字则又象征缝衣针的纵横穿刺。题名者的这个雅谑,妙趣横生,义庄庄主的憨实敦厚,题名者的风流文采跃然纸上。

(四)华氏"新义庄"

华氏三省支义庄,在荡口镇许家桥,又称"华氏新义庄"。光绪元年(1875)华存宽、华存吉兄弟,继承父亲华清莲及兄华存恭之志而兴建。

清朝末年,不仅社会动荡、民生艰难,而且鸦片之害也侵入乡村地区,陷于贫困的华氏族人也越来越多。此时"华氏老义庄"一年的收成,已经很难维持合族的需求。面对举步维艰的"老义庄",华清莲在临终之时叮嘱儿子们建新义庄,以解老义庄之困。

华存恭(1806~1866)是华清莲的长子,他遵从父亲遗命,跟弟弟存宽、存信、存吉一起,置良田千亩,创立新义庄(也叫"华芬义庄"),以赡族济贫。后来又续置义田 700 余亩,又附入祭田 170 亩。这是"新义庄"的第一个阶段。

华清莲次子华存宽(1807~1882),又偕同其弟存吉,捐置无锡城里的兴仁堆栈一所,以堆栈每年的利息作为义庄的资助。以商业经营收入作为义庄资金来源,这就改变了原来"老义庄"那种单纯依靠田租收入的情形,也使得族内的济助资金更有保障。这是"新义庄"的第二个阶段。

"新义庄"的第三个阶段,就是发展到华鸿模父子时期。华鸿模(1840~1911),华存宽、钱淑人之子,字范三,号子才,晚号子随,同治举人。华鸿模创建"怀芬文社",并设立"蒙养讲习会"栽培里中童蒙。捐置无锡城里宏仁堆栈一所,以租息抵常年经费。华鸿模的儿子华绎之,是民国时期著名的实业家,"养蜂大王",在无锡城乡拥有典当、堆栈、房地产及大量实业。到华绎之时,"新义庄"的义田总数达到 6000 余亩;已经拥有自建庄屋一所六十余楹;在无锡城里拥有宏仁、兴仁两大堆栈;庄内资金达纹银三万余两。这使"新义庄"成为江南地区实力最为雄厚的义庄。

清代,荡口华氏所建义庄,还有下面两所:

华氏义庄,在甘露东浜(今属鹅湖镇),同治十三年(1874)华衮建,捐田516亩。

春义庄,光绪年间,华锦远创办。在荡口的南街梢,临河而筑。

钱伟长在谈到无锡七房桥"钱氏怀海义庄"的兴建时提道:

"这一次的批准义庄的过程,都是祖父和华家幼帆、澄波、倩叔等商量的结果。不到一年荡口也建成了黄石弄义庄和华绎之地产建成的义庄。"

这里所提及的华绎之所建义庄,就是"新义庄"。"钱氏怀海义庄"是太平天国毁坏后钱伟长祖父着手重建的,时间大约在1908年。这次重建是在荡口华氏兄弟的共同商议和帮助下进行的。黄石弄义庄的主持人就是华幼帆和华倩叔。

在华氏一族的带领下,荡口其他姓氏也纷纷修建义庄,如徐氏、殷氏、过氏、秦氏、薛氏义庄等等。

这样,从明末清初,一直到民国初期,荡口镇的义庄可数者有八座之多,而华氏一族仅在荡口镇一处即建有义庄五所(除去甘露东浜华衮义庄),在数量和义田庄产规模方面均为全县之首。义庄是江南乡间最有力的经济组织,既安定了农村社会,也发展了农村经济。近代,荡口地区社会相对稳定,经贸业发达,文化教育昌盛,百姓居食无忧,这与荡口众多义庄所发挥的作用是密不可分的。荡口因此被广誉为"江南第一义庄"。

四、义庄的精神:赡族济贫

建立义庄的出发点,首先是助贫,这主要是限于族内救济。扶助对象,主要是族内的弱势人群,主要是年老体弱、贫苦无依者。如果要想使这种慈善传承不断,而不仅仅是偶发的善举,那就一定要形成一种规章制度。荡口义庄的发展和不断壮大,正是跟义庄的系统的管理制度有关。

华氏义庄有周密的组织规章。规章阐明办庄宗旨、管理制度、赡族济贫细则。如"华氏老义庄"所订立的《规条十二则》中,主要体现"赡族济贫"的精神,这其中包括:"定月给":月米供贫穷及废疾;"安骸骨":领月米者,身故殡葬费。"训蒙童":设立义塾及科考津贴。"重嗣续":补贴婚嫁。这些措施涉及了济贫、养老、备荒、助学、襄助红白喜事等诸多方面,对绵延家族传承和稳固家族力量起着重要作用。

义庄这种限于族内救助的性质,虽然有它的狭隘性,但在封建时代,大家族的稳定是封建时代社会稳定的基本元素,特别是在乡村社会,因此这种救助也是属于社会救助的一部分。正是从这个意义上讲,明清时期的帝王均代表政府对这类善举进行嘉奖。而事实上，随着义庄的发展，济困的范围在不断扩大，这除了朴素的"积德积善"意识外，也具有惠及乡里的思想。如"华氏老义庄"还规定：

"恤农工"：义田虽俱肥饶，而犹赖农夫力穑，方可常稔。故每岁五月插秧时，给赏各佃每亩白米一斗，稍资饭食。

"悯寒冬"：冬月棉衣，不拘一姓，眼见给之。但因衣数有限，只可施给同里之人，俟庄盈余，再行广给。

"广善举"：一切有益于族中及有济于乡里之善事，酌力行之。

这些措施都具有赈济乡里的普济性质。积极参与地方的赈灾善举。遇到荒年灾年，要开仓赈济乡里百姓，施粥布食，捐献银两。还有修桥铺路，施棺施衣等。

有的义庄还具体规定社会救济的比例。如"老义庄"和"新义庄"都规定，资金的百分之五十至七十用于族内救济，百分之三十或更多作为社会救济。"新义庄"华存宽的妻子钱淑人（1808～1896），晚年罄平生节缩之资，命置义田赡贫，除了救助本族穷困外，另外捐置"广辅田"，专门救助族外乡人，这是极其难能可贵的。义庄的这种社会救助内容，具体地讲，如遇到荒年，义庄代佃户付一些种子费用，遇春季青黄不接时借给春耕费用，遇蝗虫灾害发给救济款。贫病者施舍药品，年关时发过冬寒衣和年夜饭米。平时常做修桥补路、施舍棺材、资助殡葬等慈善救济工作。过去常有逃荒人群经过，规定每一地方供给三餐一宿，也由义庄领头集资供应。为慈善事业专用的田产，称作"耕义"田，还设有"同善社"，主要负责施舍和寄停棺木的费用。

族规还规定，凡是族田均不得买卖、转让或馈赠，"如有不肖支丁私买寸土，除追令赔偿外，永远条割，不许入祠"。后来，朝廷也明文禁止，这就使得义庄公田不致流失。加上富裕族人的不断捐赠，因此各义庄土地均是有增无减，发展往往很快。如荡口"华氏老义庄"，自清乾隆十年建庄时的1300亩，到清末已超出七千亩了。

在华氏义庄的影响下，荡口的其他一些氏族如徐氏、殷氏等也相继建立了义庄。从明代开始至清末民初，全盛时期的荡口义庄拥有的义田总数达1.5万亩以上。为数众多的义庄及义庄广大的田亩收入，在江南地区的社会救济事业中起到了不容忽视的作用，是实施社会救济的一支重要力量。义庄有力的赡族济困，从经济上保障贫困乡里解决燃眉之急，不致因遭难而流亡。

江南地区的"义庄文化"，是慈善爱人的人性原初之美的生动折射。孟子说："老吾老以及人之老，幼吾幼以及人之幼。"扶危济困，延及乡里，这就是"推爱及人"的美德的体现。"义庄文化"，气息氤氲，这使得荡口地区的民风淳朴，比之其他地方更甚。村民守望相助，相沿成习。

以"义庄"为主要形式的基层社会的民间互助形成风气,便进而成为江南地区独具特色的文化现象同时,也就在一定范围内推动了当地政治、经济、文化和教育的发展。在长达四百年的时间内,荡口义庄在赡族济贫、慈善解困、从事公益等方面,造福于众生,发挥了那个历史时期无可替代的作用。故自近代以来,荡口地区一直较为稳定,百姓乐业安居。是锡东地区经济发展、文化昌盛的一大商埠。

第三章

兴文教　办新学

　　明清时期的江南地区,读书之风相当盛行,所谓"贾为厚利,儒为名高"。在科举时代,不仅高门望族崇尚书香门第,积极于走读书仕进之途;一般的中等家庭亦宁愿节衣缩食,也要令子弟入塾就馆读书,鼓励他们于举业科场一搏高下。江南地区致力文教、向学之风盛行的一个重要表现,就是兴办义学,创办书院,以为子孙就学成名计议。

一、办义学　助成才

　　在荡口,各义庄或祠堂的义田中,往往都专设有一种特别性质的田产,那就是"义学田"。"为设文社月课、义塾教读之资的,名曰义学田。"凡是义学田的收入,都是专门用于"立义塾,训蒙童"的。这就是建立义庄的第二大宗旨:助学。

　　由于族中子弟成材与否,关系到整个宗族的将来,教育救助由此受到宗族格外的重视;而且由于教育耗资巨大,即使是中产之家也未必承担得起,故而教育救助往往面对族中所有子弟,并不一定限于贫者。

　　兴义学,最初阶段是补贴学费和提供川资。当有资金保障时,即在庄房或祠堂专门兴办"义塾"。故关于义庄的教育救助,主要表现在以下几个方面:

　　一是补贴学费。如果材质过人,还会得到额外的奖励津贴。

　　二是提供川资。科举时代学子参加各级考试,路途遥远,交通不便,盘缠费用是一笔很大的开销,义庄对此进行补贴;如果考中,义庄也会进行奖励。

　　三是设立义学、义塾。对族中弟子进行免费或者半免费的教育。有的甚至还发给一定的补助。

　　华氏老义庄订立有《规条十二则》,其中第七则就是专门针对教育的:"七曰立文社",规定庄内每月设立会课,奖励列入优等者。

　　荡口镇所办义学或义塾,如东浜华衮夫人许氏,除奁田养膳外,把所遗二百亩田捐办塾学(见《华氏书塾记》)。

　　"新义庄"第二代庄主华存宽,临终时遗命另捐田500亩办义学,名曰"华芬义学"，专供族内子弟攻书上学的费用以及参加科考的资费。

义塾由义庄学田提供资金，聘有专门的宿学名儒，为族中子弟传道授业解惑。每逢初一月半，进行考试，为科举应试做准备。

此外，在三公祠、文昌阁也设有"学海书院"，新义庄祠堂也建有"怀芬书屋"。这种书院或书屋，既是族人子弟读书学习的家塾，又是科举时代荡口文人雅集、研读的地方。

书院或书屋的出现，也意味着义塾的教学并不完全是针对科举一途的单一训练。古代官方的教育机构，最基层一级的是"县学"，县学以下，义学或义塾则是属于民间办学方式。这种民间办学的宗旨，首先是服从科举考试要求的，但当科举考试的录取率越来越低时，这种民间办学实际上就成为一种大众教育，甚至在教学内容上也会倾向于传授一些社会技能，如最基本的识文断句、读书写字能力，数学计算能力等等。如明代张岱说的："后生小子无不读书，及二十无成，然后习为手艺。"即到二十岁还考不取功名，就去学习操百工之业。华蘅芳生于清道光十三年（1833），不喜四书五经，独痴迷古代算经，父亲华翼纶有意引导，常为其购买古代算书。至20岁，华蘅芳已学过《周髀算经》《九章算术》《测圆海镜》等算书了。华蘅芳的弟弟华世芳也是数学家。华氏兄弟的数学虽不是塾学所教，但至少可以看到，时至晚清，即便是世家子弟，也不十分走科举一途了。

由于这种义学或义塾绝大部分还是限于家族内部，所以我们就不难理解封建时代的大家族人才辈出的现象了。荡口华氏家族兴办的义学、义塾，孕育了一代又一代的读书子弟，书香不绝。据县志记载，明清两代，无锡华氏家族就出了37名进士，另有一名武进士，位列无锡之首。而华氏家族中各类艺术人才、经商人才，可谓代不乏人，济济一堂。

关于塾师的聘请，一般财势之家族，会延请地方名师来教授族中子弟。

二、科举废　新学兴

清朝末年，随着科举制度的被废除，具有旧学性质的塾学也审时度势地开始了它的转型。比如"端初义学"，就是转型时期的一所塾学，既教授"四书五经"，也教新学的课程，体现向新文化过渡的特征。辛亥革命前后，荡口办新学，在无锡地区一直是走在前列的。这一是传承荡口义庄积极兴办"义学"的传统，二是得益于近代华氏一族中众多实业家及知识分子的无私襄助。

1. 私立果育两等学堂

沿北仓河过人民桥，从人民路转入学海路，就是名人奇才辈出的果育学堂。果育学堂，全名"华氏私立果育两等学堂"，是由清末华鸿模创办的。

华鸿模(1840~1911),字范三,号子才,晚号子随,同治举人。后成为儒商,经营堆栈业成功。"堆栈业",即今天的仓储业。

光绪二十四年(1898),无锡各地开始创办学堂,称为"新学"。光绪三十一年(1905),华鸿模将荡口"华芬义庄"(即新义庄)的学田地租收入,加上无锡酱园浜"兴成堆栈"的部分收入,充作办学经费,在"耕余书塾"原址,创办了荡口第一座新式学堂——"华氏私立果育两等学堂"。学堂旧址即今天鹅湖镇荡口小学内。

华鸿模去世后,学堂由其孙华绎之接办。华绎之(1893~1956),是近代著名实业家,在无锡城乡乃至上海都拥有庞大的资产和实业。他同其祖父一样热心于教育事业。1913年8月,华绎之将祖父华鸿模创办的"果育两等学堂"更名为"鸿模高等小学",学制5年,有5个班,学生近200人,兼收寄宿生。学校起初只限华氏桑梓子弟就学,随着声誉日隆,外乡外姓子弟也负笈就读于此,日甚一日,学生几乎遍及全县各乡村,邻县常熟、吴县等地的学生也有来此就读的。

华绎之为"鸿模高等小学"投入了大量资金,所以在功课设置、教师聘请和教学设备配置上,在当时都是一流的。课程除了文史以外,还设有理化等科。特别是学校所聘请教师,重名望学问,所以学校虽然小,但却云集了一批名儒硕师。

顾子重,国文教师,精通历史舆地之学,学通新旧的国学名儒。

华紫翔,国文教师,授各体古文,能超越桐城古文的牢笼。其所授篇目较之桐城派姚鼐所选《古文辞类纂》、曾国藩选《经史百家杂钞》等书,另辟蹊径,别出心裁,并有超象外得环中之深意,开姚、曾之外的治学新天地。

华山,国文教师。学兼新旧。同顾子重、华紫翔一样对钱穆的成长影响很大。曾奖励给钱穆蒋百里所译的《修学篇》,书中讲述西欧各国未经学校正规教育而自学成才者数十人,钱穆觉得"余自中学毕业后,未入大学,而有志苦学不倦,则受此书之影响为大。"

顾建伯,校长。是日本东京大学毕业生,兼数理化教师。

唐蕴玉,教英文。是北京师范大学毕业生。

华倩朔,教国文兼唱歌。倩朔是日本"庆应义塾大学"毕业生。这是日本著名思想家福泽谕吉所创建的日本第一所私立大学,仿照英式教育风格。与早稻田大学并称"日本私学双雄"。倩朔还是同盟会会员。

钱伯圭,体育教师,教体操等。上海南洋公学毕业。当年钱伯圭在学堂当体育教师时,只是个20岁左右的青年才俊。后来钱伯圭有两个著名的儿子,一个是物理学家钱临照,一个是工程力学家钱令希。两人都是院士。钱临照也曾在鸿模小学念书。钱令希则9岁才离开父兄去外地上学。

曾任全运会国术副裁判长的著名国术家华翔九也聘来学校,任教体育国术。

刘天华曾在鸿模小学就学,常州师范毕业后,也有一段时间回校教授音乐。

圣约翰大学毕业的梅以斋任学监,还有如留学日本的蒋海涛、诸祖耿等都执教过鸿模学校。

钱穆、钱伟长之父,既从这里出去,后来又都曾应聘回学堂任教。钱伟长回忆这段经历时说:

"义庄(指华幼帆和华倩叔主持的荡口黄石弄义庄)出资保送我父亲和四叔在果育小学免费上学的,并和华族子弟一样还可以管膳宿费用和零用钱。"

"父亲和四叔在果育小学上了不到一年学,就由荡口义庄把父亲、四叔和其他15名学生一起保送到常州中学上学,一切费用也都由荡口的义庄负责。父亲进二年制的师范科,四叔上了四年制的本科。"

特别是钱穆先生,十岁就入荡口镇果育学校学习,在这里受到了良好的国文史地教育。辛亥革命后又回到果育学校做老师,这时果育小学已改名"鸿模小学",钱穆担任高级班的国文、史地等课程的老师。1913年夏,梅村镇创办"梅村县立第四高等小学",钱穆应聘任教,同时又兼鸿模课程。由于在两校兼课,钱穆时常坐船往返两地,江南水乡泽国,荡口梅村一带湖泊连绵,一望无际,钱穆坐在船上,经常手执一书,清风徐徐中,坐在船头上读书,上下千古,恍如目前。

1918年夏,钱穆因照顾家庭,由梅村县四小转回鸿模小学任教。当时华绎之任校长,他从"华芬义庄"拨款,兴建一座五大间的两层大楼,取名"鸿模藏书楼",把家中万余册藏书都移到楼上,并交给钱穆一钥匙,只许钱穆一人上楼读书。这一年,钱穆在楼上读到了许多外面难以见到的书如叶水心的《习学记言》、颜李全书等等。

这一段虽然艰辛但无比安谧、充实的生活,如此美好地刻入钱穆的记忆深处,到了晚年钱老写回忆录《师友杂忆》时,仍然深情地怀念起在"果育"的时光,回味中还无比温暖地赞叹:

"离县城四十里外小市镇之一的小学校,能网罗如许良师,皆于旧学有深厚的基础,于新学能接受融会……今欲在一乡村再求如此一学校,恐渺茫不可得矣。"

钱穆先生的高足严耕望如此说先生这段时间的经历:

"虽然中学教育尚未受毕,但幼年在家与中小学七余年,受父祖慈母与诸良师之教益殊多,立己、处人、处世,以及治学根基与方法,乃至娱乐兴趣,一切皆植基于此一时期之优良环境。尤可叹异者,清末民初之际,江南苏常地区中小学教师多能新旧兼学,造诣深厚,今日大学教师,当多愧不如。"

荡口华氏家族热心办学,不惜花巨资投入于教育环境的建设。华绎之从日本购进一批植物和矿物标本及理化实验仪器、物品,供师生实验。对体育和音乐也十分重视,添置有无数器械、球类,还有如标枪、铁饼、风琴等也都配备齐全。刘天华是江阴人,少年时也就读于荡口果育学堂,当时校内备有西洋乐器,刘天华常在操场上登高吹军号,声传数里,使音乐老师华倩朔惊叹不已。1916 年刘天华在常州中学任音乐教师,每星期要到荡口鸿模高等小学(即原来果育),兼教吹奏西洋乐器。后来他在法国巴黎"国际音乐会"上荣获特等奖的二胡乐曲《病中吟》,就是当年在荡口创作的。

在这许多博学、敬业的老师精心教育,加上良好的设施辅助下,因此鸿模的质量很高。如光绪末年,当时无锡属常州府,华振和钱伯圭带领四年级全体学生(八名)去常州府中学堂(今省常州中学)报名应考,三年级的钱穆也随同报考,结果九人全部录取。

华绎之把"果育学堂"改名为"鸿模高等小学",学校规定：

第一,从华氏子弟免费入学,扩大到入学者均免费就读；远道学生还享受免费住宿。

第二,对清寒子弟还发生活补贴。

第三,扩大助学金、奖学金制度。

随着新学的推进,华绎之把助学、奖学的办法继续扩大：如对初等小学生每人提供助学费用五元,高等小学八元,初级中学三十元,高级中学五十元,大学一百二十元。新生可凭录取通知书到华芬义庄或兴成栈领取,在校生凭成绩报告单领取下学期费用,留级者停发,成绩为第一、二名者,另有奖学金,以鼓励学子好学上进。不仅如此,为鼓励深造,还提供华氏子弟出国的全部费用,外姓优异者,经义庄同意也可如数发给。可见华氏家族对下一代成材的厚望。

有人做过统计,在辛亥革命前后,无锡地区出现的第一代新型知识分子并不算多,约有 500 人左右。而在荡口这样一个偏远的乡镇,却拥有如此多的知识精英,实属罕见。故能从这样一个弹丸之地,走出享誉海内外的钱穆、顾毓琇、钱伟长、钱临照四大院士,也就不足为奇了。此外,音乐家王莘,气象学家吕炯,农学家冯焕文、诸宝楚,实业家华洪涛等俊才,都是从这所地处偏远的边镇小学校里走出来的。

一个家族的兴旺,从来就不仅仅是只"体恤同族",而是怜贫惜弱,恩及乡里。一个家族的发展,也不仅仅只是在家族内部传承"耕读人家"的精神,而是将家族文化的精髓普施及众人,选天下英才而育之。这是"鸿模高等小学"的精神,也是荡口华氏的家族精神,更是中国传统文化精髓的传承。

钱伟长老童年艰辛,阖家曾得荡口果育学堂华澄波、华倩朔先生的无私资助,钱老也曾在果育学堂上学。晚年时的钱伟长常回故乡,荡口、七房桥、鸿山,鹅湖,那是一方怎样温暖而深情的水土！钱老这样深情款款地写道：

鸿山苍苍，鹅湖荡荡，江南水乡，人间天堂。

果育、鸿模、怀芬、荡小，

歌唱我校，源远流长，多少人才在这里成长。

今日幼苗，明日栋梁。我们是祖国的希望。

树立共产主义的远大理想，为建设祖国奋发图强。

天天向上！向上！向上！

这是一首校歌。是荡口中心小学（也就是从前果育小学）的校歌。

作词：钱伟长；作曲：王莘；时间：1985年作。

2. 鹅湖女学

荡口"鹅湖女学"，是由华倩朔和华世芳长子华子唯筹建，全名为"鹅湖第一女学"。

光绪三十一年（1905），曾留学日本并担任过竢实学堂校长的侯鸿鉴在城内水獭桥（北禅寺巷附近）创办"竞志女校"；同年，荡口"鹅湖女学"也宣告成立。这是无锡有专门女子学堂之始，也是无锡乡镇最早的女子学校。学校公举华子唯之母秦琳为校董，华倩朔之母杨秀芷蕊为校长，校址设在华倩朔前五进住宅里。学生不收学费，教师全尽义务，校内各项杂用经费，由华子唯、华倩朔负责筹措。刚开办时，招学生20余人；一年后，学生达150人之多。

鹅湖女学设甲乙两级，甲级为中学，乙级为小学。甲级学满三年毕业。女学第一次毕业了16人，报考北京女子高等师范学堂（北京女子师范大学前身），一举录取徐蕙芬等5名学生，从而使鹅湖女学遐迩闻名。

在课程设置方面，鹅湖女学除开设文化课外，还开设刺绣专科。1906年，华璂偕堂妹华玥在荡口鹅湖女学教授刺绣。华璂是华蘅芳之女，能诗善画，改良顾绣旧法而成为锡绣的代表人物。"鹅湖女学"学生的绣品工艺极好，在国际比赛中屡屡获奖，为女性走上社会做过很大贡献。

1906年，学生绣的五尺高自由女神像，曾获得巴拿马赛会奖状和金质奖章。

1910年，在南京举办的"第一次南洋劝业会"上，华璂、华玥姊妹的作品双双获奖，华璂的《山水绣件》获金牌奖，华玥的《牡丹绣品》获银牌奖。杨夏在《南洋劝业会研究会报告书》的《刺绣论》中描写："金匮华璂、华玥绣品名誉素著，物殊不恶，乃研究已有年，于经验上得绝大之进步，且善画，故其作尤超出寻常之上，实比湘绣、苏绣为优。"

1915年，华璂所作绣品《公鸡图》在"巴拿马太平洋万国博览会"上获金牌奖。

1927年8月，鸿模小学与鹅湖女学合并，更名为怀芬女学，沈凤梧创办于1924

年2月的施德女学并入该校。1940年2月至1946年夏,学校先后用过荡口小学高级部、鸿桥小学、鹅湖小学等校名。

3. 私立鹅湖中学

"私立鹅湖中学"建于1938年。由华绎之先生出资兴办。

1938年,因日军大举侵略,荡口在南京、苏州、无锡等地上初中的子弟纷纷失学回家,而荡口此时尚未有中学。应失学家长之请,华绎之先生委托并资助华鼎霖先生于荡口华氏三省支公祠之"德畴堂"创办初中补习班。到1942年7月,华绎之先生慨然让出私宅——后仓浜住宅洋房一座及花园、附屋草地,供学校作教室和操场所用,把补习班办成正式初级中学,校名为"私立鹅湖中学"。由华祖尧任校长,华绎之任董事长,除把近百亩学海书院塾产作为鹅湖中学基金田,还不断予以经济上的资助,直到解放。这期间,1947年~1956年,改名为"学海中学"。

原鹅湖中学的建筑,现仅剩凯旋门式的老阳台。

1998年9月,荡口中学为进一步弘扬华华绎之"献宅办学"、华祖尧"投身从教"之精神,特在"绎之亭"内树起了"敬师碑",回忆往事,激励后学。荡口中心小学中央通道东侧竖着"钱伟长塑像",塑像座基正面刻着八个大字:"十年树木,百年树人"。

结语从荡口义庄的发展历史,我们可以清晰地看到荡口华氏从"力田",到"经商",到"办学"之间的行进路程和发生轨迹。"力田"的勤俭与敦厚,到"经商"的实业经营,到"办学"的实学研习,可以非常清晰地让人把握这种文化的秉性。

朴实与开放,敦厚与时尚,古雅与兼通,这是一种多元文化的品格。正是这种文化品格,使荡口古镇数百年来不仅"江山代有才人出",而且灿烂如星空闪烁:明清两朝,偏居一隅的荡口就出过进士37人;除此"正统"人才之外,荡口还拥有铜活字印刷代表人华燧,数学天才华蘅芳、华世芳兄弟,杰出的刺绣艺术家华图珊,音乐家华秋萍,养蜂大王、民族实业家华绎之等等。延至现当代,有音乐家王莘、美术家华君武、修补古籍专家华开荣、将军丁炳生等,不胜枚举。此外,饮誉海内外的国学大师钱穆、科学家钱伟长叔侄曾在荡口接受过启蒙教育,顾毓琇曾执教于荡口小学。

华蘅芳说:"譬如傍晚之星,初见一点,旋见数点,又见数十点、数百点,以至灿然布满天空。"用荡口华氏后裔的这句话来形容荡口的人才辈出,应该是最为贴切和鲜活的。